2015年度浙江省社科联省级社会科学学术著作
出版资金资助出版（编号：2015CBZ10）

浙江省社科规划一般课题（课题编号：15CBZZ10）

当代浙江学术文库
DANGDAI ZHEJIANG XUESHU WENKU

浙江典型地区农村集体建设用地流转研究

饶永辉 著

中国社会科学出版社

图书在版编目（CIP）数据

浙江典型地区农村集体建设用地流转研究／饶永辉著．—北京：中国社会科学出版社，2017.4

（当代浙江学术文库）

ISBN 978-7-5161-9229-0

Ⅰ.①浙…　Ⅱ.①饶…　Ⅲ.①农业用地—土地流转—研究—浙江　Ⅳ.①F321.1

中国版本图书馆 CIP 数据核字（2016）第 266532 号

出 版 人	赵剑英
责任编辑	田　文
特约编辑	金　泓
责任校对	张爱华
责任印制	王　超
出　　版	中国社会科学出版社
社　　址	北京鼓楼西大街甲 158 号
邮　　编	100720
网　　址	http://www.csspw.cn
发 行 部	010-84083685
门 市 部	010-84029450
经　　销	新华书店及其他书店
印刷装订	北京君升印刷有限公司
版　　次	2017 年 4 月第 1 版
印　　次	2017 年 4 月第 1 次印刷
开　　本	710×1000　1/16
印　　张	15
插　　页	2
字　　数	237 千字
定　　价	56.00 元

凡购买中国社会科学出版社图书，如有质量问题请与本社营销中心联系调换
电话：010-84083683
版权所有　侵权必究

前　言

农村集体建设用地流转是我国城市化发展过程中优化土地资源配置的必然性选择，其在严格保护耕地、加快农村经济发展、增加农民财产性收入等方面发挥着十分重要的作用。目前我国农村集体建设用地流转无论在法制建设上还是土地利用实践上仍然存在着许多模糊不清的认识，集体建设用地产权在土地市场上并不能被公平对待，灰色交易和不合理现象屡见不鲜，农村集体建设用地流转问题亟待深入研究。

本研究选择浙江省宁波市姜山镇作为典型研究区域，通过详细的实地调查，揭示出农村集体建设用地的产权结构特征及其在区域建设用地利用与管理上的作用和地位。根据建设用地结构优化和布局调整的原则，探析农村集体建设用地流转中土地置换的类型及其运行机制，并对农村集体建设用地流转的利益形成机理进行探讨。从明晰土地产权关系、土地合理利用和利益公平分配等方面阐明农村集体建设用地流转实施及管理改革的方向与途径。

本研究的主要内容包括：

（1）从我国农村集体建设用地流转的实践及其土地管理改革的需要出发，提出了研究的选题，阐明农村集体建设用地流转研究的目的与意义，确定了研究的关键问题及研究的技术路线，形成写作框架。

（2）在国内外关于土地流转及中国农村集体建设用地流转研究文献综合评述的基础上，明确了本书的研究基础，揭示出我国农村集体建设用地流转问题研究取得的成就及其需要进一步深入研究的问题。

（3）对土地产权问题进行了重点分析。在实践调研的基础上，阐明了集体土地存在的现实基础及改革方向，揭示了集体建设用地的产权结构特征及使用存在的问题，提出了集体建设用地合理确权和流转的原则、条件及方式，探讨了集体建设用地与国有土地同地同权同价的合理性及实施条件。

（4）对土地置换问题进行了具体分析。对建设用地优化配置过程中区位的重要作用进行了分析。明确了土地置换的类型、目标和原则，构建了土地置换的六种运行机制。以姜山镇为例，通过构建土地置换的评价指标体系与潜力测度模型，对姜山镇土地置换的理论潜力与实际潜力进行了分析。

（5）对土地收益问题进行了深入分析。在对流转收益进行概述的基础上，对流转收益的分配主体、分配比例与实施机制进行了探讨。通过构建物元模型，对流转收益的等级水平进行了评价和分析。

（6）从宏观与微观两个层面对农村集体建设用地流转提出了总体性的政策建议与具体性的改革措施。

本研究可能的创新点在于：

（1）在土地产权问题方面，通过典型区域调查，揭示了农村集体建设用地产权结构特征、使用上存在的问题及其空间分布特点，发现了目前城镇建设用地中农村集体建设用地占有重要地位，指出农村集体建设用地确权需要确保农村集体建设用地来源的合法性，处理好农村集体建设用地使用权分配不均矛盾的重要性，进行土地权属调整有利于土地规模经营和土地利用布局优化。集体建设用地产权分配不均容易造成贫富差距问题，处理不好将影响农村集体建设用地的有效利用和农村社会的和谐发展。通过对集体建设用地与国有土地同地同权同价的研究，明确了集体土地制度改革和发展的方向，为集体建设用地直接入市提供了支持和依据。

（2）在土地置换问题方面，指出了土地置换是农村集体建设用地流转的具体表现，分析了区位对于农村集体建设用地级差收益发挥的决定性作用，构建了土地置换的六种运行机制。以宁波市姜山镇调研数据为基础，构建了土地置换的潜力测度模型，并对制约土地置换潜力的自然、经济、社会、生态、政策等影响因素基于 Arcgis 平台进行了定量化研究，为农村集体建设用地合理流转提供了科学依据和实现途径。

（3）在土地收益问题方面，通过重点引入监督机制，构建了收益分配的实施机制，对收益分配重新进行了制度设计。通过引入数学分析中的物元评价方法，构建了农村集体建设用地流转收益的物元评价模型，以定量化的方法对流转的收益等级水平进行了评价分析。

目 录

第一章 绪论 …………………………………………………… (1)
 一 研究背景 ………………………………………………… (1)
  (一)农村集体建设用地流转是解决"三农"问题的需要 ………… (1)
  (二)农村集体建设用地流转是落实党和国家方针政策的
    需要 ……………………………………………………… (2)
 二 研究的目的和任务 ……………………………………… (3)
  (一)研究目的 …………………………………………………… (3)
  (二)研究任务 …………………………………………………… (4)
  (三)拟解决的关键问题 ………………………………………… (5)
 三 研究的技术路线和方法 ………………………………… (7)

第二章 农村集体建设用地流转文献综述 ………………… (9)
 一 国外研究综述 …………………………………………… (9)
  (一)国外土地流转研究进展 …………………………………… (9)
  (二)国外土地流转制度及实践 ………………………………… (13)
  (三)国外关于中国土地流转问题的研究 ……………………… (15)
 二 国内研究综述 …………………………………………… (18)
  (一)中国古代土地流转思想溯源 ……………………………… (18)
  (二)中国近代以来土地制度变迁 ……………………………… (22)
  (三)中国现代农村集体建设用地流转研究进展 ……………… (25)
 三 文献述评 ………………………………………………… (41)
  (一)现有研究成果的总结 ……………………………………… (41)
  (二)现有研究的不足 …………………………………………… (42)

第三章 农村集体建设用地流转的基础分析 ……………… (44)
一 农村集体建设用地流转的政策分析 ……………… (44)
二 农村集体建设用地流转的试点情况分析 …………… (45)
三 农村集体建设用地流转的典型研究区域分析 ……… (49)
  (一)区域概况 …………………………………………… (49)
  (二)土地利用现状 ……………………………………… (51)
  (三)人地关系变化 ……………………………………… (52)
  (四)土地利用权属结构 ………………………………… (71)
  (五)农村集体建设用地土地利用结构 ………………… (72)
  (六)农村集体建设用地的产权确认和登记情况 ……… (76)
  (七)农村集体建设用地的分布 ………………………… (79)
  (八)农户家庭住房面积和一户多宅情况 ……………… (85)
  (九)非农人口持有农村住房情况 ……………………… (88)
  (十)农村宅基地的退出、储备和流转情况 …………… (89)

第四章 农村集体建设用地流转的改革方向 …………… (105)
一 农村集体建设用地流转的 SWOT 分析 ……………… (105)
  (一)优势 ………………………………………………… (105)
  (二)弱势 ………………………………………………… (108)
  (三)机遇 ………………………………………………… (111)
  (四)挑战 ………………………………………………… (114)
二 城乡一体化的本质特征 ………………………………… (119)
  (一)城乡二元结构的弊端 ……………………………… (119)
  (二)城乡一体化的科学内涵 …………………………… (120)
  (三)新农村建设 ………………………………………… (122)
三 农村集体建设用地合理确权和流转 …………………… (124)
  (一)确权的成本 ………………………………………… (125)
  (二)确权的流程及信息化 ……………………………… (126)
  (三)确权的实施条件 …………………………………… (128)
四 享有与国有土地同等权益 ……………………………… (129)
  (一)集体土地制度存在的现实基础 …………………… (129)
  (二)集体土地制度的发展方向 ………………………… (132)

（三）集体建设用地与国有土地同地同权同价 ………………（137）

第五章　农村集体建设用地流转的路径选择 …………………（143）
　　一　农村集体建设用地流转的土地置换 ……………………（143）
　　　　（一）土地置换的区位选择 ……………………………（143）
　　　　（二）土地置换的类型 …………………………………（147）
　　　　（三）土地置换的目标和原则 …………………………（151）
　　　　（四）土地置换的运行机制 ……………………………（151）
　　　　（五）土地置换的测算 …………………………………（159）
　　二　农村集体建设用地流转的收益分配 ……………………（185）
　　　　（一）流转收益 …………………………………………（185）
　　　　（二）流转收益的分配 …………………………………（186）
　　　　（三）流转收益的评价 …………………………………（191）

第六章　农村集体建设用地流转的制度构建及改革措施 ………（201）
　　一　农村集体建设用地流转的制度构建 ……………………（201）
　　　　（一）改变对土地财政的依赖 …………………………（201）
　　　　（二）保证集体建设用地来源的合法性 ………………（202）
　　　　（三）维护农民的长远利益 ……………………………（203）
　　　　（四）建立完善的市场化服务体系 ……………………（205）
　　二　农村集体建设用地流转的改革措施 ……………………（206）
　　　　（一）以土地用途转变和空间布局调整促进土地级差
　　　　　　　收益形成 ……………………………………………（206）
　　　　（二）以农村住房制度改革实现农村宅基地的退出和盘活 …（207）
　　　　（三）以圈内和圈外的划分来协调集体建设用地的
　　　　　　　指标分配 ……………………………………………（208）
　　　　（四）以土地开发权交易和耕地保护补偿推动流转的
　　　　　　　广泛开展 ……………………………………………（210）

参考文献 ……………………………………………………………（212）

后记 …………………………………………………………………（230）

第一章
绪　论

一　研究背景

（一）农村集体建设用地流转是解决"三农"问题的需要

我国农村集体土地既是农民重要的生产资料，也是农民赖以为生的生活保障。长期以来，由于我国城乡户籍制度分割，工农业产品价格剪刀差存在，农业发展为工业化和城市化提供了巨大的资本，而农业、农民、农村在社会经济中处于弱势地位。农业投入少，农民收入低，农村经济落后，使得我国城乡经济发展不平衡，二元经济的特征显著。

改革开放以来，我国新增的建设用地主要来源于农村集体土地，其被大量用于各类项目建设已是不争的事实，其中除集体经济组织自建占用少量集体土地外，绝大多数项目用地都是各级政府和组织以"公共利益需要"为由，将集体土地征收变为国有土地后取得的。土地征收是集体土地转变为国有土地的过程，在很大程度上也是农用地转变为建设用地，土地资产增值和土地资本化的过程。国有土地出让为城市化和工业化提供了发展空间，也为政府提供了巨额的土地出让金收入。由于在集体土地大量转为国有土地的过程中，征地补偿标准低，集体经济组织应享有的权利和实际享有的权利相去甚远。广大农民一方面不断抵制政府过多的征收集体土地；另一方面又要求集体土地入市流转享有与国有土地同等的权利。

土地非农开发是我国工业化和城市化发展的客观需要，也是生产力发展和现代化的必然趋势。让农村集体土地进入市场，让土地非农开发带来的巨额土地增值收益回归其土地所有者，从而使农民能真正合理分享工业化和城镇化的"红利"，是最大的"多予、少取、放活"。在未来十几年间，农村土地资本的分配方式与分配格局在很大程度上将左右城乡经济发展一体化的进程。农村集体建设用地合理使用和资本化经营，土地收益分配科学、公正、公平和合理，完全可以支付消除城乡二元结构、促进城乡经济社会协调发展、实现农业现代化所需的运作成本。从这个意义上讲，当前和今后相当长时期，农村土地制度改革将在深化农村改革、统筹城乡发展、形成城乡经济社会发展一体化新格局的大战略中处于关键性位置。

（二）农村集体建设用地流转是落实党和国家方针政策的需要

改革开放以来，我国工业化和城市化加快发展，农业劳动力向二、三产业大量转移，由于农民进城未能够真正市民化，农民进城后仍然难以割舍农村土地，造成了我国土地利用在城镇建设用地面积大幅度增加的同时，农村居民点用地并没有相应减少；农民收入提高，居住条件改善，与此同时农村建设用地管理薄弱，一户多宅、宅基地超标等现象仍很严重，空心村、闲散地大量存在；农村工业化过程中企业分散布局，农村建设用地粗放经营，基础设施配套不完善；农村居住环境脏、乱、差，工业污染严重，农村生态环境条件普遍呈恶化的趋势。

对于农村集体建设用地的使用和管理存在的各种问题，党中央、国务院给予了高度重视。自2003年以来，在全国进行土地市场整顿工作的同时，国务院先后颁布了《关于深化改革严格土地管理的决定》（国发〔2004〕28号），《关于加强土地调控有关问题的通知》（国发〔2006〕31号），《关于促进节约集约用地的通知》（国发〔2008〕3号）等一系列重要文件，对于进一步明确土地管理和耕地保护的责任，加强土地利用总体规划、城市总体规划、村庄和集镇规划实施管理，完善征地补偿和安置制度，切实保障被征地农民的长远生计，促进土地节约、集约利用和健全土地收益分配机制等方面作出了明确的政策规定。党的十七届三中全会作出了《中共中央关于推进农村改革发展若干重大问题的决定》，将土地管理制度改革作为农村改革发展中的一项极为重要的任务，明确提出要按照产权明晰、用途管制、节约集约、严格管理的原则，进一步完善农村土地管理制度，进一步指明了我国农村土地管理制度改革的方向和重点。《决定》明确提出"完善农村宅基地制度，严格宅基地管理，依法保障农户宅基地用益物权"，"逐步建立城乡统一的建设用地市场，对依法取得的农村集体经营性建设用地，必须通过统一有形的土地市场、以公开规范的方式转让土地使用权，在符合规划的前提下与国有土地享有平等权益"等，为农村集体建设用地的使用和管理制度的改革和管理创新提供了广阔的空间。

近年来，国土资源部及全国许多省（市）在农村建设用地使用和管理政策方面进行了积极的探索，特别是土地征收制度改革、农村居民点整理和农村建设用地流转试点方面取得了许多成功的经验。目前，全社会对征地范围过宽、征地程序不完善、征地补偿办法不合理、征地争议裁决机制不健全等问题已有深刻的认识。严格界定公益性和经营性建设用地，逐步缩小征地范围，完善征地补偿机制，依法征收农村集体土地，按照同地同价原则及时足额给予农村集体组织和农民合理补偿，解决好被征地农民就业、住房、社会保障问题，成为了征地制度改革的目标。浙江湖州、安徽芜湖、江苏南京、广东省等在全国率先进行农村集体建设用地流转试点，探索非公益用地退出征地后的用地途径，提出了农村集体建设用地产权管理和市场化的不同思路，国家即将出台有关政策。我国农村居民点整理是适应我国城市化过程中建设用地布局变化的节约和集约用地的重要举措，城乡建设用地增减挂钩有利于盘活农村建设用地存量，控制建设占用耕地数量，保证严格保护耕地政策的落实，有利于促进土地资源可持续利用和社会经济可持续发展。

二　研究的目的和任务

（一）研究目的

（1）通过典型区域调查，查清浙江农村集体建设用地利用状况及变化趋势，明确农村集体建设用地流转和管理改革的方向。

（2）通过完善农村集体土地产权制度，落实土地财产权，规范农村集体建设用地市场化和资本化经营与管理。

（3）通过完善农村宅基地的合理使用标准，合理调整农村居民点布局，研究农村宅基地退出、置换和流转机制，促进农村人居环境建设的健康发展。

（4）研究农村集体建设用地的合理流转，努力盘活农村集体建设用地的存量，城乡建设用地增减挂钩，挖掘建设用地节约和集约利用潜力。

（5）调研农村集体建设用地交易平台，充分发挥市场机制对资源的高效配置功能，研究土地利用利益公平分配机制，实现农村集体土地资产的保值和增值。

(二) 研究任务

本研究以浙江省宁波市鄞州区姜山镇为典型调查和研究区域，通过对其集体建设用地的权能、分布和利用状况调查，揭示其农村集体产权制度存在的问题，找出其农村集体建设用地利用不合理的原因；寻求符合我国工业化和城市化发展规律的农村集体建设用地市场化和资本化经营的途径，建立农村集体建设用地在工业化和城市化过程中的农民退出机制；促进农村集体建设用地的合理流转和高效利用，盘活农村集体建设用地存量和扩大工业用地和城镇建设用地来源，减少农村集体土地征收矛盾；建立城乡统一土地市场，统筹城乡土地利用，增加农民财产性收入来源，合理分配农村土地利益，科学和合理保护耕地，维持区域工业化和城市化发展的活力，加快浙江省新农村建设和实现城乡一体化和谐发展，提出农村集体建设用地确权、使用、流转和管理的政策建议。

（1）以二次土地调查资料为基础，查清姜山镇农村集体建设用地权能、分布和利用状况。

（2）查清姜山镇土地利用和社会经济发展的关系。对近年来土地利用规划执行情况和土地征收、出让情况进行分析，并结合文献资料和理论分析，揭示我国工业化和城市化快速发展的转型过程中农村用地利用和变化的规律。联系宁波实际，分析目前土地对财政收入的贡献和科学地确定农村建设用地的财产权能地位。

（3）查清姜山镇土地利用潜力和利用方向。对农村集体建设用地的规模控制、用途管制和布局调整进行分析和论证，寻求盘活农村集体建设用地存量、促进土地节约集约利用的方向与途径。

（4）查清姜山镇农民宅基地利用状况。通过农民宅基地利用效率和效果评价、农民宅基地利用意愿调查、农民宅基地管理现实难题研讨，对新农村建设和城市化过程中的宅基地退出机制、宅基地置换、拆村建居等工作的思路与管理策略进行探讨。

（5）总结姜山镇农村居民点整理和农村建设用地，特别是农民宅基地利用的经验与教训。充分挖掘农村集体建设用地潜力，为工业化和城市化过程中建设用地供给执行"城镇建设用地增加和农村居民点减少相挂钩"政策的落实，缓解土地资源对于经济快速发展的瓶颈约束做出贡献。

（6）查清姜山镇目前土地征收和农村集体建设用地收益分配情况。

根据效率和公平原则，探索农村集体建设用地市场化和资本化运营的途径，实现和国有土地同地同权同价，合理流转的方式和途径，建立农村集体建设用地财产收益保障机制和公平分配机制。

（三）拟解决的关键问题

本研究拟解决农村集体建设用地流转的三个关键问题，即土地产权问题、土地置换问题以及土地收益问题。上述问题的逻辑关系如图1.1所示。

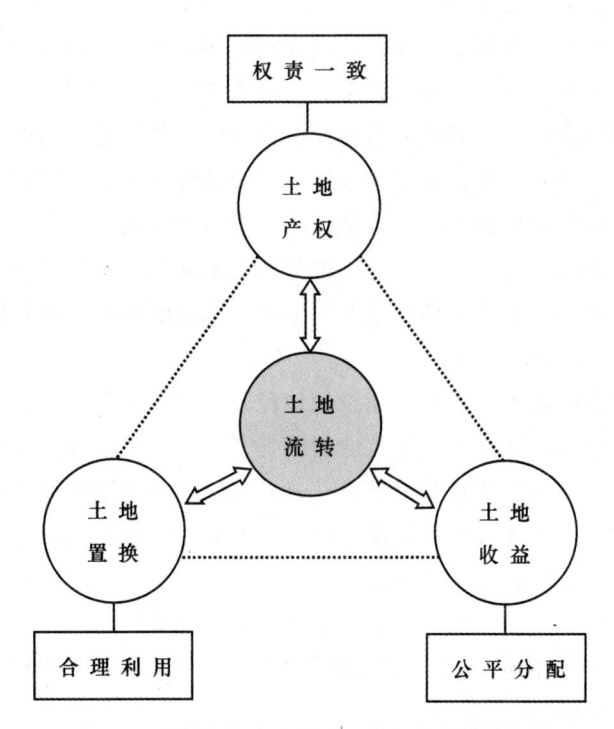

图1.1 农村集体建设用地流转研究的关键问题

资料来源：原创。

1. 流转的土地产权问题

土地产权问题是农村集体建设用地流转的热点问题。建立健全农村土地产权制度是解决"三农"问题、发展农村经济、增加农民收益的关键所在。通过对农村土地产权加以明晰，赋予农村集体建设用地与国有土地同等的权利，显化农村集体建设用地资产价值，有利于合理建立和完善集体建设用地市场，促进农村集体建设用地合理流转，地尽其用，减少市场交易的成本，扩大农民财产性收益来源，是让农民切实享受到改革开放红利和城镇化成果的根本保障。

本研究所涉及的土地产权问题主要围绕三方面展开：

一是农村集体建设用地的土地产权结构问题。主要通过实地调研，分析集体建设用地的土地利用权属结构、农村集体建设用地利用结构特征及存在问题。

二是农村集体建设用地的确权问题。只有清楚明确地界定土地权属，才能为流转的顺利开展创造条件，因而它是流转之基。在确权问题中，主要研究土地合理确权和流转的原则、许可条件及流转方式。

三是同地同权同价问题。只有在法律层面对集体建设用地的产权给予平等对待，打破农村集体建设用地进入市场的各种不合理限制，才能真正显化农村集体建设用地的资产价值，因而它是流转之魂。在同地同权同价问题中，主要研究农村集体建设用地与国有土地同地同权同价的合理性问题、同地同权同价的实施条件以及同地同权同价的市场选择问题等。

2. 流转的土地置换问题

土地置换问题是农村集体建设用地流转的难点问题。在明晰农民土地权利以及确定与国有土地同等待遇的前提下，通过何种方式既能够保护耕地，实现耕地占补平衡；又能够在凸显农村集体建设用地级差收益的前提下，盘活农村集体建设存量用地，提高土地的节约集约利用水平，无疑是个两难选择。土地置换为解决上述问题提供了一个很好的切入点。通过土地置换，不仅能提高土地闲置资源的利用率、保持耕地占有量，而且能促进农村集体建设用地高效、有序流转，增加农民土地财产性收益，带动农村乡镇经济发展。

本研究中所涉及的土地置换问题主要侧重于以下三方面：

一是研究土地置换的区位、类型、目标和原则，即分析土地置换中区位的作用及其重要性，土地置换的类型以及每种类型置换的具体方式，土地置换要达到的总体目标以及需遵循的原则分别是什么。

二是研究土地置换产生、发展、运行的机制机理，即分析土地置换中的农村集体建设用地流转是以何种方式发生的，土地置换中政府、企业、农村集体等各权利主体是如何产生联系的，土地置换六种运行机制的内在运行过程等。

三是研究土地置换过程中土地的潜力测度问题。土地置换中土地的潜力测度关系到可供利用的农村集体建设用地规模。当前使用建设用地人均值法测算出的土地潜力由于没有考虑自然、经济、社会、生态、政策等诸多因素的影响，容易产生估值比实际值偏大的问题，因而只能作为一种理论潜力测度模型予以考虑。如何构建合理、可行的土地置换环境影响因素评价指标体系，以协调度修正系数表征各环境因素对土地置换的影响程度，并在此基础上建立量化的实际潜力测度模型，缩小理论潜力与实际值之间的误差，最终获得更为符合当地实际情况的农村集体建设用地潜力，是本研究的重点所在。

3. 流转的土地收益问题

土地收益问题是农村集体建设用地流转的重点问题。流转的最终目的是政府、集体、农民三方权利主体共同享有经济发展所带来的土地红利，其中必然涉及流转收益的分配、实施、评价等问题。上述基本思路为本研究指明了关于土地流转收益问题的研究路径。

本研究中所涉及的流转收益问题主要围绕以下几方面展开：

一是研究流转收益的分配与实施问题，即研究哪些土地权利主体可以享有土地流转所产生的收益，收益分配的比例应如何确定以及收益分配的实施机制应该如何构建，使之能够保证农民有效地对政府和集体组织在土地流转收益分配中的行为进行监督，切实维护其本身所应享有的土地权益。

二是研究流转收益的等级评价问题，即通过引入物元评价分析方法，构建流转收益的物元评价指标体系，以调研区域为研究对象，借助物元模型对当地流转收益的情况进行定量化分析。通过物元评价的结果，不仅可以确定出流转收益单项特征指标所处的等级水平以及符合等级的关联程度情况，而且可以确定出某个村庄集体建设用地流转的总体收益的等级水平及其关联程度。在此基础上，进一步揭示并分析哪些重要特征指标及环境因素会对流转收益产生影响，以及产生影响的具体原因是什么。

三 研究的技术路线和方法

本研究运用管理学、经济学和土地科学的理论和方法，按照项目调查研究方案确定的目标和任务，深入开展调查和研究工作，切实掌握调查区域农村集体建设用地权能、分布和利用状况。通过土地利用调查、问卷调查、实地考察和群众访谈等多种途径，揭示目前农村集体建设用地使用和管理存在的问题，总结农村集体建设用地使用和管理创新的方法，提出具有前瞻性、战略性和可行性的符合农村集体建设用地使用和管理的政策建议。

本研究分两个层面、多种调查研究方式进行。一是以宁波市鄞州区姜山镇为典型调查和研究区域，深度解剖"麻雀"，发现问题，认清方向，寻找对策。二是通过相关数据分析，论证农村集体建设用地使用和管理改革的可行性与可靠性。

浙江典型地区农村集体建设用地流转研究的技术路线如图 1.2 所示。

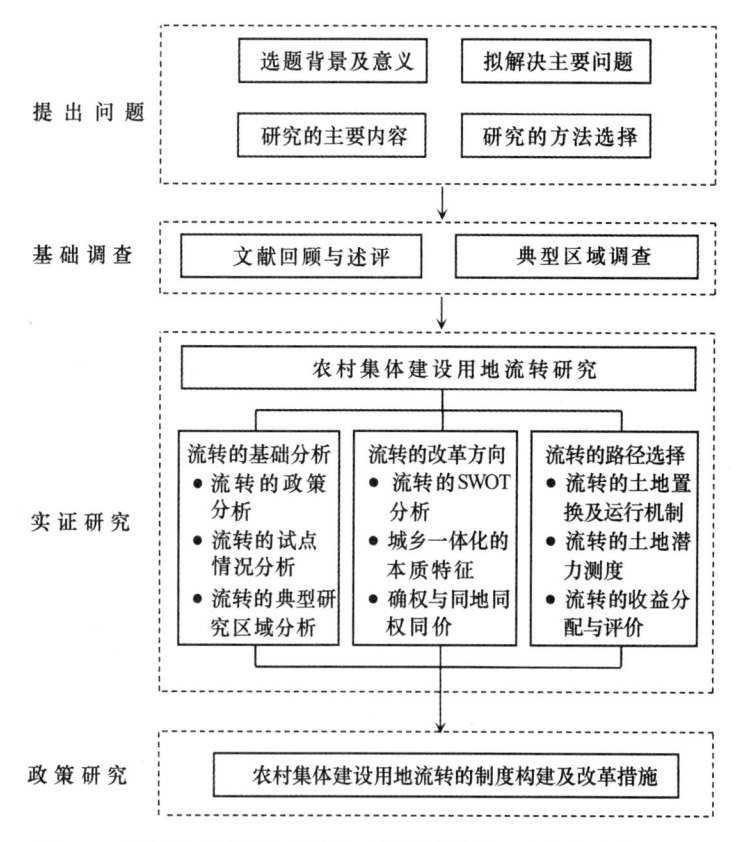

图 1.2　浙江典型地区农村集体建设用地流转研究技术路线图

资料来源：原创。

第二章
农村集体建设用地流转文献综述

一 国外研究综述

（一）国外土地流转研究进展

农村集体建设用地流转具有鲜明的中国特色，通过对国外土地法学（凯特·格林、乔·柯斯利，2001）、土地经济学（柯里，2009）、土地产权改革与实践（米迦勒·里托，2009）、公共政策与土地管理（格哈德、拉松，2010）等相关著作的研究发现，除了以中国土地产权与投资激励（贝斯利，1995）、中国农村改革（罗斯·加诺特等，1996）、中国土地制度变迁（彼特·霍，2005）、中国土地政策（尤天，2009）为特定研究对象的学者外，国外其他学者在论著中很少提及诸如"集体建设用地"等带有中国特色的词汇。上述问题的产生固然与语言文化差异有关，但最主要的原因仍根源于国家政治体制及经济制度，由于国外尤其是西方发达国家私有化程度比较高，土地产权制度比较成熟和完善，因此土地可以通过市场进行自由交易，因而不存在中国式集体建设用地流转问题（王佑辉，2009）。虽然国外学者对集体建设用地流转没有作过专门的研究，但其对世界上其他国家土地流转问题的研究，尤其是对土地流转中所涉及的农地非农化、土地交易、土地产权、土地市场、土地价格与价值等方面的研究和实践对我国农村集体建设用地流转的研究具有积极的借鉴意义。

在关于土地流转中农地非农化的研究方面，国外学者理查德·穆斯（Richard F. Muth）（1961）在理论分析的基础上，运用经济学原理，建立了城市边缘区农地流转模型，分析了经济增长与土地流转的关系。希罗什·莫里（Hiroshi Mori）（1998）构建了一个农用地非农化理论分析模型，利用边际成本分析不同用途土地之间的转换，并利用此模型对英国、日本和荷兰的城乡交错区土地流转进行了实证研究。特威滕（Tweeten）

(1998)将农地数量变化看作是农户收入占总收入的比例、农业人口密度以及城市人口密度的函数,然后使用1949—1992年的美国州级人口普查数据模拟农地数量的变化,发现美国农地流转74%是由于农业因素导致的,农业经济缺乏活力是农地流失的主要原因,而不同地区,各种影响因素的重要性也不同。克莱恩、阿利格(Kline & Alig)(1999)将人口增长、收入水平变化、农用地价格、农用地所有权结构、城市增长边界、农用地保护区等因素纳入研究,构建了probit模型,研究发现城市增长边界和农业用地保护区的设置对农地非农化有显著的抑制作用,而农地价格对农地非农化影响很小。汤米·弗曼(Tommy Firman)(2000)采用对比分析的方法,对印度尼西亚经济繁荣与经济危机时土地城乡转移问题进行了研究。库米诺夫(Kuminoff)(2001)基于Muth的假设,构建了一个线性计量模型来研究农地流转的影响因素,结果表明,城市因素,如农地与城市边缘接壤长度的大小、城市人口的增长等是农地流转的主要推动力,而农业收入低并不是农地流转的主要推动力量,政府的规划管制对农地流转的影响在统计上不显著。

在关于土地流转中土地交易及收益问题的研究方面,美国学者约托普洛斯等(Yotopoulos et al.)(1976)从统计研究的角度研究了土地规模收益问题,其认为由于农业生产技术自身所带有的规模收益递减或是不变的特征,因此农业生产方面的规模收益递增与土地的集中程度并不必然构成正比关系。正是上述因素影响了农民对土地流转的积极程度。汉斯·宾斯万格等(Hans P. Binswanger et al.)(1995)认为,土地流转应考虑资源配置效率和土地交易的收益性,应该让土地从土地收益效率低的使用者手中集中流向土地收益效率高的使用者手中,即通过市场的方式实现土地的规模化经营。约翰·本德等(John L. Pender et al.)(1999)通过对印度村庄的调查,认为限制土地交易会对耕种选择、土地投资以及农业贷款等方面产生影响。马修·戈顿(Mathew Gorton)(2001)通过对国外某些地区土地小规模经营情况的分析,发现在农业生产方面通过联合经营的方式有利于土地交易的发展,但应该明晰土地所有权及授权关系,否则土地市场将难以发挥应有的功能。安卡·利斯(Anka Lisee)(2008)则从建模的角度分析了农村土地交易行为,认为模式化的交易有利于简化土地交易流程,对农村土地市场的良性发展产生积极意义。

在关于土地流转中土地产权问题的研究方面,国外学者菲德等(Feder

et al.）（1993）从土地产权角度研究了农村土地问题，认为明晰的土地产权具有三方面作用，一是将有利于提高农村生产力，加大农业投资的力度；二是有利于对土地租赁市场提供安全保障，进而加快土地开发及基建投资，提高农业集约经营水平；三是清晰明确的土地产权将有利于降低土地交易的成本，有利于生产要素的有效配置，有利于提高农业生产力。汉斯·宾斯万格等（Hans P. Binswanger et al.）（1995）分析了土地、市场等因素对经济发展和资源利用率所造成的影响，认为土地使用权和所有权的流转会提高资源配置的效率，同时促使人们加大对土地资源的开发和投资（如保护水土资源等生态环境），并有助于防止农民规避风险行为。鲁登（Ruden）（1999）认为，土地产权受多方面因素的影响，其不仅受到农村家庭、生产方式的影响，而且还受到土地、资金、劳动力等生产要素配置方式的影响。塔索·阿德莫普拉斯（Tasso Adamopoulos）（2008）分析了影响土地流转的因素，认为如果土地产权高度集中，土地所有者为了保护其从土地收益中所获取的既得利益将影响政府决策，对土地流转产生不利影响。

在关于土地流转中土地市场问题的研究方面，国外学者吉恩（Jean O. L.）（1999）从构建土地租赁均衡模型的角度来分析土地流转问题，并通过模型对土地市场的有效性进行了验证。道格拉斯（Douglas C. M.）（2000）从经济学的视角对土地市场问题进行了研究，认为土地应该通过市场进行公开交易，但应注意避免交易时所带来的市场失灵问题，进而引发土地利用问题。针对土地市场的失灵问题，政府应对市场进行必要的干预，以弥补市场的不足。马克·古德尔（Mark R. G. Goodale）（2001）通过对玻利维亚和挪威等国的土地市场的研究发现，信贷市场的缺乏将会制约农业的发展，进而对土地产权产生影响。兰德尔（Randall G.）（2004）从市场建设的角度分析了土地利用政策问题，认为政府应当作出相应的规划，允许非公有土地在正确的市场原则指导下发展。克劳斯·丹宁格（Klaus Deininger）（2006）通过对土地租赁市场的研究发现，土地通过市场方式进行流转比传统的行政配置方式具有更高的土地利用率。利斯贝特·弗兰肯、约翰·斯卫尼恩（Liesbet Vranken & Johan Swinnen）（2006）通过对匈牙利土地租赁市场的研究指出，交易费用、土地价格、人力资本以及劳动力市场等因素对土地租赁市场具有很大的影响。布格里（J. T. Bugri）（2008）通过对加纳土地市场的研究发现，土地产权因素与农业产出之间并非存在决定性关系，自然灾害、资金匮乏、资源短缺等非产权因素也会对农业产出产生很大影响。

在关于土地流转中土地价格与价值的研究方面，国外学者戴维·奇可因（David L. Chicoine）（1981）运用特征价格法从自然和人文两方面研究了土地价格的影响因素。海姆·沙利特等（Haim Shalit et al.）（1982）对农地规模扩大和地价的关系进行了研究。理查德·邓福德等（Richard W. Dunford et al.）（1985）指出投机因素会通过影响未来预期收益进而影响土地价格。雅顿·坡尔（C. Arden Pope）（1985）认为土地价值由农业生产力价值和消费性使用权价值构成。丹尼斯·卡波扎等（Dennis R. Capozza et al.）（1989，1990）认为流转后的土地价值应包含流转前的土地收益、流转费用、附加费用以及土地未来的增加值等部分。史跃进等（Yue Jin Shi et al.）（1997）通过构建模型，对城市化影响下的土地价值进行了研究。帕特里克·斯图尔特等（Patrick A. Stewart et al.）（1998）利用数量模型分析了土地价值的影响因素。安德烈·普兰丁格等（Andrew J. Plantinga et al.）（2001）利用特征价格法模型研究了未来土地开发对当前土地价值的影响。克劳斯·德雷舍等（Klaus Drescher et al.）（2001，2003）认为土地价格除受农业生产力特征和需求的影响外，还受潜在的农地非农化发展趋势的影响。安德烈·普兰丁格等（Andrew J. Plantinga et al.）（2002）利用截面数据分析了影响土地价格的因素。克里斯·巴斯蒂安等（Chris T. Bastian et al.）（2002）从生态环境的角度分析了环境与土地价值之间的关系，其研究结果表明生态环境的改善对土地价值的增长具有正相关性。格里戈里奥斯·利瓦尼斯等（Grigorios Livanis et al.）（2006）研究了城市扩张对土地价格的影响。理查德·戴伊等（Richard F. Dye et al.）（2007）研究了房屋拆迁补偿价格与土地价值之间的关系，其认为土地价值的增值应全部归原土地的所有者或使用者所有。迈尔斯·巴顿等（Myles Patton et al.）（2008）则从政府财政补贴的角度分析了其对土地价值的影响，研究指出政府通过财政方式下发的粮食补贴能够引起土地价值的增值。

综上所述，国外的土地制度从所有制形态上可以划分为以私有制为基础的土地制度和以公有制为主的土地制度。在实行私有制为基础的土地制度的国家中，例如美国，土地交易的客体是土地所有权及其衍生的其他权利，这些权利可通过自由的市场经济体制进行交换；在实行公有制为基础的土地制度的国家中，例如英国，由于土地所有权归国家所有，因此土地交易的客体是除土地所有权以外的土地使用权及其他土地权利，交易后土地使用权可由使用者长期持有。在市场经济体制发展较为成熟的国家，土地交易的主体范围广泛，总体上包括土地所有者、经营者和使用者，具体包括国家、政府、军队、企业、社会团体、个人、外国企业和公民等。国外有关土地管理的法律制度规定，只要交易主体存在买卖、经营、租赁土地的意愿，都有资格参与土地的买卖交易，但在交易过程中所产生的权利、义务需受相关法律法规的制约，并且需具备相关的法律依据。从国外土地交易的具体形式上分析，国外的土地交易大致可分为土地买卖、租赁、抵押、征用等，其中以土地租赁形式最为常见。国外学者在研究土地交易的过程中，常将土地产权和土地交易结合在一起进行研究，因为土地产权的外部性、不确定性等因素会影响土地有效流动，以致出现资源配置低效。有效清晰地对土地产权进行界定，能节约交易成本，提高资源配置效率，有利于土地流转，因此国外从事土地交易研究的学者认为土地私有化以及排他性的产权制度安排是比较合理并且卓有成效的（约翰·弗朗西斯，2003；保罗·切希尔、史蒂文·谢帕德，2004；史蒂芬·戈茨，2005；裘德·华勒斯等，2006）。

（二）国外土地流转制度及实践

国外学者的研究表明，世界上市场经济发达国家的土地制度变迁总体上经历了平均地权和土地规模经营两个发展历程。所谓平均地权即土地所有权的重新分配，通过土地制度改革将地主阶级的土地私有制转变为农民的土地私有制。以1789年法国资产阶级革命为例，当雅格宾派夺取政权后，通过颁布土地法令，将王室、贵族等的土地平均分配给了农民，进而完成了土地改革，在某种程度上平均了地权，农民的土地私有制因此形成。而在进入土地规模经营阶段后，土地开始从分散走向集中，这一阶段有利于土地规模效益的发挥，进而能够以较少的投入产出更多的产品。随着资本主义经济的进一步发展，土地所有者与农业资本家进一步融合，土地流转的形式也更为多样，虽然世界发达国家对土地流转的具体做法和规定各有不同，但相同的是只要存在清晰的产权关系，土地所有者可在市场上自由交易、抵押和租赁土地。

从美国的土地流转实践来看，美国是多元化的土地所有制国家，美国国土总面积为936.48万平方公里，其中私人所有土地占土地总面积的51%，美联邦及各州政府所有土地占47%，剩下的2%则为印第安人保留地。美国法律允许土地买卖和租赁。对于私人之间的土地交易，美国法律保障其私人土地的合法权利，并且政府部门对合法性的私人土地进行登记。当土地交易双方达成买卖协议后，通过到政府有关部门办理变更手续，即可实现所有权的转移。私人土地的交易价格则由交易双方聘请第三方的土地估价机构根据土地的经济价值进行估算。如果发生土地交易纠纷，则需通过法律途径加以解决。而对于私人与美国联邦政府之间的土地交易，购买者需首先向有关机构提出购买申请，经法院审核通过并经由专职人员签署才正式生效。值得一提的是，即使作为美国联邦政府本身，如果因为公共利益需要（例如兴建车站、铁路等基础设施）需要占用私人或公有土地的，仍需要通过购买、交换等手段取得。对于输油、通信等管道需经过公有土地的，须向美国土地管理当局提出申请，经批准后需支付相应的租金。总之，美国政府部门保障土地所有者的至高利益，虽然政府部门有权因公共利益需要征用私人土地，但需保障土地所有者的待遇在征地之后与征地前并无太大差别，如果土地所有者对政府提供的补偿表示不满，还可以通过法律手段解决（戈森·菲德、戴维·菲尼，1991；巴里·卡林沃思，1993；亨利·戴蒙德、帕特里克·努南，1996；凯思琳·贝尔，2006；罗伯特·约翰斯顿等，2006）。

从英国的土地流转实践来看，英国土地流转制度建立在圈地运动的基础之上，它用明晰界定的现代产权制度取代了原本落后的土地所有制形式，并使得土地所有权与使用权相分离。英国土地所有权名义上归属于英国国王或国家，普通组织或个人仅享有土地的使用权。按照英国《财产法》的法律规定，英国的土地产权分为永业权和租业权。永业权的持有者可以永久享有的土地产权，以契约等形式确定；租业权的持有者可以在一定时期内享有的土地产权，以协议形式产生，期限为十年及以上不等。因此，英国土地流转的特点是通过永业权和租业权的方式引导私人购置土地，土地所有权以永业权的形式流向私人，其结果导致拥有永业权的土地持有者比例逐年上升，最终形成土地私有制占据主导地位（坎农，1984；哈维，1984；艾伦，1992；奥弗顿，1996；克拉克，2001；萨图尼诺·博拉斯等，2008）。

从加拿大的土地流转实践来看，法律规定无论是国家所有土地还是省所有土地均可以买卖和租赁。至于企业、私人等使用土地则需要按照有偿使用的原则支付相应的金额，即便是加拿大政府因为公共利益需要使用土地也必须支付相应金额。加拿大政府规定，个人对于其所拥有的私有土地享有支配权和继承权，并允许私有土地自由买卖。个人、公司或其他机构可以通过买卖、租赁等方式向政府获取土地，并通过对土地的投资、开发等获取相应利润。买卖双方进行土地交易，联邦各省根据自身情况制定相应税率，并对交易主体进行征税。在对土地交易进行估价方面，买卖双方可以通过政府专门的土地估价的官方机构或私人估价公司进行（赛明顿，1968；鲍克尔，1994；布拉德·吉尔摩，1996；洛恩·欧文等，2000；南希·霍夫曼等，2005）。

从日本的土地流转实践来看，日本政府也允许土地进行买卖、租赁、抵押、继承等，但私有土地的买卖、租赁和交换必须到专门的法务省进行不动产登记，否则法律不予保护。如果所交易的土地发生在城市规划区内，则政府按照有关规定享有优先购买权。日本政府为了保证土地的合理使用和抑制投机倒卖，于1974年颁布了《国土利用计划法》，其目的是限制土地交易，建立一套完整的土地交易管理制度，其具体包括土地交易申报、土地交易许可、土地交易监控等一系列制度。总而言之，在日本的土地流转制度的发展过程中政府扮演着非常重要的角色，政府通过行政、立法等手段为土地流转创造了良好的法律机制和市场环境。此外，日本农业协会在土地流转的过程中也发挥了重要的作用，它不但提高了土地流转的效率，而且切实有效地维护了农民利益，推动了日本农村的向前发展（关谷俊作，2004；近江幸治，2006）。

（三）国外关于中国土地流转问题的研究

20世纪90年代以来，随着中国改革开放的不断深入，国外学者对中国农村土地流转的研究日益增多，其研究焦点多集中于对中国农村土地市场、农村土地产权等方面的讨论。

在对中国农村土地市场问题的研究方面，梅卡姆、张文方（J. Makeham & Zhang W. F）（1992）通过对20世纪90年代广东省南海市的农村土地流转情况进行分析，认为家庭联产承包责任制分散经营模式已经不能适应经济发展的需要，因此依靠市场机制对农村土地进行流转则成为经济发展的必然趋势。农村土地流转并不意味着农民需要放弃土地的收益和权利，相反却有利于发挥土地的规模效应，有利于解决农村劳动力过剩问题。因此，应通过制度建设、信贷支持与市场发展等措施加快农村土地流转进程。罗斯·加诺特等（Ross Garnaut et al.）（1996）从经济学角度分析了中国的土地市场问题，指出自由的土地交易会导致市场失灵，因此政府要干预市场，以弥补市场缺陷。德韦恩、本杰明等（Dwayne, Benjamin et al.）（1997）通过对中国北方地区的调查发现，要素市场的不健全是导致农民收入分配不平等的主要原因，在土地市场特别是土地租赁市场发展情况比较好的地方，收入分配不平等现象会减少，因此应注重对土地租赁市场的培育和发展。姚洋（Yang Yao）（1999）从农村劳动力转移的角度分析了中国的农村土地问题，认为多元化的劳动力市场削弱了农民对土地的依赖性，因此必须有赖于通过金融市场确认土地所具有的保障职能，进而促使农业的生产经营能够延续和发展。尼尔森·陈（Nelson Chan）（1999）认为目前中国土地市场中存在着隐性市场，它的存在使得人们能够用比较低的价格获得土地，进而导致集体建设用地通过地下方式进行交易和流转。詹姆斯·坤（James. K. Kung）（2002）在利用安徽、湖南、浙江等省的调研数据的基础上，通过建立土地租赁影响因素模型，分析了对农村土地租赁产生影响的因素，认为农村劳动力向非农化转移，有助于促进土地租赁市场的发展，有利于经济快速增长，因此应通过采用市场手段来实现上述目标。

在对中国农村土地产权问题的研究方面，文贯中（Guanzhong - J. Wen）（1993）从产权激励的角度分析了中国集体土地所有权与使用权的关系，认为相比于当时集体所有权与使用权合一的产权制度，中国集体土地使用权与所有权进行分离是一种进步，充分调动了农民的积极性，但是分离后的集体土地所有制仍然没有使产权激励这一功能得到充分发挥。贝斯利（Besley）（1995）在研究中国的土地产权与投资激励情况时指出，土地流转应遵循的基本经济原理是资源的配置效应和交易的收益效应。哈瑞克等（Herrink et al.）（1995）研究了中国土地管理改革与土地分配、经济增长之间的关系，认为土地经营承包制度密切了劳动者与土地的关系，集体建设用地流转有利于市场在资源配置方面发挥基础作用，但是中国的土地制度仍存在诸如产权不清、法律缺失等许多问题，并进一步造成土地减少等问题。因此，中国集体土地改革的思路应从三方面着手，一是建立健全明晰的土地产权制度，厘清土地产权关系；二是完善土地流转的市场机制，形成良好的外部环境；三是进一步完善与之相关的管理措施和法规制度等。普罗斯特曼（Prosterman）（1996）在文贯中（Guanzhong J. Wen）研究的基础上进一步分析了农村土地产权激励功能弱化与粮食安全之间的关系，对中国的粮食安全问题提出了疑问。董小原（Dong X. Y.）（1996）对中国的两田制展开了研究，认为需要对家庭联产承包责任制进行改革。而学术界对改革却存在分歧，一种观点认为中国应仿效西方的土地私有化制度；另一种观点则认为可以将土地所有权与使用权分离，所有权归集体所有，而使用权、收益权等除所有权外的权利则可以归农民所有。因此，两田制作为第二种改革模式不仅可以解决土地私有化无法解决的两极分化问题，而且可以通过市场手段采取土地流转的方式优化土地资源配置。丹尼斯（Dennis T. Y.）（1997）研究了劳动力非农转移与农村土地安排之间的关系，认为农村模糊的土地产权关系妨碍了农村劳动力非农就业，因为随着土地价值的不断增值，农村劳动力若是放弃土地，则不能享有未来土地增值的红利，极大地增加了农民迁出农村的机会成本，参与非农就业而同时又不放弃在家乡的土地则成为农民的必然选择。因此对农村集体土地产权制度进行改革就成为中国经济发展及城市化的现实需求。胡伟（Wei Hu）（1997）以中国的家庭联产承包责任制为研究对象，认为该制度有利于增加农民的积极性，有利于按劳分配，但同时也造成了土地利用效率低下、农地减少、土地产权不清、短期投资加剧、土地零碎化以及土地质量下降等一系列问题。詹姆斯·坤（James K. Kung）（2000）在对江西、浙江、河南等省份进行村庄实地调研的基础上，对中国农村土地产权及农村土地调整的情况进行了分析。调查表明，由于农民享有集体土地的使用权，所有权归集体所有，因此集体组织实际上是对土地进行分配的主体，集体组织对土地调整的频繁程度与农民承包土地的安全感之间存在着关联效应，大范围或是较频繁地对土地进行调整将对农民的安全感产生不利影响。但调查同时指出，由于土地调整的局部性、非农就业等因素的影响，土地调整的成本比预想的要小。赛特·罗泽尔等（Seott Rozelle et al.）（2001）对中国土地产权问题展开了研究，从土地转让权、土地经营权以及土地产权的安全性等方面论述了中国土地产权制度与生产效率之间的关系和影响。丁成日（Chengri Ding）（2003）从利益冲突的角度分析了中国土地农化与非农化之间所产生的矛盾，以及由此所引发的社会公平问题及其政府所面临的挑战，认为应该进一步提高土地产权私有化程度，杜绝行政腐败等行为的发生。埃里克·利希滕贝格（Erik Lichtenberg）（2004）认为，中国现有的产权制度降低了土地资源的优化配置效率并影响了对土地生产力的持续投入。

综上所述，大多数学者的研究表明，中国当前农村土地市场机制不健全，产权制度不完善，劳动力市场不成熟，农村土地信贷市场、金融市场有待开发。对于中国农村土地市场与农村土地产权两者之间的关系及其影响，大多数学者认为中国农村土地产权的安全性和土地产权的可转让性是制约农村土地市场发展的两个重要因素，其中安全性是基础，如果农村土地产权不具安全性，则将制约以土地作为基础的信贷市场的形成和发展，进而制约农村土地资源的有效配置。此外，中国农村社会保障机制及其相关制度的不健全也制约了农村土地市场的发展（Guo Li et al.，1998）。

二 国内研究综述

（一）中国古代土地流转思想溯源

中国自古以农立国，土地作为最重要的生产资料，构成统治阶级政权稳固的基础。伴随着社会制度的变迁，中国古代的土地制度也相应经历其发生、发展和演变的历史进程，并对后世的土地流转思想产生深远影响。通过对中国古代各时期出现的主要土地制度进行比较分析可知，土地公有制、土地私有制等主要土地制度在我国古代社会已经形成，并成为中国现代土地流转思想的起源。中国古代各时期土地制度的演变过程如表2.1所示。

表2.1　　　　　　　　　中国古代土地制度的演变

时期	土地制度	基本内容	研究结论
夏、商、周时期	井田制	井田制度是一种非私有性的土地制度，土地不能自由买卖。井田因土地形状像"井"字而得名。其以方块为形共九百亩，由八家共用一井耕之，每家各占私田一百亩，中间一百亩为公田。八家需先在公田上耕作，然后才能在自己的私田上耕作。	1. 井田制集土地使用、管理和赋税于一体，在当时的历史条件下起到了促进生产力发展的积极作用（赵冈、陈钟毅，2006）。 2. 国家通过井田制，在界定和保护了奴隶主对奴隶的管领权的同时，也就界定、建立和保护了土地的原始状态的产权，确立了对土地的占有和利用秩序（靳相木，2007）。

续表

时期	土地制度	基本内容	研究结论
战国时期	授田制	授田制基本内容是由国家将土地授予农民耕种，农民依据耕种土地的面积纳税。	战国时期的授田制是土地由国有向私有转化的形态，在授田过程中，就规定了土地边界四至，禁止他人私自移动，一经授予，就决定了个人永久占有的性质，构成了土地私有制的经济前提（臧知非，1996）。
秦朝时期	名田制	名田制是一种私有性质的土地制度，土地可以流转、买卖。其在按户籍计口授田的同时，又按军功大小分封不同的爵位和不同数量的土地。国家授出的土地即成为私人占有，国家不再收回。	名田制开创了古代土地私有制的先河，土地流转较为自由。按户籍授田实现了国家借用土地对农民的严格控制；按军功封赏打破了封建贵族的世袭特权，对当时的经济社会发展起了巨大的推动作用（贾春泽，2005）。
汉朝时期	王田制（西汉）假田制（东汉）	1. 王田制的基本内容是将土地收归国有、禁止私人买卖土地，将男丁不过八口的家户所占土地限制在九百亩之内，超过的部分授予乡邻宗族，无地农户可按一夫一妇授田百亩的标准由国家授予土地。2. 假田制是指国家把土地租借给流民进行生产，并在三至五年内免除接受假田的流民的租税。期满以后，流民开始缴纳40%以上的假税，并承担其他封建义务。	1. 王田制其本质是企图用行政力量恢复"井田制"平均分配土地的办法，以减轻对农民的剥削，缓和阶级矛盾，但最终导致社会问题愈演愈烈（王琦，2010）。2. 假田制减少了流民对社会稳定的冲击，流民逐渐成为被束缚在国有土地上的国家佃农，国家收入也得以增加（崔欣，2011）。
三国时期	屯田制	屯田制是指国家强制农民或士兵耕种国有土地，国家征收一定数额田租，它是中国传统社会用军事管理方式将劳动者束缚于国有土地的一项特殊的土地制度。	曹魏屯田制使流离失所的农民与荒芜的土地重新结合起来，有益于区域农业生产状况的改善，对稳定社会、恢复生产、巩固政权起到了重要的支持作用（萧云岭，2006）。

续表

时期	土地制度	基本内容	研究结论
西晋时期	占田制	占田制是指国家准许个人占有土地,其包括两方面内容,一是允许官僚、贵族等按品位的高低贵贱占田;二是把允许农民占耕的屯田私有化,并按丁之多寡而不是按田之数量课税。	占田制基本是土地私有制,它使世族、官僚的大土地私有制法典化;与此同时,也承认小农土地私有的合法性,以强化对自耕农的人身控制(魏天安,2003)。
北魏时期	均田制	均田制把土地分为露田、麻田、桑田和宅田四种,其中露田、麻田所有权属于国家,不允许买卖;桑田和宅田作为祖业可传给子孙,允许自由买卖。此外,外来人口、政府官员等的分田也有相应规定。	均田制的实行对巩固政权、缓和阶级矛盾、恢复和发展农业生产方面发挥了重要作用,但是并没有从根本上解决土地兼并等一系列社会问题(万淮北,2010)。
隋、唐时期	均田制	唐朝前期土地政策的核心是"抑制兼并、均平占田"。在均田制的基础上实行租庸调法,即每丁每年向国家缴纳一定的粮食为租,缴纳一定的布匹为调,以绢布或钱代替服役为庸。随着均田制的日益瓦解,唐朝后期土地政策的核心是"不抑兼并"。影响土地政策的主要是两税法,即将苛捐杂税统一归为按资产和田亩征税,分别征收地税与户税。	1. 国家法权对土地私有制由诸多限制变为更加尊重和放任发展,是中唐两税法后土地制度变化的重要特点(魏天安、葛金芳,1990)。 2. 唐朝土地政策由"抑制兼并、均平占田"向"不抑兼并"的转变,对土地关系产生了重大影响,就是土地的迅速私有化(武建国,1992)。
宋、元时期	租佃制	租佃制是指土地所有权集中在大地主、官僚等手中,其将土地租给佃农耕作,期满后佃农按照规定上交地租,并可以自由决定离开或继续签订新的契约。	租佃制下土地所有权集中在少数人手中,农民处于无产状态,随着明清以后资本主义生产关系的出现,这些无产农民慢慢演变为中国早期的工人,因此从历史发展来看,租佃制为资本主义生产方式奠定了基础(洪东海,2011)。

续表

时期	土地制度	基本内容	研究结论
明、清时期	永佃制	永佃制是指农民向地主交纳地租,并取得永久耕种地主土地的一种租佃制度,其特征是土地所有权与使用权永久分离。其基本内容是把土地分为田底与田面,田底权归地主,地主有权向佃农收租。田面权归农民,农民有权永久使用土地。田底权可以单独转让和继承,田面权可以出租、买卖和继承,地主不得干预。	永佃制是租佃制度长期发展的产物,其租额一般较低,农民对土地有较大的支配权和生产经营权,有利于生产发展(徐美银,2008;崔欣,2011)。
太平天国时期	天朝田亩制度	天朝田亩制度的基本内容是废除封建地主土地所有制,按人口和年龄平均分配土地,核心思想是无处不均匀、无人不饱暖。	天朝田亩制度实质是实行农民的土地所有制,反映了农民阶级要求废除封建土地所有制的愿望,但其所制定的平分土地的办法并不符合当时的实际情况,只能是农民平均主义的空想(谢代银等,2009)。

资料来源:根据相关文献资料整理而得。

综上所述,我国在原始社会时期实行土地共有制,原始人群内部成员之间以及原始人群之间都没有土地占有的观念。进入氏族公社时期后,开始形成了土地氏族公社内部的公有制。进入到奴隶社会以后,我国实行土地的国家所有制。代表奴隶主阶级的意志和利益,集族权与君权于一身的统治者是全国土地的最高所有者,各级奴隶主通过"授民"形式获取土地和奴隶,不完全地拥有土地的部分所有权。这种双重混合所有、多层分管使用的土地制度难以简单地用"公有"或"私有"来概括和归类(叶林,2010)。运用马克思"亚细亚的所有制形式"的分析方法判断中国古代社会土地所有制的性质:既不是纯粹的私有制,也不是纯粹的公有制。就奴隶社会而言,一方面有其私有的一面;另一方面土地的所有权仍然在国家或统治者手里,而奴隶主仅对土地拥有部分所有权(雷震,2007)。进入到封建社会以后,我国土地所有制演变为三种形式,即封建国家土地所有制、地主土地私有制和自耕农土地小私有制,其中地主土地私有制是主体,国家所有制和小私有制居次要地位且长期存在。概括起来,封建社会土地所有制的主要特征是以私有制为主的土地混合所有制。

(二) 中国近代以来土地制度变迁

中国以封建地主制为基础的土地制度一直延续到20世纪早期。随着人口的不断增长,加之帝国主义对中国农村土地的掠夺,中国农村人均耕地面积大幅下降,从人均5.54亩耕地下降至人均2.19亩耕地。在北洋军阀混战时期,中国的土地制度基本以租佃为主。进入民国以后,中国的土地制度主要以孙中山的"平均地权"为指导思想。新中国成立后,中国土地制度几经曲折,集体土地制度逐渐成熟和完善,并最终发展为农村家庭承包经营制度。中国近代以来土地制度的变迁过程如表2.2所示。

表2.2　　　　　　　　中国近代以来土地制度的变迁

时期	土地制度	基本内容	研究结论
民国初期 (1912—1926)	平均地权 (民生主义)	在土地所有制问题上,不主张消灭地主,主张通过地主报价,将原租的一部分给予地主,涨价部分归公,与民共享;必要时照定价收买,实现土地国有,最终实现"耕者有其田"。	平均地权是资本主义的土地纲领,其目的是要使农民成为具有独立经济地位和独立人格的自耕农,成为农村中的中产阶级,但仍未解决农民的土地问题(沈渭滨,2007)。
土地革命时期 (1927—1936)	农地农有 平均分配	依靠贫农,联合中农,保护中小工商业者,消灭地主阶级,变封建半封建的土地所有制为农民的土地所有制;以乡为单位,按人口平均分配土地,在原耕地基础上,抽多补少,抽肥补瘦。	毛泽东首先提出土地归农民私有的思想,使农民在经济政治上翻了身,调动了农民的积极性(张红敏,2007)。

续表

时期	土地制度	基本内容	研究结论
抗日战争时期（1937—1945）	双减政策	地主减租减息，农民交租交息，即地租以二五减租为原则，按抗日战争前的原租额，减去百分之二十五交纳。	土地政策的变革，减轻了地主的封建剥削，改善了农民的物质生活，提高了农民抗日和生产的积极性，同时也有利于联合地主阶级一致抗日，巩固并扩大抗日民族统一战线（龚大明，1999 & 2003；栾冰冰，2009）。
解放战争时期（1946—1948）	耕者有其田	没收地主土地分配给农民，即废除封建剥削的土地制度，实行耕者有其田的土地制度，按农村人口平均分配土地。	废除封建剥削的土地制度使农业生产力得到解放，大大促进了农业生产的发展，调动了农民的积极性，使农民踊跃参军、支援前线，成为解放战争胜利的可靠保证（姜爱林，2001；何玲，2006；罗亚男等，2011）。
国民经济恢复时期（1949—1952）	土地私有私营	土地所有权和经营权高度统一于农民，农民既是土地的所有者，又是土地的自由经营者；土地可以自由流转，允许买卖、出租、典当、赠予等行为。	彻底废除了数千年的封建剥削土地制度；解放了农村生产力，为农业发展和国家工业化开辟了道路（洪增林，2008；谢代银等，2009）。
社会主义改造时期（1953—1955）	土地公私合营	采取初级农业合作社的形式，入社农民仍然拥有土地的所有权，土地经营权从所有权中分离出来，统一由合作社行使。农民以土地分红，并保留对土地的处分权，退股自由，退社时可带走入社时带来的土地或其他替代的土地。	初级农业合作化的直接结果推动了农村土地制度的再一次变革，土地由农民所有、农民经营转变为农民所有、集体经营。这次变革是在不改变土地私有制基础上的土地使用制度变革，它使农村土地制度具有半社会主义性质。土地不再像以前一样能够自由流转，土地流转受到一定的约束（陈吉元等，1993；靳相木，1995；陈海秋，2002）。

续表

时期	土地制度	基本内容	研究结论
社会主义建设探索时期（1957—1977）	土地公有公营	1. 1955—1957年间采取高级农业合作社形式，废除了农村土地私有制，土地转为合作社集体所有，全体社员参加集体统一劳动，取消了土地分红，按工进行分配。 2. 1958—1961年间采取人民公社形式，原属于各农业生产合作社的土地及其他一切土地无偿收归公社所有，公社对土地进行统一管理，分配上实行平均主义。 3. 1962—1977年实行"三级所有、队为基础"的集体土地所有制度，即土地为生产队、大队、公社三级所有，一律不允许出租和买卖，农民劳动报酬按工分分配。	1. 高级农业合作社标志着农民土地私有制改造的成功和农村集体土地所有制的确立，但同时农民完全丧失了土地的所有权和经营权，土地不能自由流转，农民积极性受到一定影响（武进锋，2000）。 2. 公社所有制超越了当时的生产力水平，导致生产力的极大破坏，土地流转基本停止，土地的所有权和使用权都不能转移、出租（王克强等，2005；洪增林，2008）。 3. 三级所有制一定程度上克服了平均主义，解决了生产和分配的矛盾，但土地关系并未发生根本变化，土地的所有权依然归集体所有，土地仍然不能自由流转（王先进，1990；康俊娟，2009）。
改革开放时期（1978—1998）	农村家庭联产承包责任制	采取"集体所有，农户经营"的形式，即土地所有权仍然属于集体，农民以家庭为单位取得土地的承包经营权，获得承包权的农民可以自由安排农业生产经营活动，在完成对国家和集体的上缴任务后，剩余产品和收入全部归农民所有和支配。	家庭联产承包责任制纠正了过去长期存在的土地所有和使用高度集中统一、经营方式单调的弊端，改变了农民与土地的关系，使农民的利益与土地产出直接挂钩，极大地调动了农民的积极性，推动了农村经济的增长（汪守军，2006；吴江等，2008；窦述，2009；许人俊，2012）。

续表

时期	土地制度	基本内容	研究结论
新时期 （1999—现在）	农村家庭承包经营制度	采取"家庭承包经营为基础，统分结合的双层经营体制"，通过家庭承包取得的土地承包经营权，可以依法采取转包、出租、互换、转让或其他方式流转，农民长期拥有土地使用权，并受法律保护。	农村家庭承包经营制度是30年改革实践的伟大创造，对我国农村集体土地的进一步改革具有积极意义，但同时也暴露出粗放管理、土地纠纷、产权界定不清等问题，需引起足够重视（王广斌等，2002；马光秋，2003；王宏宇，2008；张红霄等，2010）。

资料来源：根据相关文献资料整理而得。

综上所述，在新中国成立以前，中国的土地政策由于政局的动荡和革命形势的发展，在不同的阶段呈现出不同的指向性及特点，土地政策只提出一些简单的内容和方针，并且政策随着革命形势的变化而变化，没有形成一个稳定的土地所有制关系。新中国成立以后，我国农村土地的所有制开始逐渐形成，其性质是国家和集体的双重复合所有。我国农村土地所有制正是在这一步步的继承和扬弃中发展到今天这种形式（钱忠好，1998）。

（三）中国现代农村集体建设用地流转研究进展

改革开放以来，我国国有土地利用制度改革取得了巨大的成就，但是农村土地制度的改革却始终被限制。随着市场经济的建立和发展，城市化进程的加速，与农地相比，农村集体建设用地的比较效益和资产价值日益显化，特别是城市规划区内的集体建设用地交易活动越来越活跃，交易现象普遍，交易量大，集体建设用地隐形市场客观存在。在我国人地矛盾日益尖锐、耕地保护面临巨大压力的背景下，重视和研究农村集体建设用地的流转，关系到农民、农业和农村的稳定和繁荣，关系到我国土地基本国策的落实，关系到国民经济和社会的可持续发展，更直接关系到我国新世纪全面建设小康社会战略目标和建设社会主义新农村目标的实现。因此，农村集体建设用地流转问题逐渐引起学者的关注，大量学者在农村集体建设用地流转方面展开了研究，并已经取得了一定的进展。纵览近几年我国学界关于农村集体建设用地流转的相关文献，主要集中在以下几个方面的探讨。

1. 农村集体建设用地使用权流转的成因、必然性及其影响

第一，农村集体建设用地使用权流转的形成条件、形成原因及其必然性。

对于农村集体建设用地使用权流转的形成条件，蒋巍巍（1996）、孙佑海（2000）、薛华（2004）等认为，农村集体建设用地使用权流转的形成有客观与主观两方面的条件：（1）在我国农村推行的以家庭联产承包责任制为代表的经济体制改革，农村经济发展所带来的农村产业结构调整和市场经济推动下的土地等生产要素的商品化构成了流转问题的客观条件。（2）国家对土地管理工作的偏移，只注重国有土地的管理，而没有把集体土地纳入统一、规范的日常土地管理工作当中，以及人们对土地经济价值观念的提升是这一问题发生的主观条件。

对于农村集体建设用地使用权流转形成的原因，张伟伟（2007）认为，其主要原因还是经济发展与城市化的快速推进引起的建设用地需求引致；除此之外农村集体建设用地隐性市场也迫使政府对其规范化；耕地保护的压力也需要集体建设用地流转进行缓解；土地产权和发展权也促使集体建设用地需要获得与国有土地的同等权利；另外，一些地方乡镇企业的改制也促使集体建设用地进行流转。江华、胡武贤（2008）认为，引起农村集体建设用地流转的原因主要有以下几个方面：（1）制度变迁，非农产业经营机制的转变。（2）规避监管，以低成本获得土地。（3）利益驱动，不同土地利用方式的收益差距。（4）多方共赢，政府、集体与农民关系的协调。张志强、高丹桂（2008）认为，农村集体建设用地入市流转存在以下动因：（1）城市化、工业化客观上需要增加土地要素供给。（2）节约和集约利用土地资源的内在要求。（3）农村集体建设用地直接入市，可以增加农民收入，实现资本的原始积累。（4）地方政府获取经济收益与社会收益。张梦琳、陈利根（2008）运用经济分析的方法，从资源配置的角度论证了集体建设用地流转的动因，认为集体建设用地流转改变了资源配置方式，适应了市场经济发展的内在要求；缓解了供需紧张，减少建设占用耕地的潜在威胁，实现了帕累托改进，增进了社会福利。

在农村集体建设用地流转主客观条件都具备的情况下，农村建设用地

流转的发生是必然的。学者们指出：

（1）农村建设用地流转是社会主义市场经济发展的客观要求。随着我国社会主义市场经济体制的逐步建立，市场体系不断发展和完善，土地作为要素市场中的一种特殊商品，必然要受到市场机制的调节。而在国家对土地供给宏观调控不断加强的情况下，城镇国有土地可供量日益减少，这为集体建设用地入市流转提供了很大的机会（甘藏春、束伟星，2001）。

（2）农村集体建设用地流转是土地制度诱致变迁即制度创新的需要。首先，当前我国农村土地的管理存在很大空白，自发流转往往无评估等前期工作，无税收负担，巨额的流转潜在利润诱使人们进行灰色交易。其次，土地产权权能的残缺和土地法制制度的不健全，使得自发流转要转化为正式流转困难很大，流转的外部性成本也无法内在化。再次，从集体建设用地产生流转的外部条件来看，国有土地使用权有偿出让对集体建设用地使用者转让使用权的刺激，乡（镇）村企业生产要素重组改革、城镇化建设加快等提高了农民集体对土地商品化的意识（朱靖、何训坤，2002）。另外，制度创新使潜在收入得以增加，制度环境变化使潜在收入分割成为可能，制度安排成本降低等因素也使农村建设用地流转成为必然（陈利根、卢吉勇，2002）。

（3）农村集体建设用地流转是盘活存量土地，合理利用土地和保护耕地的必然选择。随着城市化和小城镇建设的加快，今后各项建设对土地的需求日益增加，建设用地的供需矛盾将更加突出。与此同时，建设用地闲置和低效利用现象也比较严重。因此有必要通过农村集体建设用地的流转使一些闲置或低效利用的存量土地得到充分利用，盘活存量土地，增加土地的经济供给，防止耕地被随意占用（朱靖，2002）。

（4）农村集体建设用地流转是增加农民收入，加快城市化进程的必然选择。保留农民集体土地的所有权，采用租赁、入股等方式提供建设用地，可以使农民获得稳定的经济收入和生活保障，并让农民用这笔钱作为进入城市的成本或继续在农村发展的原始资本，让农民共享城市化带来的文明成果，有助于解决农民生产就业问题，使农民自觉支持城市建设（曾永昌，2005）。

第二，农村集体建设用地使用权流转形成的影响。

张芬艳、李赞军（2002）认为农村集体建设用地使用权流转产生了两方面的影响，一种是积极的影响，一种是消极的影响。叶艳妹等（2002）认为，允许集体建设用地进入市场，直接参与小城镇和工业小区建设，能产生下列积极影响，即可以有效解决农村城镇化、工业化进程中的土地供需矛盾，大大降低农民进入小城镇和工业小区所支付的成本，从而加速农村城镇化、工业化的进程。马丽新、何洪超（2005）认为由于相当一部分农村集体建设用地流转是在经济利益驱动下的无计划自发交易，如果不履行正常用地出让审批手续，其负面影响也很大：（1）冲击国有土地有偿使用市场。（2）导致土地资产大量流失。（3）影响政府统一管理土地的职能。（4）扰乱正常土地管理秩序。（5）导致土地纠纷增多。陈子雯（2006）认为农村集体建设用地使用权流转利大于弊，可以起到以下积极影响：（1）有利于加快城镇建设步伐，促进农村经济的快速发展。（2）有利于维护农民的土地权益，促进农村增收、农村生活水平提高和壮大集体经济。（3）有利于耕地资源的保护，提高土地集约利用水平。（4）有利于土地利用总体规划和村镇建设规划的实施，促进农村精神文明建设。

2. 农村集体建设用地使用权流转的现状及存在问题

第一，农村集体建设用地使用权流转的现状。

学者们从流转形式、流转主体、流转特征等方面研究了当前中国农村集体建设用地使用权流转的现状：

从集体建设用地流转形式来看，农村集体建设用地流转形式呈多样化特点，具体流转形式可分为以下四种：（1）农村集体经济组织直接转让、出租土地使用权。（2）农民以转让、出租房产等形式，连带转让、出租土地使用权。（3）在乡镇企业合并、兼并及股份制改造组中隐含的集体土地转让、出租。（4）在乡（镇）、村以集体土地使用权作价入股、联营形式兴办各种企业，其中租赁是主要的形式（卢吉勇、陈利根，2001）。

从流转主体来看，与经济发展中投资主体多元化相适应，参与集体建设用地流转的主体也呈现出多元化发展趋势。转让、出租方既有乡（镇）、村、组集体经济组织等土地所有者，也有乡镇政府和村民委员会等政府和村民自治组织，还有乡（镇）、村企业和个人等土地使用者。受让方既有本集体经济组织内部成员，也有其他集体经济组织及其他社会成员（国有企业、民营企业、个体工商户等）（朱靖，2002）。

从流转特征来看，农村集体建设用地流转与经济发展和市场化水平呈正相关，并呈阶段性、空间分布及隐形流转与公开流转并存等特征。集体建设用地流转直接受到社会经济发展的影响，因而流转的活跃程度、规模、形式等与经济发达的程度呈正相关。集体建设用地流转在城乡接合部流转比较活跃，其次是城市郊区、县城和中心集镇，而农村地区相对较少。在受城市社会经济辐射强度大、市场化水平比较高的城乡接合部，社会对集体建设用地流转的需求非常迫切，集体建设用地流转不仅非常活跃，而且已具相当规模；在城市化水平不高的远郊区，集体建设用地流转活跃程度较低，形式单一，流转的数量也少；在一些远离城镇中心的农村，农村集体建设用地流转并不常见（朱靖，2002）。

综上所述，对于当前农村集体建设用地使用权流转的现状，学者们普遍认为：（1）集体建设用地流转（隐形）市场客观存在，并已成为社会经济活动的重要组成部分。（2）流转形式多样化，以租赁为主。（3）集体建设用地流转发展区域差异明显，流转主体和流转客体多元化、复杂化，土地收益流向比较复杂。（4）自发流转增多，交易秩序混乱。

第二，农村集体建设用地使用权流转存在的问题。

农村集体建设用地流转为发展农村经济，增加农民收入，提高农民生活水平和加快小城镇建设发挥了巨大作用，但流转只是刚刚起步，如何加强这方面的管理，《中华人民共和国土地管理法》及其他法律、法规并无明确的解答，各地方也尚未出台完整、有效的管理措施。因此，农村集体建设用地流转在法律规范、流转机制、管理以及流转收益分配等方面仍存在突出的问题。很多学者对这些问题展开了较详细的论述，其主要观点可概括如下。

（1）土地流转方面的法律法规不健全。刘发章等（2005）认为对于集体土地使用权的流转，至今在法律上没有下文，也没有相应的统一规章制度来进行规范约束。由此造成了大量的土地违法案件发生，造成了大量耕地流失、土地荒芜。张新桥、张海涛（2007）认为当前集体建设用地使用权流转中存在三个主要问题：一是规避法律现象严重，隐形交易大量存在；二是流转无法律依据，易产生纠纷，引发社会矛盾；三是土地产权关系不清晰，农民集体利益得不到有效保护。周杏梅（2008）认为我国农村集体建设用地使用权流转面临立法限制和滞后、土地产权不明、流转机制不完善等问题。

（2）集体建设用地流转的无计划性。其结果导致集体建设用地流转与城市国有土地的计划供应不协调。前者冲击后者的市场，削弱了政府对土地管理的权威性，不利于国有土地市场管理（卢吉勇、陈利根，2001）。

（3）农村集体土地产权关系混乱。其结果导致流转后的农村集体建设用地权利不充分，土地价值和权益在经济活动中不能得到充分的体现，流转收益分配关系复杂、混乱，农民利益容易受到侵害（卢勇、陈利根，2001）。

（4）集体建设用地流转的自发性及其交易的私密性。在隐形市场中，交易行为容易被扭曲，交易方式得不到正常体现，交易不安全，流转协议不规范，双方在履行义务时容易发生歧见，引发纠纷（晏坤、艾南山，2003）。

（5）农村土地资源流失严重，危害村集体的长远利益。有的村过分依赖卖地收入来维持日常开支和村民分红，以致发生超卖现象，土地流失严重（陈华富、刘经星，2003）。

（6）土地价格被打压，违法用地屡禁不止。由于集体建设用地流转尚未进入政府有形的土地市场，政府宏观调控土地市场的能力被削弱，造成集体土地资产流失。如果村集体的当事人有不廉洁行为，则还有可能损及集体利益（马丽新、何洪超，2005）。

（7）政府征地的难度增加。实行农村集体用地自由流转，政府通过征地"低进高出"获得财政收入的方式将会动摇（漆伟，2007）。

（8）农村集体建设用地流转中存在的非对称利益冲突问题。具体包括城乡建设用地增减挂钩的非对称利益冲突，征地过程中政府以地生财和失地农民土地财产权益的非对称利益冲突，城市化过程中农民离乡而不能离土的非对称利益冲突等（吴泽斌、刘卫东等，2009）。

3. 流转的土地权属问题研究

陈家骥（1989）在分析土地产权制度演变的历史过程的基础上，提出"集体所有、个体占有"的土地权属关系的改革思路，即在坚持土地集体所有权的前提下，把土地的占有权和使用权复归农民个体或由农民自愿组成的经济联合体。马素兰等（2003）通过对河南省土地权属管理现状进行调查，指出农村集体土地权属争议主要集中在集体所有权争议、集体土地使用权争议和集体土地所有权与国有土地使用权争议等方面，应从健全土地管理法律体系、加大登记力度等方面加以解决。李佳梅（2004）

认为当前农村土地权属制度安排中存在的主要问题是缺乏合理的土地权属流转制度，土地权属制度改革要以地尽其利为目标，改革的核心是"还权于民"。戴谋富（2005）认为农村土地权属制度中存在产权不清、制度缺失等问题，应引进公司化的管理机制对农村土地权属进行改革。纪成旺（2006）分析了集体建设用地确权的难点及演化趋势，认为土地确权是政府实施的具有引导性的行政法律行为，土地确权须照顾各方面的利益，必须坚持尊重历史、面对现实、有利于生产生活、保证社会安定团结的原则，分阶段、分情况确认集体建设用地使用权。金晓霞等（2006）分析了农村集体建设用地流转中存在土地产权关系不清、权能不全、所有权流失等土地权属问题，认为上述问题主要是由制度不健全、政府不让权、群众不懂法、历史问题难以解决等原因造成的，应根据这些原因有针对性地采取对策措施。史清华等（2009）通过对湖北省监利县的调研指出，当地农民对农村土地权属的认同仍以"国家所有"为主，产生上述结果的原因是农村土地权属法律界定的模糊化与实践操作的国家意志化。宓小雄（2010）从私有化的角度分析了集体土地权属问题，认为集体土地私有化并不可行，但可以借鉴英美国家的做法，从解决土地的开发、权益等方面入手来解决农村土地权属模糊的问题。汪庆红（2010）指出为弥补现有的农村土地权属制度的缺陷，有必要完善农村集体所有制，而不是实行农村土地私有化和国有化，即以明晰个体农民与农民集体之间的土地权利义务关系、强化农民对于农民集体事务的自我管理权为切入点，进行相应的制度改革。梁俊林等（2011）认为当前土地权属争议主要表现在土地权属不清、权属界址不明等方面，应采取先行政确认后行政诉讼、先异议登记后民事诉讼的方式来解决相关问题。

除了上述研究之外，其他学者还从现有土地制度本身存在的问题（叶玉国，1990；赵德起，2007）、土地产权制度改革（钱忠好，2002；章政，2005；姜冰雨、赵守东，2006；段文技、孙航飞，2006；李全伦，2007）、农村土地制度与农村经济发展的关系（刘媛媛，2004；刘晓宇、张林秀，2007&2008）、土地权属制度的变迁（赖丽华，2009）等方面对土地权属问题展开研究。

4. 流转的土地置换问题研究

土地置换（空间置换）目前在我国理论界尚无公认的定义，其含义应为通过土地功能布局调整、土地整理等形式，使不同权属之间，不同用途之间的土地进行交换置换的行为。土地置换包括权属性置换和用途性置换两大类。权属性置换即指国有土地与集体土地之间的置换、不同国有土地之间的置换和不同集体土地之间的置换。用途性置换包括建设用地与农用地之间的置换、建设用地与建设用地之间的置换以及农用地与农用地之间的置换,农用地置换重点是耕地置换。实际工作中,土地置换可以是等量(面积)的置换,也可以是等质(价值)的置换(李志明,2002;王丽,2011)。具体而言,我国学者近年来关于土地置换的研究如下。

张谦益(1997)在对济南市土地置换进行实证分析的基础上,分析了土地置换的理论基础,新形势下的动力机制及其对城市持续发展的重大意义。陶小马等(2000)在分析黄浦江沿岸线土地置换目标与问题的基础上,重点探讨了土地置换的合理模式,认为一个完整的土地置换模式应包括置换工作的组织、置换资金的筹措和运作、被置换单位的利益补偿、置换土地的再开发政策这四方面内容。王静(2003)从小城镇土地置换的视角论述了土地置换的条件、程序、方法等基本内容,并提出了针对性的建议。张干等(2004)就重庆市经济发展中所涉及的土地置换问题,通过运用土地置换的经济学机理,对重庆市土地价格进行了分析,并提出了土地置换的相关建议。莫俊文等(2004)结合兰州市南河道周边土地置换开发项目,分析了土地置换开发收益的构成和收益方式,探讨了土地置换增值收益在理论上的分配以及现实的分配关系,为土地置换的合理进行提供了参考建议。徐建峰(2006)通过对土地置换中的异区地块置换、同区内地块置换这两种基本运作形式进行分析,指出其存在选址不当、重用地轻补充等基本问题,提出细化土地利用总体规划用途分区、合理分配相关土地权益人的合法利益等政策措施。李宁等(2009)针对土地置换中建设用地与农用土地置换的问题,认为应合理确定征地补偿安置费用标准,对征地补偿安置费用的使用和管理进行有效的监管,并通过保险安置、货币安置、留用地安置、投资入股安置等方式保证被征地农民的生活水平不因征用土地而降低。徐燕雯(2009)从土地估价的角度研究了土地置换问题,分析了土地估价与利益冲突间的相互关系,从管理利益冲突、规范估价行为等方面针对性地提出土地置换冲突的解决方法。张兴榆等(2009、2010)以滁州市南谯区为例,通过构建主成分分析、聚类分析等手段的综合研究方法,对县域农村居民点土地置换潜力测算进行了研究,从数量上探讨了县域农村居民点土地置换的潜力问题。刘洋等

(2011)从可持续发展的角度研究了土地置换问题,认为目前土地生产率低下、用地分布凌乱等因素制约了农村的可持续发展,提出应从农业系统结构与建立土地置换有效运行机制两方面解决上述问题。

5. 流转的同地同价同权问题研究

吴建瓴等(2008)分析了国有土地与集体土地实现同地同权同价的三个前提条件,即土地用途管制、城市规划管制和各利益主体的分配制度,并指出其实现路径:(1)设计可试行的集体土地直接入市的收入分配调节方法。(2)研究收取直接入市的基础设施配套费的办法。(3)探索集中整理集体建设用地的可行方法。(4)建立农用地转建设用地的指标流转市场。

陈玉华等(2009)认为"同地同价"原则的提出可以有效遏制土地财政、保障农民的合法土地利益,体现了农民集体土地所有权与国家土地所有权的平等,体现了对农民生存权和发展权的尊重。刘明明(2009)在其基础上进一步指出"同地同价同权"原则没有体现对农地外部效益的补偿,鉴于土地发展权是"同地同价同权"原则的权利源泉,建议我国在土地权利体系中引入土地发展权。李集合等(2009)从征地补偿的角度研究了同地同价问题,剖析了同地同价原则的内涵、理论基础及可能的积极意义,认为应跳出"产值倍数法"的思维框架,缩小土地征收范围,以同地同价为原则完善土地征收补偿制度。在同地同价原则下,无论公益项目还是经营性项目,用地单位获得土地的方式都应该是以土地使用权市场价格为基本参考对失地农民给予补偿。陈权(2009)结合文件精神,对同地同价内涵进行了阐述,认为"同地"是指土地具有相同的开发使用条件,主要包括土地区位、开发情况、周边基础设施配套等利用条件相同或者很接近,但并不包括地类上的差异,"同价"则是指被征收土地的所有权价格。由于征收土地补偿的是土地的所有权价格,因此"同地"的"不同"不应当包括地类上的不同。

王小映(2010)认为在规划管制下,只要土地的现状用途相同、区位相当、条件相似,对其补偿水平就应当一致。在建设用地补偿上,农村集体建设用地和城镇国有建设用地适用不同的法律、法规,实行不同的补偿办法,产生同地不同价的不平等待遇问题。未来必须通过稳步开放集体建设用地流转市场,逐步缩小征地范围,统筹协调和改革完善国有土地和集体土地征收补偿办法,建立国有土地和集体土地同地同价的公正补偿制度。杨珍惠（2011）分析了国有建设用地与集体建设用地同地同价理论产生的背景，认为由于集体建设用地流转的增量和范围都受到限制、使用权抵押没有法律规定等因素的影响，目前还不具备国有建设用地与集体建设用地同地同价的条件。刘国宁（2011）对制约集体土地"同地同价同权"的内在原因进行了分析，认为集体土地"同地同价同权"是消除城乡差距，实现城乡统筹的基础条件，但目前我国的土地制度制约了集体土地实现"同地同价同权"，因此导致了农村集体和农民的合法权益难以得到有效保障的情况屡屡发生。

6. 流转的博弈问题研究

李霄（2003）运用博弈论方法对土地流转中政府与农户的关系、农户与土地非农户使用者之间的关系进行了分析，从中总结出了政府对市场不正当干预的要点，并在此基础上提出了相应的建议和对策。康雄华等（2006）和陈翠芳等（2007）认为无论何种条件下，流转都将有助于增加流转各方的预期收益。他们通过构建集体建设用地使用权流转的利益博弈模型，证明了使用权流转是转出者、转入者和地方政府三方重复利益博弈的必然结果。

袁枫朝等（2009）通过地方政府、农村集体组织、用地企业三方博弈模型的分析，认为三方博弈均衡结果取决于风险成本、交易成本、收益分成比例等参数的大小。其研究结果表明土地收益的合理分配是集体建设用地流转的核心，降低交易成本是流转的重点。吴杰华等（2009）通过借助制度经济学的相关理论，并结合当代中国的具体实践，将影响土地政策的相关博弈因素细化为中央政府、地方政府、农民三部分，对三方的效用函数进行了剖析，并根据分析结果对我国土地流转制度提出了针对性的对策和建议。吴百花（2009）在对义乌土地流转现状进行考察的基础上，通过借助多元博弈理论，分析了当地各流转主体在利益极大化原则下采取的策略所导致的问题，认为在大规模推进土地流转之前，应进行新一轮的土地流转面积的确权。唐静等（2009）从博弈角度分析了农户进行土地流转中的利得与损失，认为农户不但在既得利益集团和地方基层组织干预下是最大的损失方，而且在自然状态下农户作为土地流转者也仍然是长期的利益损失者。唐常春等（2009）以广东省佛山市南海区为例，构建了农村建设用地流转博弈模型，并分析了地方政府认可农村建设用地流转条件下的各种效用函数结果。其研究结果表明，在现有宏观经济和制度条件下，快速工业化区域农村建设用地流转及扩张的最佳方式是在不改变土地所有制的前提下依法依规自主流转。

胡璐等（2010）以安徽芜湖和山东淄博为例，通过构建相应的博弈模型，对地方政府、农村集体经济组织、农户进行博弈分析，认为集体建设用地流转应在政府的辅助下由土地的主体农民自主流转，同时政府也应发挥其监督和引导的职能，使集体建设用地规范流转。吴晓燕等（2011）通过构建不对称信息动态博弈模型分析了政府和农民的战略选择，认为在单阶博弈中，在政府惩罚力度不足的情况下，农民的最优选择是进入隐形土地市场；在多阶博弈中，农民是否进入隐形市场受到政府惩罚措施强度、沉淀成本大小等多方面因素的影响。尹希果等（2012）基于制度经济学交易成本的视角，对重庆市农户参与土地流转的交易行为进行了博弈分析，其研究表明，受户籍制度改革政策影响，农户参与土地流转的交易行为受政府一次性土地补贴多少、收回政府补贴可能性大小、单位土地租金大小和收回租金可能性大小等诸多因素的影响。

7. 流转的土地价格及收益分配机制问题研究

集体建设用地流转的首要问题是土地价格问题。晏坤、艾南山（2003）提出要建立集体建设用地价格管理制度，实行最低限价制度，公示地价制度和地价申报制度，明确规定集体土地流转价格不低于最低限价，及时了解集体建设用地交易价格变动的情况，合理调控地价水平。刘泰圻、杨杰、周学武（2007）结合广东省集体建设用地基准地价制定试点工作，从对土地定级与基准地价定价思考出发，探讨了集体建设用地基准地价与农用地基准地价、城镇国有土地基准地价三者间的区别与联系。嵇金鑫、李伟芳（2008）在全面分析了集体建设用地流转中存在的价格问题的基础上，结合土地经济学地租、地价、区位等基本理论与收益还原法、成本逼近法等土地估价理论，提出了集体建设用地流转价格的评估方案，并对完善流转价格评估提出了建议。

集体建设用地流转的关键问题是收益分配问题。马保庆等（1998）认为，在农村集体建设非农村建设用地流转过程中，合理确定土地收益的分配对象和分配比例是使用制度改革的关键，要运用地租理论对集体建设用地的分配对象和分配比例进行分析和界定。卢吉勇、陈利根（2002）指出集体建设用地的市场流转日趋活跃，显化了集体土地的资产价值，农民也从中获取了丰厚的收益。但由于农民集体土地产权主体不清楚，从而在集体建设用地流转过程中，出现了土地收益分配不公的问题。李元（2003）指出要进一步明晰集体建设用地流转中的利益关系，建立合理的利益分配机制和正确的利益驱动机制。晏坤、艾南山（2003）认为在国家、集体和个人之间显化他们各自的主体地位，确定其比例权重，协调各方关系，是解决集体建设用地流转过程中农民利益保护及收益分配机制的重要因素。刘洪彬、曲福田（2006）分析了目前集体建设用地流转过程中存在的收益分配不合理等问题，认为缺乏明晰的土地产权、缺乏完善的流转机制、缺乏健全的土地市场规则体系等是产生这些问题的主要原因。陈立滨（2007）认为应建立和完善农村集体建设用地流转的收益分配机制，建立健全农民的社会保障体系。蒋晓玲（2007）认为，农村集体建设用地使用权流转收益分配不规范，随意性较大，农民利益得不到保障，流转价值难以衡量，地价失控，集体土地财产权益难以体现。

陈利根、张梦琳（2008）认为应构建合理的收益分配机制，切实保障农民权益。彭文英、洪亚敏、王文（2008）在总结已有关于流转收益及其分配方面的调查和研究的基础上，得出以下结论：（1）农民所得的流转收益形式多样，普遍以租金支付为多，其次为股份合作制。（2）流转收益分配一般应考虑农民、农民集体和政府三者利益，个别地方仅有农民集体和农民参与分配。（3）流转收益分配还存在参与收益分配主体不一致、各权利主体的利益均未得到保障、收益分配缺乏理论依据和政策支撑、流转收益分配缺乏统一规范管理等问题。高中杰（2008）在提出国家、集体、农民个人三方主体收益分配不合理问题的基础上，提出了相应的解决方案：（1）构建适应社会现实的集体建设用地使用权流转收益分配的法律制度。（2）完善征地制度，调整土地收入分配结构，给被征地农民、集体以公平合理的生产资料的补偿。（3）建立和完善农村社会保障体系。周铁涛、许娇（2008）认为在收益分配方面应以土地所有者地租和国家税收的实现为主要原则，坚持公平与效率。

8. 流转的市场化途径和模式选择问题研究

集体建设用地流转应采用何种市场化途径及模式选择，一直是土地管理理论研究的热点问题。随着农村集体建设用地隐形市场的形成，我国各地探索集体建设用地市场化改革的试点也一直在进行，形成了几种具有代表性的观点。

（1）转权让利模式。"转权让利"是指在集体建设用地流转时，先将建设用地的所有权转为国有，同时补办国有土地出让或租赁手续，收取的土地出让资金收益大部分再退还给集体经济组织的一种流转模式。在集体土地进入市场以后，其与国有土地共同按照"同一产权，统一市场"的原则管理使用（黄小虎，1995；许坚，1996；马保庆等，1998；卢吉勇、陈利根等，2001）。高迎春、尹君、张贵军（2007）在上述研究的基础上，通过对农村集体建设用地的范围、形成过程、社会功能以及流转要求等方面的分析，对比转权模式与保权模式两种流转模式制度创新思路，提出了选择转权模式作为规范农村集体建设用地流转制度的建议。

（2）保权让利模式。该流转模式是指保持集体流转土地的所有权不变，仿照国有土地是有偿使用方式进行集体建设用地模式的使用，由集体经济组织来获取土地收益，该种流转模式中，集体土地所有权不再转为国有，流转中按照"两种产权，统一市场"的原则来进行规范管理。

（3）两者结合型模式。该种模式是指对于城市规划区、建制镇规划区内的集体建设用地采用"转让权利"的方式进行流转，而对于规划区外的集体建设用地，则采取"保权让利"的方式进行流转（卢吉勇、陈利根，2001；李植斌，2003）。

9. 我国各地农村集体建设用地流转的实践研究

20世纪90年代以后，我国加强了对农村集体建设用地流转的探索和管理，并在广东、江苏、安徽等地进行了试点工作，与此同时，我国学者在农村集体建设用地流转的实践层面上也进行了大量的研究。

张志强、高丹桂（2008）认为，农村集体建设用地在实践中已经形成了一些基本的直接入市方式，也形成了以试点地区为代表的典型模式：芜湖模式、苏州模式、湖州模式、广东模式。通过对比分析上述模式，指出应在明晰土地产权、完善立法、明确收益分配机制等方面进行创新。张梦琳（2008）以苏州、芜湖、南海三地的流转模式为基础，对三地农村集体建设用地流转模式的背景、形式、主体、收益分配、流转范围等方面作了详细的比较和研究。黄庆杰、王新（2007）以北京市为例，分析了北京市农村集体建设用地流转概况，并针对北京市农村集体建设用地流转中存在的违法违规、效率低下、分散利用、收益分配混乱等主要问题，提出了相应的改革对策与思路。刘建斌（2007）通过对山西省沁水县土地流转的调查分析，揭示出集体建设用地隐形流转的不合理性，分析了其深层次的原因以及造成的后果和危害，并针对沁水县的集体建设用地流转的现行做法，提出了规范集体土地用地流转的方法及建议。闫海涛、丛林（2007）在调查文登市集体建设用地情况的基础上，指出该市集体建设用地存在的私下交易、出租转让比例高、闲置率高等问题，并提出了针对性的对策和建议。赵峥（2008）通过分析广东东莞市农村集体建设用地流转的发展历程，指出了其存在的产业发展空间萎缩、耕地流失严重、土地积聚功能差等问题，并提出了具体的政策建议。

综上所述，除了在农村集体建设用地流转现状、法规、制度、土地价格及收益、流转模式、实践操作等方面探讨农村集体建设用地流转之外，还有学者从集体建设用地流转与统筹城乡发展（贾艳慧，2007）、集体建设用地流转的绩效分析（许恒周、曲福田、郭忠兴，2008）等不同角度探讨了农村集体建设用地流转的问题，提出了许多建设性的政策和建议。

10. 流转的思路和建议

在改革农村集体建设用地使用权流转的方面，学者们提出了许多思路和建议。可以归纳如下：

（1）加强立法，规范农村集体建设用地流转。蒋晓玲（2007）从立法设计的角度对农村集体建设用地使用权流转进行法理上的分析。她认为在立法思路上应该明确集体建设用地使用权的用益物权属性，并对《土地管理法》等相关法律法规进行修改；在立法原则上应遵守土地利用规划，兼顾各方利益；在立法内容上应明确集体建设用地使用权流转的形式、条件、范围和期限。陈园平（2007）在分析集体建设用地流转的相关法律规定的基础上，提出完善我国集体建设用地制度立法原则的一些建议：一是确定集体建设土地使用权和国有土地建设使用权相同的法律地位；二是依法流转、有偿流转；三是合同自由、依法登记。王权典（2008）认为，集体建设用地流转管理立法，应在物权法理念指导下，首先要修改《土地管理法》中有关集体土地使用权出让、转让的限制性条款；其次出台全国统一的《集体建设用地流转管理条例》，规范集体建设用地流转条件、操作程序、审批权限、收益分配办法等，做到有章可循、有法可依。在集体建设用地流转立法中，应坚持符合土地利用总体规划、符合节约和集约利用土地等立法原则；最后还要建立健全集体建设用地流转的法律保障机制。

（2）修改相关法律条款，提倡农村集体土地与城市国有土地的"同地、同价、同权"。高圣平、刘守英（2007）认为，农村集体建设用地市场必须在政策和法律上寻求根本突破，必须从根本上改变土地制度的二元性，实现农村集体土地与城市国有土地的"同地、同价、同权"；应尽快修改《土地管理法》中禁止集体建设用地出租、转让的条款，制定规范集体建设用地进入市场的条文；应充分保障农民获得集体建设用地流转的土地级差收益的权利。陶进华（2008）通过对现行土地法律制度，特别是集体建设用地使用权制度及其实施带来的问题进行分析和探讨，提出在法律上的改革途径：一是落实物权平等原则，让农村集体土地与城市国有土地"同地、同价、同权"；二是删除《土地管理法》中禁止集体建设用地出让、转让、出租的规定，为集体建设用地的资本化、市场化扫清法律上的障碍。

（3）建立协调、统一的集体建设用地使用权流转法律体系。江尧（2008）认为，必须从物权法、土地管理法、集体建设用地使用权流转管理办法、地方立法等方面构建协调、统一的集体建设用地使用权流转法律体系，只有这样，才能保障土地权利人和国家、集体的合法利益，消除集体建设用地自发流转所引发的一系列不利影响。康涛（2008）在分析农村集体建设用地隐形流转现状的基础上，提出应对农村建设用地的流转作出相应的法律规制：一是建立农村集体建设用地流转的合法基础，应将所有关于农村建设用地的试点纳入法制的轨道之内；二是赋予土地所有权主体、农村集体以及用益物权主体和农户对集体建设用地的处分权。

综上所述，现行的《中华人民共和国土地管理法》中有关集体土地的条款仅限于所有权、建设用地及耕地保护等相关内容，而有关集体土地所有权和使用权权能、产权体系、集体土地收益的分配、权责关系以及集体土地流转方面的各种问题，在现有的法律法规中仍没有明确的条文规定。集体土地流转时至今日，农民的土地产权意识日益清醒，各种利益的冲突日趋尖锐，规范和放开流转的政策出台已经势在必行，否则将扰乱经济秩序，阻碍中国经济社会的健康发展（曾永昌，2005）。因此，加快集体土地相关法律法规建设，有助于农村集体建设用地流转的规范与制度建设，还有利于防止农用地的转用，保护耕地（李瑞芬、刘芳，2005；刘发章等，2005）。

11. 完善集体建设用地流转的市场化机制与制度改革

（1）完善农村集体建设用地流转的市场化机制。陈美球、吴次芳（2004）认为应坚持宏观指导与市场调控相结合的原则，构建多元化的小城镇土地市场流转机制。陈立滨（2007）认为，在市场主体方面，应明确流转主体为村民小组，强化流转主体权属的登记工作，完善流转主体的经营管理机制；在市场运作方面，应严格限制流转的建设用地范围和用途，构建科学合理的流转定价机制；在市场体系方面，应完善市场服务体系，加强市场监督和管理体系。高艳梅、刘小玲（2008）从集体建设用地市场化流转的制度保障的角度，提出了集体建设用地市场化机制的构建思路：一是明晰农村集体建设用地产权主体，形成市场主体；二是探索农村集体建设用地市场化运作的途径，建立市场运行机制；三是完善法规体系和中介服务体系，保证市场有序运行。

（2）进行农村集体建设用地流转的制度变革与创新。叶艳妹等（2002）和薛华（2004）认为国家要加强配套制度改革，集体建设用地直接进入市场后，建设用地供应的渠道将从以国有为主变为集体供给与国有供给相结合。因此，征地改革、用途管制、土地集中统一供应制度、土地税费制度等要进行相应的改革。王一涵（2008）从政府利益的角度，对我国现行的集体建设用地流转制度进行分析评估，并对集体建设用地制度的变革提出一些对策，强调在推进民主立法、确立集体的流转主体地位的基础上建立国家集体建设用地指标体系。王艳玲（2008）从产权及相关法律的角度，认为应从下述方面深化农村集体建设用地使用权流转的制度变革：一是完善农地产权制度，消除农地产权歧视；二是修改和重新合理安排我国现行土地制度；三是规范土地流转收益分配制度，确保农民成为土地流转收益的主要获得者；四是完善现代土地税收制度，合理调节土地主体利益和行为关系；五是完善政府对集体建设用地流转的监督和管理制度。姜辉（2008）从确定集体土地使用权流转范围、确定集体土地使用权流转方式、改进和完善集体建设用地使用权流转机制的基本内容等方面对集体建设用地使用权流转机制改革提出了构想。

12. 明晰集体土地产权

集体建设用地的流转，显化了集体土地的资产价值，使农民集体获取了丰厚的土地收益。然而，没有明确集体土地所有权主体，土地收益缺少了载体，难免流入非法的渠道（卢吉勇、陈利根，2001；李元，2003）。集体土地产权明晰化是保证农村建设用地流转有序化的制度基础，是理顺农村土地管理工作的前提。李植斌（2003）认为具体可从以下几方面着手：（1）明确界定哪一级（乡、村、组）和哪些组织对哪些土地拥有所有权。(2) 明确土地的各种权益，如所有权、承包权、经营（使用）权、买卖权、继承权、抵押权、收益权等。由于市场经济需要在经济上、法律上确立农户独立的商品生产地位，因此，界定农村土地产权的着力点应放在强化农户自主经营权上，除了土地规划权、农地转让权、农地发展权、土地最终处置权及部分收益权外，其余各种权利大多可以交给农户，这与国有企业产权制度改革赋予企业全部的法人财产权的思想和政策是完全一致的。

13. 明确流转的范围和用途

集体建设用地与农用地相比，存在较大的比较效益，如果对集体建设用地流转的条件不加以必要限制，无疑会导致集体建设用地的人为扩大和农用地的减少。岳晓武、雷爱先（2005）认为在农民集体建设用地流转的范围确定上，至少应把握五点：（1）流转的土地必须是村庄、集镇、建制镇中的农民建设用地，而不是所有的集体建设用地，更不是所有的农地。（2）流转的土地必须权属合法、界址清楚、没有纠纷。（3）流转的土地必须符合规划。（4）流转的土地必须经依法批准。（5）严禁借流转之名擅自占用农用地。

14. 完善土地利用规划、加强国有与集体土地的统一管理

集体建设用地利用，需要详细的规划控制利用约束，以保证集体土地的集约利用和农村生态环境的平衡发展。把集体建设用地流转规范与国有土地管理统一起来，使其既相互补充又相互区别，积极推动集体土地的流转，又严格按照"同一市场"的原则进行管理，才能使集体建设用地流转逐步走向规范化和制度化的道路（卢吉勇、陈利根，2001）。

三 文献述评

（一）现有研究成果的总结

综观已有的研究文献，学者们主要运用了土地供求理论、产权理论等相关理论，以实证分析与规范分析相结合的方法来研究我国农村集体建设用地流转的问题。农村集体建设用地使用权流转是当前我国农村土地利用管理中突出的一个现实问题，因此，学者们一般基于现实，在已有或自己调查所得数据的基础上，为理论提供实证分析。在实证分析的基础上，学者们展开规范分析，就我国农村集体建设用地使用权流转问题给出了自己

的价值判断并提出了相应的建议。就具体分析方法而言，学者们主要是根据地租和地价理论、土地供需理论、制度及制度变迁理论等相关理论进行分析，运用归纳或演绎的方法，按照从现象到本质或从理论到现实的思路，通过比较分析、案例分析等方法，分析农村集体建设用地使用权流转中的土地权属问题、土地置换问题、同地同价同权问题、土地价格及收益问题等各种问题，探讨农村集体建设用地流转的形成条件、必然性及其影响，研究农村集体建设用地流转模式、流转形式、流转途径等流转现状，进而为改革和完善农村集体建设用地流转提出对策和建议。

（二）现有研究的不足

对农村集体建设用地流转相关文献的总结与归纳结果表明，许多学者对集体建设用地流转问题已展开了大量的研究，并取得了较丰富的研究成果，为进一步展开研究打下必要的基础，但在以下方面存在争议或讨论较少，需进行更为深入的研究。

（1）已有的研究文献大多是对农村集体建设用地流转现象引发的问题进行描述，而后结合政策、法律提出解决的思路，但对这一现象发展过程中所内含的机理，产生的各种问题等都没有在理论上对其进行深刻的剖析，这导致了很多研究都停留于表面，研究结论也缺乏理论深度。而且，目前学者对农村集体建设用地流转中的一些深层次的问题还没有展开研究，更没有相应的结论。比如目前一些学者指出了流转呈现出区域差异、公开流转与隐形流转并存等特征，但对于流转为什么出现这些特征，则几乎没有学者进行研究。又如，对流转的发展阶段、流转受哪些主要因素影响、公开流转与隐形流转两种流转的效率以及为何在实行公开合法流转的地区仍然存在大量隐形流转等问题也几乎没有学者进行深入研究。

（2）在研究方法应用上，目前学者们仍主要停留在定性分析的层面上，定量分析方法在这个问题的研究还很少被运用，还没有清晰的分析模型与方法。关于这个问题的研究文献虽然很多，但由于研究方法上至今仍没有大的突破与质的提高，类同的研究方法决定了目前学者们的研究呈现出很大的相似性与重复性。

（3）目前学者们所作的具体经验研究在一定程度上反映了农村集体建设用地流转的现状、流转的改革方向，但大都是一种分散的研究和论述，并没有对流转产生发展过程、现状、发展规律、发展方向及流转制度变迁特征及趋势等进行系统深入的研究，因此迄今没有形成科学系统的认识，还未提出具有可操作性的办法。

第 三 章
农村集体建设用地流转的基础分析

一 农村集体建设用地流转的政策分析

农村集体建设用地流转是社会主义市场经济发展的客观要求，它有利于农村集体建设用地资产价值的显化，让农民群众能够通过农村集体建设用地市场化分享到工业化和城市化带来的土地增值收益；并可以通过土地价格杠杆，促进土地利用结构调整和布局优化，提高单位土地面积的经济产出；在土地利用利益的激励下，可以盘活存量土地，减少占用耕地，实现土地合理利用。农村集体建设用地流转有利于招商引资，降低企业用地成本，加速农村产业结构调整，推动农村剩余劳动力转移，以工促农，以城带乡，推动城乡一体化发展。

我国法律原则上并没有完全禁止农村集体建设用地的流转。例如，1988年《宪法》修正案第十条规定："土地使用权可以依照法律规定转让。"同年修改的《土地管理法》第二条亦规定："国有土地和集体所有的土地的使用权可以依法转让。土地使用权的转让办法，由国务院另行规定。"《农业法》第四条进一步确认："国有土地和集体土地的使用权可以依法转让。"据此，可以认为我国立法已确认一切土地使用权（包括集体土地使用权）均可流转；而集体土地使用权一般包括农地使用权与非农建设用地使用权，此处的"转让"可理解为土地使用权流转的各种形式，即包括我们通常所说的出让、转让、出租、联营、作价入股等流转形式。

目前，我国现行法律中也存在许多关于集体土地进入市场的限制。《土地管理法》第四十三条规定："任何单位和个人进行建设，需要使用土地的，必须依法申请使用国有土地；但是，兴办乡镇企业和村民建设住宅经依法批准使用本集体经济组织农民集体所有的土地的，或者乡（镇）村公共设施和公益事业建设经依法批准使用农民集体所有的土地的除外。"《土地管理法》第六十三条规定:"农民集体所有的土地的使用权不得出让、转让或者出租用于非农业建设;但是,符合土地利用总体规划并依法取得建设用地的企业,因破产、兼并等情形致使土地使用权依法发生转移的除外。"根据上述规定,除了破产、兼并等情形致使土地使用权依法发生转移的,农村集体建设用地只能用于本集体经济组织及其成员开办企业或建造住房,不得出让、转让或出租。其他企事业单位和个人进行建设,必须申请使用国有土地。中国共产党第十七届三中全会作出的《中共中央关于推进农村改革发展若干重大问题的决定》是指导我国新时期农村改革与发展的纲领性文献。为充分贯彻落实决定精神,将执政党的意志体现在国家法律之中,有必要对现行有关土地的法律法规作出相应修改。

(1) 肯定农村集体建设用地使用权流转的合法性,赋予其法律效力;在法律上明确赋予集体土地所有权与国家土地所有权的平等地位。

(2) 选择合理的农村集体建设用地使用权流转的方式。通过集体建设用地使用权流转,减少或杜绝肆意征地、未征先用、征地不补、出让混乱、权属不清以及农民私下违法流转土地的现象。

(3) 明确农村集体建设用地使用权的流转条件,规范农村集体建设用地使用权交易行为。修订和完善民法、经济法、行政法中的相关法律规定,将农民集体成员作为集体土地流转主体体现在这些法律规定中,并对集体土地受让主体、权利义务以及用途方向等加以严格规定和限制。

(4) 建立农村集体建设用地使用权交易平台,维护土地市场秩序。完善《土地管理法》,明确地方政府在集体土地流转中的地位、职责、作用,形成主管部门对农村集体建设用地使用权流转的指导、监督和宏观调控机制。

二 农村集体建设用地流转的试点情况分析

自1999年以来,国土部针对农村集体建设用地地下流转愈演愈烈的情况,积极开展了农村集体建设用地使用权流转的试点工作,并选择安徽芜湖作为全国首个试点城市,此后陆续在广东、江苏、山东等省份进行了使用权流转的试点,取得了较大的进展。近年来我国部分试点地区农村集体建设用地流转情况如表 3.1 所示。

表 3.1　近年来我国部分试点地区农村集体建设用地流转情况表

年份	试点地区	土地宗数（宗）	流转面积（公顷）
2001—2005	江苏省南通市海安区	148	127.87
2003—2005	山东省淄博市淄川区	1097	450.00
2000—2006	安徽省芜湖市 15 个试点乡镇	65	202.47
2002—2006	广东省佛山市顺德区	494	224.00
2003—2006	广东省汕头市潮南区	574	314.87
2004—2006	福建省霞浦县	400	64.46

数据来源：根据胡璐等《集体建设用地流转博弈分析》，《广东土地科学》2010 年第 9 期；张兴国《农村集体建设用地流转三地比较》，《中国土地》2006 年第 9 期等相关数据整理而成。

由于各试点地区实践情况及政策的差异，各地的流转模式不尽相同、各具特色，其中安徽芜湖、广东南海、江苏苏州、山东济南等地的流转模式较具代表性。

1. 芜湖模式

安徽芜湖作为 1999 年国土资源部批准的首个国家级试点城市，其试点经验和做法对全国其他城市产生了示范作用。

其具体做法是：在编制土地利用总体规划和乡镇规划的基础上，由村集体将集体土地首先流转给镇政府，并由镇政府成立投资公司，统一办理流转土地的使用手续，统一开发成建设用地后再以转让、出租等方式对集体建设用地进行流转。

其优点是：第一，提高了土地的利用效率，盘活了存量土地，自流转以来芜湖 5 个试点镇共盘活存量建设用地 951 亩。第二，对耕地实施了保护。芜湖人地矛盾比较突出，2000 年人均耕地面积仅为 0.95 亩，实施流转以后，开发、复垦耕地 450 亩，实际只占用耕地 380 亩，耕地净增加 70 亩。第三，实现了政府和农民的双赢。一方面，农民通过土地流转增加了就业机会，提高了收入，另一方面，政府也能够更快地发展经济。第四，降低了企业用地成本。根据芜湖市大桥镇的数据统计，在流转前该镇的企业用地成本约为 3.5 万元/亩，流转后企业用地成本降低到 1.7 万元/亩以下，有利于吸引企业投资。第五，为村镇发展提供了土地供应量及资金来源。政府通过土地流转不仅解决了村镇发展所需的建设用地指标难题，还能从土地流转收益中获取经济发展所需的资金来源（卢吉勇，2003）。

其不足是：第一，镇政府作为土地所有者和土地使用者的中介，虽然有利于规范化管理，但增加了行政成本，也不能体现村集体和农民作为土地所有者的权利意愿。第二，通过补偿款的方式向农民进行补偿，不能充分体现集体土地权利人的土地财产权益。第三，该模式与国有土地的流转模式差异较大，不利于统一城乡建设用地市场。

2. 南海模式

广东省佛山市南海区（原南海市）以集体建设用地使用权入股的模式，对其他地方的土地流转以及探索集体土地与国有土地"同地、同权、同价"具有重要的借鉴意义。

其具体做法是：将集体建设用地使用权折算为股份形式，设置不同的股权类别和等级，各村在此基础上，成立股份公司，并对集中起来的集体建设用地进行统一的经营和管理。村集体经济组织成员则根据公司的经营收益按股权比例分红。其实质是将集体土地产权以股份形式具体分配到每个村集体成员身上。

其优点是：第一，农村集体和农民分享了土地非农化收益的红利。集体经济组织从土地流转收益中获取了资金来源，有利于提高村民福利待遇以及发展基础设施建设。根据南海区的数据统计，股份制流转之后，全市各村的公共建设和福利资金平均达到年500万—600万元。此外，农民收入也日益增加，生活水平不断改善。第二，在保证土地所有权属于集体的前提下，农民个人的财产权益得到了充分的保障。第三，节约了企业用地成本。相比于利用国有土地，使用集体土地具有手续时间短、土地费用低的优点，有利于企业的发展。第四，促进了农民的非农化就业。由于将土地权益以股份分红的形式分配，把农民从土地中解脱出来，有利于向第三产业发展。根据资料显示，南海区实施流转后，农民的非农化就业程度已达92%。

其不足是：第一，对集体经济组织缺乏有效的监管，容易出现村干部的权力寻租行为，导致集体资产的流失，损害村民权益（高圣平、刘守英，2007）。第二，南海区以村集体成立股份公司方式出租集体建设用地使用权，村集体本身并未真正兴办实业或与其他组织以联营方式成立企业，与现行《土地管理法》等相关法律规定相违背，未受到法律有效保护，容易引发纠纷，损伤农民利益。

3. 苏州模式

苏州市先后在1996年和2002年对该市农村集体建设用地使用权流转作了规定和补充，其中关于土地确权、地价管理方面的政策规定对后续土地流转具有重要的指导意义。

其具体做法是：在对集体土地进行确权的基础上，明确土地的流转范围仅限于规划区以外的集体建设用地，明确转让和出租的土地流转方式，对集体建设用地实行最低保护价制度和土地审批制度，并实行市、县、乡三级土地收益分配制度。

其优点是：第一，对土地产权进行明晰的界定有利于流转的顺利实施。第二，较早地出台了地方性的政策规定，有利于土地流转规范和有序地进行。第三，在确保集体建设用地所有权的前提下，促进了集体建设用地的高效利用。第四，最低保护价制度和严格的用地审批制度较好地保证了农民的权益。

其不足是：第一，转让和出租的流转形式比较单一，不利于满足土地使用者对土地使用的要求。第二，限定的城市规划以外的流转范围相对较小。第三，缺乏土地整理、土地登记等方面的内容和规定。虽然在2002年以后，苏州市政府又进一步对该模式的流转方式和流转范围作了补充，但其流转的市场化程度仍显不足。

4. 济南模式

济南市施行的土地成片综合开发模式有别于上述三种模式，从本质上来讲，属于"转权让利"的管理模式，是一种具有鲜明特色的土地流转模式。

其具体做法是：企业以为村民提供一次性补偿款、生活保障、住房安置、就业安置以及长期福利的方式取得该片集体土地的综合开发权，同时办理相关手续将集体土地成片转换为国有土地，由企业统一对该区域进行建设开发、招商引资、经营管理和基础建设。

其优点是：第一，由企业提供的完善的就业、医疗、养老等保障措施提升了村民的生活水平和满意度。第二，成片、统一的开发有利于土地资源的合理利用和生态环境的保护。第三，加速了农村就地城市化的进程。由于解决了村民的就业问题，减少了农民进入大城市的压力，促进了当地经济的发展。

其不足是：第一，企业的经济效益直接影响当地农民的就业和福利情况，存在一定的经济风险，难以保证农民权益的长期实现。第二，由政府选定企业对集体土地进行成片开发的模式，由于缺少竞争，容易导致企业对该区域土地经营权的垄断。第三，成片开发的模式并未改变征地的本质，因而仍然存在征地制度所带来的问题。此外，上述问题的存在也导致了该模式难以进行有效的推广。

综上所述，从20世纪90年代以来，伴随着我国经济体制的转型以及乡镇企业的改制，市场化的需求催生了农村集体建设用地流转。试点地区的流转实践及经验证明，集体建设用地流转在提高土地集约利用率、盘活建设用地存量、促进非农化就业、节约企业用地成本的同时给农民带来了可观的土地收益，推动了农村经济的发展。但由于缺乏全国性的、统一的法律规定，与《土地管理法》等法规条文的矛盾，配套制度的缺失以及政策执行的扭曲，试点地区农村集体建设用地流转的实践虽然顺应了历史潮流及现实需要，但仍不能充分释放其发展潜力，需要进一步进行制度设计、完善制度环境，推进其向前发展。

三　农村集体建设用地流转的典型研究区域分析

（一）区域概况

姜山镇位于宁波市南郊，鄞州新城区南侧。东靠云龙镇、横溪镇，西接石契街道，北连钟公庙街道，南与奉化县毗邻，奉化江流经镇域西侧。姜山镇距宁波市区仅9.2公里，距鄞州中心区仅6公里，到宁波国际机场、宁波火车站的距离均在12公里以内，距宁波北仑港30公里。同三高速、绕城高速穿越镇区，并在镇内设有出入口，有天童南路、宁姜公路、机场路与鄞州中心区相连接，交通极为便利。

2012年姜山镇辖有55个行政村、1个良种场、1个渔业社和4个居委会。拥有居民32541户，户籍总人口77343人，人口密度达1389人/平方公里。

姜山镇地处浙江省东部沿海水网平原地区。除镇西南有一小山丘外，其余均为平地，全镇海拔在3.8—4.0m（吴淞零点），地势呈东南向西北倾斜。

在亚热带季风气候条件下，姜山镇冬夏季风交替明显，春夏季盛行风向为东南风，秋冬季盛行风向为西北风，具有冬夏长，春秋短，冬无严寒，夏无酷热，温暖湿润，四季分明的特征。全年太阳总辐射量为 110.2 kcal/cm^2，年平均日照时数为 2009.8 小时，年平均气温为 15.3℃，年极端最高温度 39.2℃，年极端最低温度 -8.8℃；无霜期为 237 天，年平均降水量为 1372mm，相对湿度 80% 左右。境内土壤以黄化青紫泥水稻土为主，pH 值 6.5 左右，土壤为黏质土，土层深度 125cm，地下水位 50—60cm，有机质 24g/kg，碱性氮 220mg/kg，速效磷 31mg/kg，速效钾 100mg/kg，土壤容重 1.11g/cm^2。农作物可以一年三熟，农业生产条件十分优越。水稻、席草等种植较广，是名副其实的鱼米之乡。

姜山镇紧依奉化江，内有甬新河，邻近横溪水库等蓄水工程，内河纵横，全镇河道总长度达 300 公里，水资源丰富。河流水网为养殖、农田灌溉、工业和生活用水提供了方便。

姜山镇历史悠久，始建于西汉，素有"鄞南重镇"之称。

2012 年姜山镇实现生产总值 510945 万元，其中，第一产业增加值 27828 万元，第二产业增加值 416532 万元，第三产业增加值 66385 万元，国民经济产业结构比例为 5.45：81.52：13.03。

姜山镇工业基础扎实，工业经济突飞猛进。国家级星火技术密集区、宁波星火科技园区均坐落于姜山镇。园区品位和档次逐步提高。已形成电机电扇、家用燃具、机械五金、纺织服装四大传统产业和汽摩部件、电子电缆、轻工纸品、精细化工四大新兴产业。2012 年销售收入在 500 万元以上规模企业有 110 家（销售收入上亿元企业 23 家）。2012 年全镇规模以上工业企业实现总产值 121.83 亿元，利润 8.97 亿元。

姜山镇是国家级万亩农业综合开发示范基地。2012 年全镇粮食种植面积 89365 亩，其中：早稻面积 35143 亩，晚稻面积 4193 亩，完成粮食订单任务 800 万公斤。全镇规模的特色农业面积 20068 亩，建成宁波港城农业示范园、万亩粮食优质高效综合示范基地、陈家团大棚茭白、南林村翠冠梨、同三等村果桑、新张俞等村淡水水产养殖、新汪等村大棚西瓜等 7 个千亩以上特色示范基地。2012 年全镇农民所得总额为 76783 万元，人均收入为12359元。

2012年姜山镇完成财政收入5.9亿元,其中一般预算收入4.32亿元,综合实力名列全省百强镇第26位,列宁波市第5位。

(二) 土地利用现状

按照最新土地变更调查,姜山镇土地总面积为87.69平方公里。其中,农用地6345.87公顷,占土地总面积的72.36%,建设用地1742.98公顷,占土地总面积的19.88%,未利用地680.48公顷,占土地总面积的7.76%(表3.2,图3.1)。

表3.2　　　　　　　　姜山镇土地利用现状(2012年)

土地利用类型		面积(公顷)	占土地总面积比例(%)
农用地	耕地	5304.69	60.49
	园地	245.02	2.79
	林地	221.40	2.52
	其他农用地	574.76	6.55
	小计	6345.87	72.35
建设用地	建制镇	340.17	3.88
	农村居民点	672.64	7.67
	独立工矿	465.88	5.31
	特殊用地	21.55	0.25
	交通运输	242.74	2.77
	水利设施	0.00	0.00
	小计	1742.98	19.88
未利用地	未利用土地	8.21	0.09
	其他土地	672.27	7.67
	小计	680.48	7.76
合计		8769.33	100.00

资料来源:根据宁波市姜山镇实地调研资料整理而成。

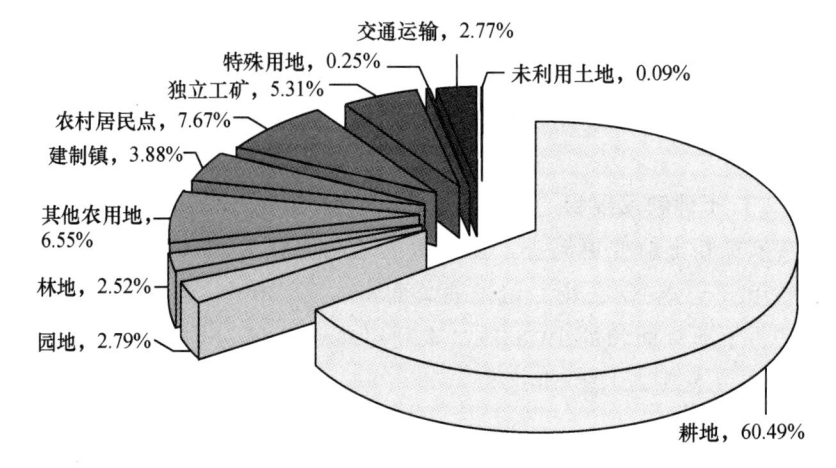

图 3.1 姜山镇土地利用结构

2012年姜山镇农村居民点用地面积672.64公顷，占土地总面积的7.67%，相当于建设用地总面积的38.59%，较城镇用地面积大98%，较独立工矿用地大44.38%，较交通运输用地大177.1%。

姜山镇土地利用程度高，土地垦殖系数达60.49%，土地利用率达92%以上。未利用地主要为河流水域，未利用土地仅存8.21公顷，占土地总面积的0.09%，耕地后备资源极其稀缺。

（三）人地关系变化

1. 人口变化

姜山镇2012年户籍人口77343人，较1996年76419人增加924人，年均人口增长率为1‰。就户籍人口分析，由于计划生育，人口增长并不明显。

姜山镇户籍人口以农业人口为主，2012年农业人口62127人，非农业人口15216人。

姜山镇人口增长，外来人口占有重要地位。2012年全镇外来人口家庭达17210户，外来人口41425人。2009—2012年外来人口年均增加4042人。

外来人口的增加，给姜山镇提供了丰富的劳动力。2012年外来人口从事种植业的劳动力有2961人，占姜山镇从事种植业的劳动力总数的26.81%；外来人口在企业上班的劳动力有28504人，占姜山镇在企业上班的劳动力总数的68.81%。

姜山镇工业化的快速发展，促进了农业劳动力的合理转移。2009年姜山镇从事工业生产的劳动力为20371人，到2012年已经增加到41425人。城镇建设飞速发展，城镇人口明显增加。按照第二次农业普查结果，2012年姜山镇建制镇建成区面积达7.9平方公里，镇区人口达3.2万人，城镇化水平超过40%。

2. 土地利用变化

1999—2012年，姜山镇土地利用结构发生了巨大的变化。建设用地明显增加，全镇净增加城镇用地148.47公顷，净增加独立工矿用地313.22公顷，净增加交通运输用地133.66公顷。农用土地显著减少，净减少耕地697.93公顷，净减少其他农用地133.46公顷，净增加园地162.69公顷。未利用地中，未利用土地净减少258.33公顷，水域增加256.8公顷。姜山镇土地利用率有很大提高（表3.3）。

表3.3　　　　　1999—2012年姜山镇土地利用变化　　　　　单位：公顷

土地利用类型		1999年面积	2012年面积	变化
农用地	耕地	6002.62	5304.69	-697.93
	园地	82.33	245.02	162.69
	林地	199.60	221.40	21.80
	其他农用地	708.22	574.76	-133.46
	小计	6992.77	6345.87	-646.90
建设用地	建制镇	191.70	340.17	148.47
	农村居民点	632.94	672.64	39.70
	独立工矿	152.66	465.88	313.22
	特殊用地	5.83	21.55	15.72
	交通运输	109.08	242.74	133.66
	水利设施	2.33	0.00	-2.33
	小计	1094.54	1742.98	648.44
未利用地	未利用土地	266.54	8.21	-258.33
	其他土地	415.47	672.27	256.80
	小计	682.01	680.48	-1.53
合计		8769.32	8769.33	0.00

姜山镇人多地少（表3.4），土地利用变化反映出了随着工业化和城镇化的发展，建设用地必然会扩大。在姜山镇垦殖系数很高的情况下，建设用地的扩大，不可避免地需要占用大量的耕地。根据姜山镇1999—2012年征地项目用地情况统计，新增建设用地面积98.62%是由农用地转变而来，其中92.1%是占用的耕地（图3.2—3.4）。

表3.4　　　　　　　2012年姜山镇人均土地资源拥有量　　　　单位：平方米

土地利用类型		按照户籍人口计算	按照常住人口计算
农用地	耕地	685.87	446.64
	园地	31.68	20.63
	林地	28.63	18.64
	其他农用地	74.31	48.39
	小计	820.49	534.30
建设用地	建制镇	43.98	28.64
	农村居民点	86.97	56.63
	独立工矿	60.24	39.23
	特殊用地	2.79	1.81
	交通运输	31.39	20.44
	水利设施	0.00	0.00
	小计	225.37	146.75
未利用地	未利用土地	1.06	0.69
	其他土地	86.92	56.60
	小计	87.98	57.29
合计		1133.84	738.34

姜山镇农用地和未利用地的土地利用变化，反映了效益农业和农业结构调整对于土地利用的影响。2012年姜山镇农林牧渔业总产值39752万元，农、林、牧、渔业产值的比例分别为60.88∶0.03∶4.49∶33.37。近年来姜山镇特色农业发展很快，花木、果桑、翠冠梨、茭白、西瓜、南美白对虾等对农业产值的贡献率不断提高；畜牧业主要向专业化发展，畜禽养殖专业户对于畜牧业生产举足轻重，一般家庭畜禽养殖越来越少。植树造林主要是提高林业的生态功能。姜山镇水域面积的增加，很大程度上

是河道疏浚的结果，河道疏浚不仅提高了防洪抗灾能力，也为水运、灌溉和水产养殖提供了条件，对于美化平原生态环境也起到非常积极的作用。

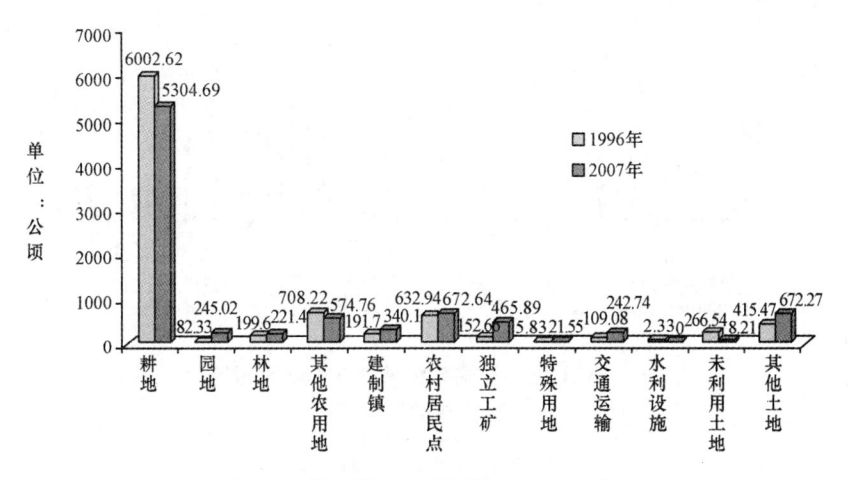

图 3.2 姜山镇土地利用情况（2012 年）

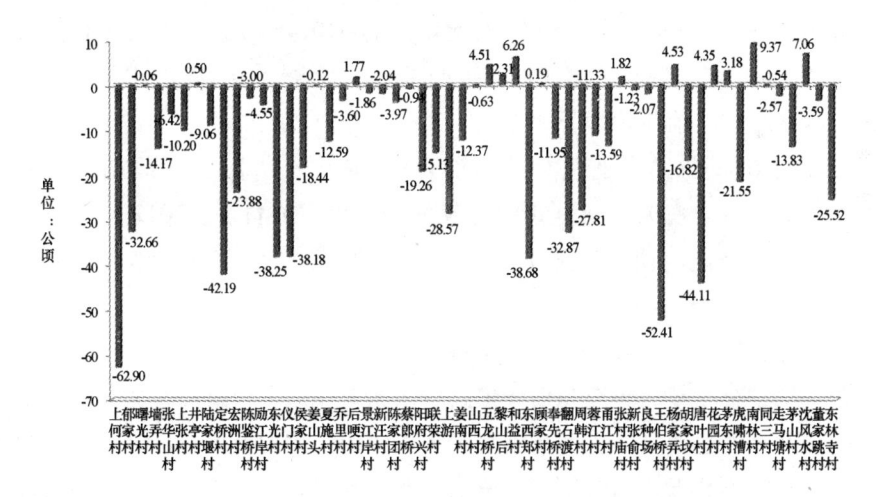

图 3.3 姜山镇耕地分村变化图（1999—2012 年）

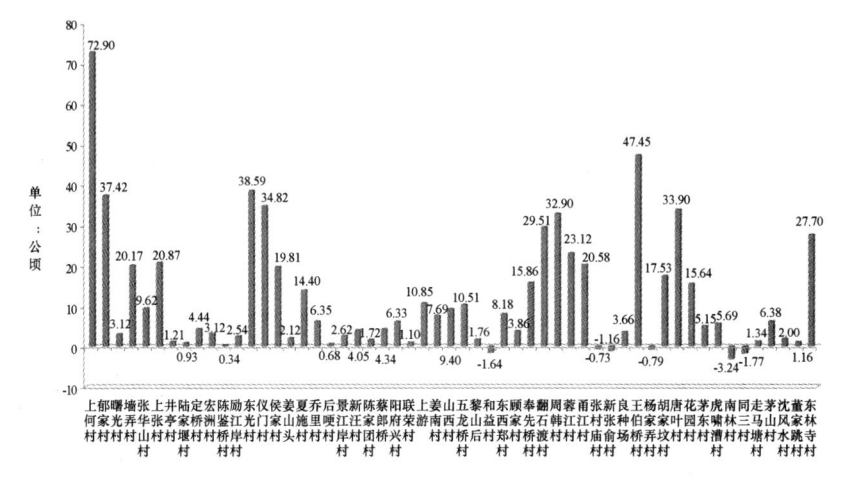

图 3.4 姜山镇建设用地分村变化图（1999—2012 年）

3. 人地关系及其对土地合理利用的影响

姜山镇区位条件优越，经济基础好，经济发展速度快。1999—2012年姜山镇地区生产总值从 98876 万元增加到 510945 万元，年均增长速度达 20.02%。高于鄞州区同期地区生产总值年均增长 19.1% 的水平。较宁波市地区生产总值年均增长速度高 4.36 个百分点。

姜山镇工业对整个经济的拉动作用无可替代，骨干企业的迅速成长壮大为工业经济实现突飞猛进的跨越发展作出重要贡献。2012 年全镇规模以上工业企业实现总产值 121.83 亿元，利润 8.97 亿元，销售收入在 500 万元以上规模企业有 110 家（销售收入上亿元企业 23 家）。鄞州工业园区，作为国家发展和改革委员会确定的第五批通过审核的省级开发区，起步区选址姜山镇，东至姜山环镇路、南至东江路、西至鄞奉边界线、北至宁波绕城高速公路，进一步增强了姜山镇的工业发展优势。近几年姜山镇工业经济继续保持高速增长，第二产业持续在国民经济结构中保持较高比例，比重还略有上升。工业经济快速发展，增强了人口、资金和技术等先进生产要素集聚的吸引力，加快了城镇化进程。根据"扩权强镇建城"的改革计划，姜山镇符合宁波市中心镇改革发展的条件，未来将建设成为人口集中、产业集聚、资源集约、社会和谐、生活富庶、生态文明、各具特色、充满活力的小城市，形成宁波市中心城区——副中心城区——若干小城市的新型城市体系的重要组成部分。近年来同三高速公路、宁波环城高速的建设使得姜山镇的对外交通条件明显改善，环境优势的效应逐渐显现。随着宁波城市进一步拓展和鄞州工业园区的建设，有利的区位和交通条件将带来房地产经济的另一个新热点，加上良好的生态环境，姜山镇将逐渐成为宁波居民的"移民区"。根据城镇规划预测，姜山镇2020年人口预计达到18万，城镇人口超过10万，城市化水平接近60%（表3.5）。

表3.5　　　　　姜山镇规划人口分布预测（2020年）　　　　　单位：万人

年份＼区域	城镇建设区	农村居民点	合计
2005	3.20	9.09	12.29
2012	7.20	7.10	14.30
2020	10.50	7.60	18.10

从2012年姜山镇土地出让分村统计情况分析，土地出让市场最活跃，土地出让面积最多的地区，也是土地出让价格最高，土地价值得到最充分体现的地方，例如蓉江、周韩、仪门、上何、东光、翻石渡等村，其经济实力在全镇范围内也属较发达地区，农民人均纯收入较高地区（图3.5、图3.6）。

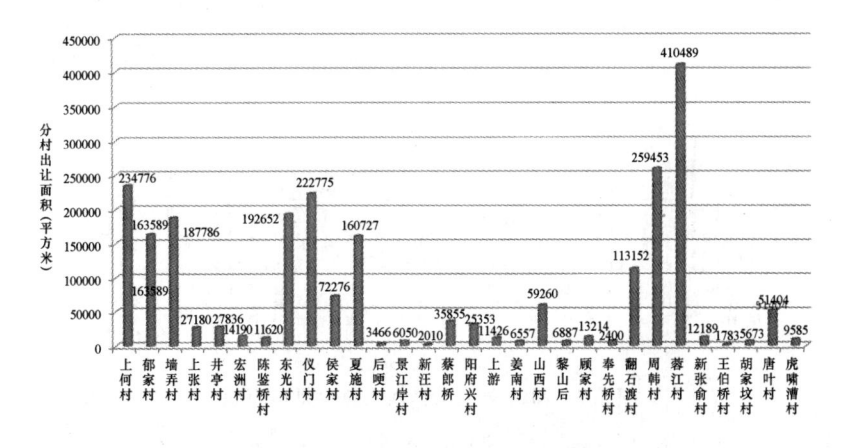

图3.5　2012年姜山镇分村土地出让情况

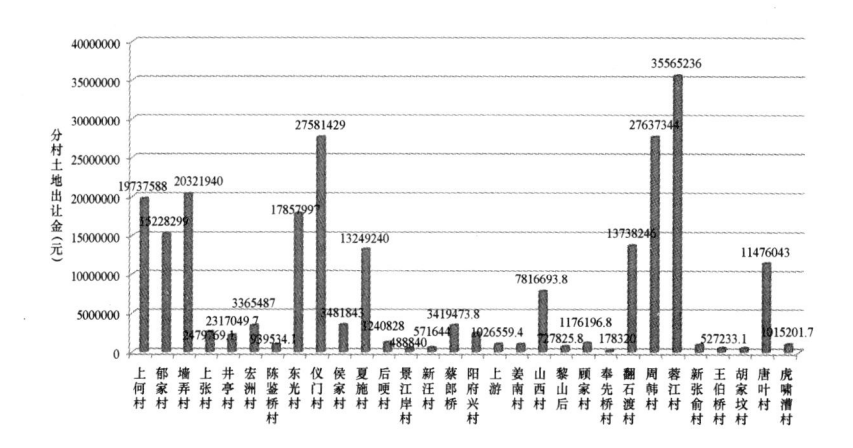

图 3.6　2012 年姜山镇分村土地出让收益情况

从 2012 年姜山镇私人建房统计情况分析，私人建房供应主要集中在工业较发达且外来人口较多的王伯桥、墙弄、新张俞、上张、东光、井亭、唐叶、杨家弄等村（图 3.7），说明这些村落外来人口住房需求强烈，需求缺口巨大。

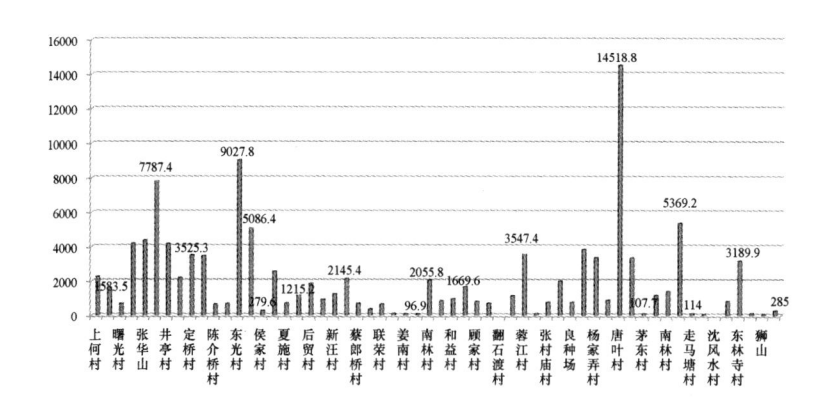

图 3.7　2012 年姜山镇私人建房供地面积

另外，随着农村经济的发展以及农民生活水平的提高，人们的传统观念也随之发生了变化，家庭小型化趋势明显，已由过去的 4—5 人/户变成了现在的2—3人/户。由于子女分户的多，要求建房的就多，一般老宅基地调剂不出来，而新宅院用地又大量增加。

根据城乡空间布局总体规划要求，姜山镇将在全镇范围内构建起"一心四点"、"以点带面"的总体框架。首先重点发展姜山镇区，将它建设成为鄞南地区的经济中心、文化中心、物流中心、信息中心、交通枢纽；其次集中建设茅山、蔡郎桥、朝阳、顾家四个中心点，使之成为地区基础设施、人口的集聚副中心，辐射周边地区，其中茅山、蔡郎桥和顾家为规划中心村，未来以居住、商贸、工业为主要功能，主要布置一些次一级的公建和基础设施（如邮政所、区域大市场、中小学、中心卫生室、环卫设施等），将其在镇域内率先建设成为配套设施齐全的农村现代化示范村。朝阳则主要由明州工业园区开发建设。最后通过控制各行政村的建设规模，村民逐步集中迁至"农民新村"，达成城乡一体化的发展目标。

姜山镇农村居民点布局调整，按照现状和城乡建设需要，把现有的自然村区分为城市型、扩展型、保留型、撤并型和特色型5种类型，因地制宜，合理撤并（表3.6）。

城市型，即城镇改造型。是指按城市标准建设的村庄。

扩展型，即集聚发展型。主要指确定的中心村。此类村庄应提高集聚服务能力，加强基础设施和公共服务设施的投入，完善服务功能，在土地供给投资等方面要给予支持。

保留型，即限制规模型。此类村庄允许就地改造，要限制其建设规模的扩张，引导当地居民向重点镇与中心村集聚。

撤并型，即搬迁撤并型。主要指由于生态环境保护、大型基础设施建设、扶贫移民、空心村等需要撤并搬迁的村镇。

特色型，即特色保护型。具有地方特色、历史价值的村镇，特别是历史文化名镇、名村，要注意人脉和文脉的延续和保护，重视对整体风貌的保护和管理。

表 3.6　　姜山镇农村居民点布局调整规划（2020年）　　单位：人

自然村名称	发展类型	撤并原因	新居民点名称	规划等级	常住人口	流动人口	总人口
郁家	城镇改造型	/					
姜山头	城镇改造型	/					
东光	城镇改造型	/					
唐家	城镇改造型	/					
仪门	城镇改造型	/					
后庄	城镇改造型	/					
西店	城镇改造型	/					
墙弄	城镇改造型	/					
曙光	城镇改造型	/					
侯家	鼓励发展型	/					
张华山	鼓励发展型	/					
夏施	撤并拆迁型						
上何	撤并拆迁型						
吴家	撤并拆迁型		镇区	镇区	25000	80000	105000
陈托桥	撤并拆迁型						
明南小区	撤并拆迁型						
王伯桥	撤并拆迁型						
蒋家	撤并拆迁型						
茅家耷	撤并拆迁型	城市建设					
石浮桥	撤并拆迁型						
横河	撤并拆迁型						
寺后	撤并拆迁型						
东林寺	撤并拆迁型						
舒周	撤并拆迁型						
王家	撤并拆迁型						
邵江岸	撤并拆迁型						
杨家弄	撤并拆迁型						

续表

自然村名称	发展类型	撤并原因	新居民点名称	规划等级	常住人口	流动人口	总人口
唐家汇	鼓励发展型	/	茅山	中心村	6000	7000	13000
红叶	鼓励发展型	/					
胡家坟头	撤并拆迁型	搬迁					
胡家坟	鼓励发展型	/					
孙家漕	鼓励发展型	/					
张家漕	鼓励发展型	/					
虎啸周	鼓励发展型	/					
顾家	鼓励发展型	/	顾家	中心村	6000	7500	13500
陈家垫	鼓励发展型	/					
许家	鼓励发展型	/					
倪王	鼓励发展型	/					
燕山桥	鼓励发展型	/					
上横	鼓励发展型	/					
陈家	鼓励发展型	/					
下何	撤并拆迁型	基础设施建设					
蔡廊桥	鼓励发展型	/	蔡廊桥	中心村	7000	8000	15000
计家	鼓励发展型	/					
东楼	鼓励发展型	/					
埋界桥	鼓励发展型	/					
宅前	鼓励发展型	/					
贴水桥	撤并拆迁型	搬迁					
黎山后	鼓励发展型	/					
浩家桥	鼓励发展型	/					
后周	鼓励发展型	/					
蔡家弄	鼓励发展型	/					
下俞埭	鼓励发展型	/					
周家	鼓励发展型	/					

续表

自然村名称	发展类型	撤并原因	新居民点名称	规划等级	常住人口	流动人口	总人口
后哽村	限制规模型	/	后哽村	基层村	750	0	750
鲍家汇	限制规模型	/					
景江岸村	限制规模型	/	景江岸		300	0	300
新塘沿	限制规模型	/	新塘沿		1150	0	1150
郑家庄	限制规模型	/					
汪家	限制规模型	/					
任家横	限制规模型	/					
前湖	限制规模型	/	陈家团	基层村	900	0	900
陈家团村	限制规模型	/					
励江岸	限制规模型	/	励江岸	基层村	1150	0	1150
上河塘	限制规模型	/					
上励	限制规模型	/					
下励	限制规模型	/					
董家跳	限制规模型	/	董家跳	基层村	1050	0	1050
后董	限制规模型	/					
东李	限制规模型	/	东李	基层村	1850	0	1850
东张	限制规模型	/					
袁家	撤并拆迁型	搬迁					
清河桥	撤并拆迁型						
钱家	限制规模型	/					
沈东	限制规模型	/	沈西	基层村	1050	0	1050
沈西	限制规模型	/					
窑头	限制规模型	/					
走马塘	特色保护型	/	走马塘	基层村	1350	0	1350
大园	撤并拆迁型	搬迁					
杨家	限制规模型	/	杨家	基层村	1350	0	1350
庙前	限制规模型	/					

续表

自然村名称	发展类型	撤并原因	新居民点名称	规划等级	常住人口	流动人口	总人口
钱家山	撤并拆迁型	搬迁					
孙家山	限制规模型	/					
刘家	限制规模型	/					
周家垯	限制规模型	/					
西楼	限制规模型	/					
钱家	限制规模型	/	周家垯	基层村	1400	0	1400
下钱	限制规模型	/					
后何	限制规模型	/					
老顾家	撤并拆迁型	基础设施建设					
田屋	撤并拆迁型						
王家	限制规模型	/					
前花园	限制规模型	/	后花园	基层村	650	0	650
后花园	限制规模型	/					
荒田畈	限制规模型	/					
洪家	限制规模型	/					
东山头	限制规模型	/					
小如江	限制规模型	/					
康家	限制规模型	/	康家	基层村	1300	0	1300
钱家桥	限制规模型	/					
陈家	撤并拆迁型						
薛家畈	撤并拆迁型	搬迁					
西鲍	撤并拆迁型						
王家	限制规模型	/					
定桥	限制规模型	/					
树桥头	撤并拆迁型	基础设施建设	定桥	基层村	950	0	950
高车头	限制规模型	/					
孙家汇头	限制规模型	/					

续表

自然村名称	发展类型	撤并原因	新居民点名称	规划等级	常住人口	流动人口	总人口
许家桥	限制规模型	/	许家桥	基层村	650	0	650
河南	限制规模型	/					
河北	限制规模型	/					
上郁	限制规模型	/					
秦家	限制规模型	/	秦家	基层村	1150	0	1150
下郁	限制规模型	/					
朱家	限制规模型	/					
叶家	限制规模型	/					
毛洋	限制规模型	/					
王家井头	限制规模型	/	庙前邹家	基层村	1250	0	1250
新村	限制规模型	/					
庙前邹家	限制规模型	/					
程后岸	限制规模型	/					
前百丈	限制规模型	/					
后百丈	撤并拆迁型	基础设施建设					
上塘	限制规模型	/	上张	基层村	1250	0	1250
居敏桥	限制规模型	/					
上张	限制规模型	/					
下张	限制规模型	/					
九房	撤并拆迁型	基础设施建设					
横里	限制规模型	/					
方家漕	撤并拆迁型	基础设施建设					
张家漕	限制规模型	/	张家漕	基层村	1400	0	1400
凌家畚	限制规模型	/					
陈鉴桥	限制规模型	/					
张家	限制规模型	/					
邱家	限制规模型	/					

续表

自然村名称	发展类型	撤并原因	新居民点名称	规划等级	常住人口	流动人口	总人口
王家埭	限制规模型	/					
徐家	限制规模型	/					
郁家坟头	限制规模型	/					
周韩	限制规模型	/	周韩	基层村	1200	0	1200
碶头	限制规模型	/					
西塘	撤并拆迁型	基础设施建设					
任家	限制规模型	/					
杨家	限制规模型	/					
翁骆	限制规模型	/	任家	基层村	850	0	850
小顾家	撤并拆迁型	基础设施建设					
渡头	撤并拆迁型	基础设施建设					
奉先桥	限制规模型	/	奉先桥	基层村	400	0	400
前董	限制规模型	/					
东郑	限制规模型	/	东郑	基层村	850	0	850
西郑	限制规模型	/					
里何	限制规模型	/	里何	基层村	950	0	950
田屋	限制规模型	/					
何邵	撤并拆迁型	基础设施建设					
马家	限制规模型	/					
新屋	限制规模型	/					
李家车	限制规模型	/	董王	基层村	1600	0	1600
节林	撤并拆迁型	搬迁					
俞家	限制规模型	/					
张家	限制规模型	/					
董王	限制规模型	/					
高低滕	限制规模型	/	高低滕	基层村	1200	0	1200
马王	限制规模型	/					

续表

自然村名称	发展类型	撤并原因	新居民点名称	规划等级	常住人口	流动人口	总人口
田屋	限制规模型	/					
陈家	限制规模型	/					
上邵	限制规模型						
山西	限制规模型	/					
田畈前	限制规模型	/					
大屋	限制规模型	/	山西	基层村	1050	0	1050
张家园	限制规模型	/					
季家埠	撤并拆迁型	搬迁					
应家	限制规模型	/					
里孙	限制规模型	/					
大桥头	限制规模型	/	大桥头	基层村	1900	0	1900
俞家	限制规模型	/					
王家堰	限制规模型	/					
横山前	限制规模型	/					
孙家庄	限制规模型	/	俞家埠	基层村	1200	0	1200
俞家埠	限制规模型	/					
何家	限制规模型	/					
柯家	限制规模型	/	柯家	基层村	1200	0	1200
新顾家	限制规模型	/					
河东岸	限制规模型	/					
王家	限制规模型	/					
倪家	限制规模型	/					
吴家	限制规模型	/					
郑家	限制规模型	/	让里	基层村	1200	0	1200
前王港	限制规模型	/					
后王港	限制规模型	/					
让里	限制规模型	/					
松树坟头	限制规模型	/					
合 计					78500	102500	181000

到2020年,姜山镇人口集聚和城镇建设,将使得城乡建设用地土地规模达到2490公顷,比2012年增加1011.32公顷,其中城镇用地增加551.83公顷,工矿用地增加449.12公顷,农村居民点增加10.37公顷。姜山镇2020年规划用地结构如表3.7所示。

表3.7　　　　　姜山镇规划用地结构(2020年)　　　单位:公顷,%

用地类型和分区		用地面积	比例
城镇建设用地	镇区	892	10.49
	鄞州工业园区	915	10.76
	合计	1807	21.26
村庄建设用地	茅山	188	2.21
	顾家	64	0.75
	蔡廊桥	169	1.99
	其他行政村	262	3.08
	合计	683	8.04
水域、农林牧用地与其他	水域	430	5.06
	农林牧用地	5054	59.46
	其他	269	3.16
	合计	5753	67.68
区域性交通设施用地		257	3.02
合计		8500	100.00

姜山镇人口迅速增长和建设用地扩张,使得耕地面积明显减少,加上农业结构调整的影响,其人均耕地面积和粮食产量也出现下降。由于实行计划生育,姜山镇户籍人口的自然增长数量有限,未来经济发展和城镇建设需要大量的外来人口支撑。2020年姜山镇外来人口达到10.25万人,超过户籍人口总数的30.57%。为了维护区域粮食安全,姜山镇农业发展应该积极开拓镇域以外的发展空间,通过耕地异地代保和委托造地,跨区域合作建立农业生产基地等途径解决。

按照新一轮土地利用总体规划,2020年鄞州区城乡建设用地规模控制在20806.27公顷,人均129.23公顷。新增加城镇用地4730公顷,其中净增3854公顷,城乡增减挂钩516公顷。新增加城镇用地中有1544公顷是用于中心城市建设，各个乡镇增加城镇建设用地面积合计为2826公顷。新增加农村建设用地970公顷。2020年鄞州区耕地保有量必须达到35244公顷，基本农田保护面积30593.33公顷，建成标准农田面积超过22774.67公顷。在目前国家实行严格土地保护政策的情况下，姜山镇必须完成上级下达的耕地保护任务。2012年姜山镇耕地面积5304.69公顷，占鄞州区的14.9%，按照同比例计算，则2020年姜山镇耕地保有量必须达到5253.65公顷，基本农田保护面积不少于4560公顷，建成标准农田面积达到3395公顷。

2012年姜山镇地区生产总值占鄞州区总量的7.85%，户籍人口占鄞州区总量的9.71%，2020年规划人口占鄞州区总量的11.24%，按照比例计算，2020年姜山镇城乡建设用地规模应该控制在1906.74—2339.06公顷，新增加城镇用地400.5公顷，其中净增353.2公顷，城乡增减挂钩47.3公顷；新增加农村建设用地88.89公顷。规划城乡建设用地指标估计缺乏585公顷，规划用地满足程度最高也只能达到76.58%。到2020年，姜山镇城乡建设至少需要占用耕地393.82公顷，姜山镇耕地保有量只能够达到5000公顷。从耕地保护任务分析，如果没有特殊的政策扶持，2008—2020年姜山镇需要异地代保耕地和委托造地300公顷以上。

除乡（镇）村公共设施、公益事业用地、农村村民住宅用地以外，姜山镇农村经营性集体建设用地过去主要以乡镇和村办企业用地为主。

同宁波市其他地区一样，姜山镇乡镇企业发展萌芽于20世纪50年代，衰落于60年代，再生于70年代，崛起于80年代，提高、壮大于90年代。1958年，以农村"木、铁、泥、石、篾"五匠为主的手工业者，办起了一批以手工操作为主的小加工厂，开始形成社队企业，从事一些小农具、小塑料、小五金、土纺土织之类的简易低级产品加工。十一届三中全会后，乡镇企业蓬勃发展。在20世纪70年代末至80年代初，在地少人多的宁波农村，要大力发展生产力，必须让一部分农村劳动力转移出来，兴办乡镇企业便是一条出路。当时城市紧缺工业品，市场的缺口为乡镇企业兴起提供了空间和条件。至1992年底，宁波市工业经济中乡镇企业"四分天下有其三"。20世纪90年代初，宁波乡镇企业发展遇到新问题，其"国企综合征"逐渐显现，"大锅饭"现象继续存在，机制优势逐渐弱化。当时市场竞争进一步加大，企业出口成本上升，一些企业由于管理水平低，资源浪费严重，效益很不好。1992年下半年起，宁波在全市乡镇企业中进行了以产权制度改革为核心的转换经营机制工作。1992年底，鄞县酝酿已久的乡镇企业改制方案正式启动。

目前姜山镇历史较长的民营企业，相当大部分是从原来的乡镇企业或者原有乡镇企业用地上发展起来的。农村集体建设用地的流转从20世纪90年代乡镇企业改制时就已经开始。改制企业使用集体所有的土地，按国家规定，经批准征为国有土地后，按规定办理土地使用权评估、处置和变更登记手续。

姜山镇近年来兴办的工业企业基本上都是民营的个私企业，也有通过招商引资形成的外商投资企业。工业布局向工业园区集中，大多数企业都是落户在鄞州工业园区和姜山镇工业园区，也有部分行政村建有本村所有的工业功能小区。一般说来，落户在鄞州工业园区和姜山镇工业园区的企业用地大部分是通过土地征收，将集体土地变成了国有土地。而落户在行政村建立的工业功能小区的企业，其使用的土地基本上维持集体土地不变，主要是采用租赁厂房或者联建厂房的形式获得集体土地的使用权。

根据1999—2012年土地利用变化和土地征用情况分析，姜山镇建设用地净增加面积达648.43公顷，扣除水利用地2.33公顷转变为水域后属于其他土地，姜山镇建设用地实际增加建设用地650.7公顷。其中，城镇用地增加148.47公顷，其中有87.28公顷是通过土地征收取得的国有土地，新增加城镇用地中仍然保持集体土地使用权的面积为61.19公顷。农村居民点用地净增加面积达39.70公顷，由于新农村建设中有的新村建设用地也已经通过补交土地出让金的方式把集体土地变成了国有划拨土地，或者城镇建成区扩展过程中的旧村改造，新增加农村居民点用地中也有31.77公顷的土地属于国有土地，而新增加农村居民点用地中使用集体土地的面积也只增加7.93公顷。独立工矿用地净增加面积达313.22公顷，其中有259.54公顷是通过土地征收取得的国有土地，新增加独立工矿用地中仍然保持集体土地使用权的面积为53.68公顷（表3.8、表3.9）。

表3.8　　　　　姜山镇1999—2012年征地面积统计　　　　单位：公顷

土地用途	征地面积	耕地	农用地	建设用地	未利用地
商品住宅用地	11.82	11.46	11.60	0.06	0.15
拆迁住宅用地	41.22	36.67	38.68	2.30	0.24
公益性用地	11.17	9.50	9.58	1.43	0.15
教育用地	10.11	9.65	10.03	0.07	0.01
水利用地（河道整治）	44.74	40.04	42.04	2.70	0.00
工业用地	259.54	227.27	242.86	11.12	5.55
交通用地	112.56	98.13	104.55	7.69	0.32
小计	491.16	432.72	459.34	25.37	6.42

表3.9　　　　姜山镇1999—2012年新增加建设用地权属构成　　　单位：公顷

土地用途	1999—2012年净增建设用地	国有土地	集体土地
城镇用地	148.466	87.28	61.19
农村居民点用地	39.695	31.77	7.93
独立工矿用地	313.218	259.54	53.68
交通用地	133.662	78.57	55.09
小计	635.041	457.16	177.89

姜山镇企业用地条件良好，工业用地形状规则，矩形地块占调查地块总数的80%。全部的工业用地做到了"五通一平"（即通电、通路、通供水、通排水、通电话和平整土地），有80%以上的地块通有线电视和国际互联网，有10%的地块通燃气实现了集中供热。

根据姜山镇企业用地调查，其55个行政村基本上都有工业企业分布。在调查到的205家企业中，个私企业达200家，占企业总数的97.5%，集体企业只有2家，外资企业2家，合作企业1家。其中，64%的企业使用的是本村建设用地，5.5%的企业使用的土地属于租用农民承包地，6.5%的企业使用的土地属于土地征收留用地，24%的企业使用的是国有土地。由于集体建设用地审批手续烦琐，限制条件多，目前有59.06%的企业使用集体土地，但没有取得土地使用权证书。

就目前姜山镇农村集体建设用地流转情况分析，农村集体建设用地流转符合目前国家政策,违法用地情况并不很多。但是,目前农村集体建设用地流转过程中,集体土地产权受到限制,市场化存在用地审批障碍,土地管理法规不全,集体土地所有者经济权益难以在经济上完全实现,农民合法土地财产权益容易受到侵害的问题没有完全得到解决,使用农村集体建设用地交易存在一定的政策风险,在一定程度上束缚了投资者的手脚,影响着土地利用集约化水平的提高。

(四) 土地利用权属结构

姜山镇土地的所有权,以集体所有为主。2012年姜山镇集体土地面积达7391.57公顷,占土地总面积的84.29%;国有土地面积为1377.75公顷,占土地总面积的15.71%(表3.10)。

表 3.10　　　　　　　　2012 年姜山镇土地权属性质　　　　单位:公顷,%

地类	权属性质	面 积	占土地总面积比例
农用地	合计	6345.87	100
	国家所有	167.99	2.65
	集体所有	6177.88	97.35
建设用地	合计	1742.97	100
	国家所有	565.71	32.46
	集体所有	1177.26	67.54
未利用地	合计	680.48	100
	国家所有	644.05	94.65
	集体所有	36.43	5.35
合计	合计	8769.32	100
	国家所有	1377.75	15.71
	集体所有	7391.57	84.29

姜山镇建设用地中,国有土地面积比例相对较大,占全部建设用地的32.46%。其中,交通用地55.62%属于国有土地,而城镇用地则只有27.54%属于国有土地。农村居民点用地则以集体土地为主,占农村居民点用地总面积的96.39%;特殊用地100%归集体所有(图3.8)。

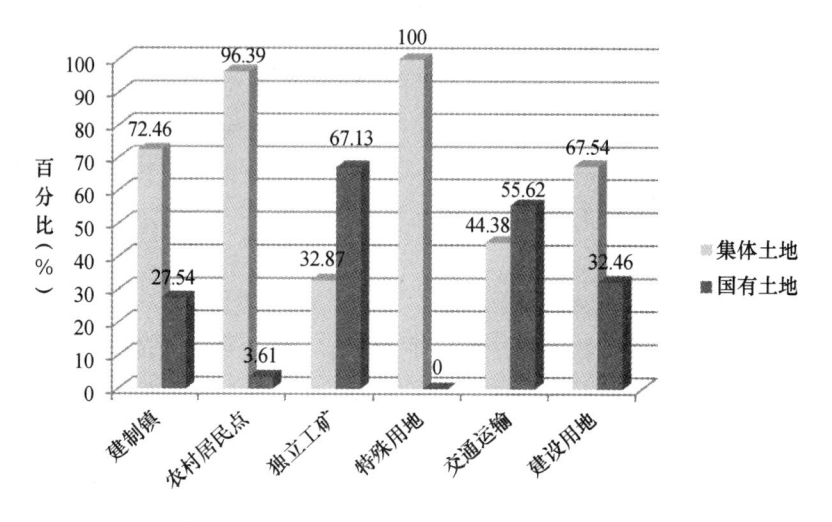

图 3.8　2012 年姜山镇建设用地的土地权属结构

(五) 农村集体建设用地土地利用结构

2012 年姜山镇农村集体建设用地面积总计 1177.26 公顷。其中城镇用地 246.49 公顷，占 20.94%；农村居民点用地 648.37 公顷，占 55.07%；独立工矿用地 153.12 公顷，占 13.01%；特殊用地 21.55 公顷，占 1.83%；交通用地 107.73 公顷，占 9.15% (图 3.9)。

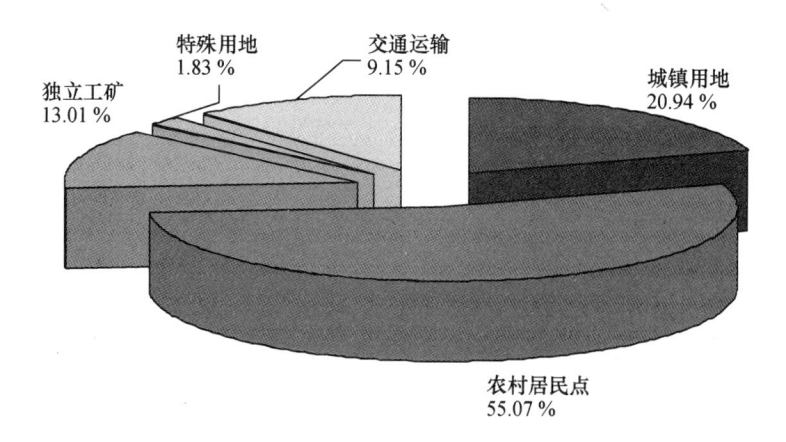

图 3.9　2012 年姜山镇农村集体建设用地的土地利用结构

对2012年姜山镇城镇规划区以内的建设用地进行分析，目前有农村集体建设用地151.49公顷，占城镇建成区建设用地总面积的32.47%，其中，以东光村、仪门村、唐叶村、胡家坟村的面积最大（表3.11）。

表3.11　　　2012年姜山镇建成区范围的农村集体建设用地分布　　单位：公顷

村名	集体建设用地面积	村名	集体建设用地面积	村名	集体建设用地面积
东光村	16.70	墙弄村	6.01	仪门村	10.15
东林寺村	8.39	蓉江村	5.29	郁家村	5.31
后郑村	8.75	上何村	5.07	张华山村	2.82
胡家坟	9.81	杨家弄村	4.78	励江岸村	1.00
虎啸漕村	5.10	曙光村	5.78	侯家村	4.91
姜山头村	6.09	唐叶村	11.15	乔里村	5.92
良种场	3.72	王伯桥村	7.77	甬江村	6.32
茅东村	6.78	夏施村	3.08	合计	151.48
茅山村	0.00	张村庙村	0.78		

对2012年姜山镇城镇规划区以内的农村集体建设用地进行分析，其中城镇住宅用地17.76公顷，占农村集体建设用地总面积的11.72%；商业用地（主要是混合商住用地）0.7公顷，占农村集体建设用地总面积的0.46%；农村宅基地65.00公顷，占农村集体建设用地总面积的42.91%；农村空闲宅基地0.18公顷，占农村集体建设用地总面积的0.12%；工业用地24.16公顷，占农村集体建设用地总面积的15.95%；采矿地20.02公顷，占农村集体建设用地总面积的13.22%；仓储用地0.79公顷，占农村集体建设用地总面积的0.52%。车库15.04公顷，占农村集体建设用地总面积的9.93%（表3.12）。

表3.12　　　2012年姜山镇规划区范围内农村集体土地利用结构

单位：公顷，%

土地用途	面积	占农村集体建设用地比例
宗教用地	1.30	0.86
住宅用地	17.76	11.72

续表

土地用途	面积	占农村集体建设用地比例
农村宅基地	65.00	42.91
空闲宅基地	0.18	0.12
机关团体用地	0.85	0.56
公共基础设施用地	0.48	0.32
工业用地	24.16	15.95
慈善用地	1.29	0.85
仓储用地	0.79	0.52
采矿地	20.02	13.22
畜禽饲养地	0.28	0.18
文体用地	0.10	0.07
商业用地	0.70	0.46
车库	15.04	9.93
其他土地	3.54	2.34
合计	151.49	100.01

对2012年姜山镇城镇规划区以外的农村集体建设用地进行分析，其土地使用主要以居住用地为主，农村宅基地面积占农村居民点用地面积的比例一般为40%—60%（表3.13）。农村宅基地以外的空间，主要为道路、晒谷场，部分村庄原来的生产队和生产大队闲置办公用房和仓库出租给个私营企业使用，其面积一般很小，占农村居民点用地面积的比例很少超过1%。

表3.13　　　　2012年姜山镇规划区范围外农村集体土地利用结构

单位：公顷，%

村名	农村居民点用地	农村宅基地	农村宅基地占农村居民点用地比例
同三村	24.86	6.11	24.56
陆家堰村	11.47	6.64	57.88
周韩村	16.10	9.58	59.50
走马塘村	19.90	7.84	39.39
景江岸村	5.48	2.67	48.82

续表

村名	农村居民点用地	农村宅基地	农村宅基地占农村居民点用地比例
陈鉴桥村	20.72	9.45	45.61
上游村	19.95	12.11	60.69
奉先桥村	6.62	3.49	52.74

姜山镇集体建设用地按照其利用性质，可以分为三种类型：

（1）居住用地主要是农村村民的宅基地，也包括城镇用地中城中村的村民宅基地。

（2）经营性用地主要是独立工矿用地和农村居民点中的生产性用房的建设用地。

（3）公益性用地，主要包括特殊用地、交通用地和农村居民点内部的公共用地。

姜山镇集体建设用地主要以居住用地为主，工矿用地主要集中在姜山建制镇周围的行政村，一般行政村拥有独立工矿用地面积较小（表3.14）。如果将各个行政村的独立工矿用地面积和姜山镇城镇规划区以内的农村集体建设用地面积分布进行对照，可以发现，目前各个行政村拥有的独立工矿用地，大多已经在企业转制中转变成了国有土地，部分农村居民点在城市化发展和新村庄建设中也转变成了国有土地（表3.15）。

表3.14　　　　　　　姜山镇独立工矿用地分布　　　　　　单位：公顷

村名	独立工矿	村名	独立工矿	村名	独立工矿
上何村	52.47	虎啸漕村	6.60	陈家团村	1.40
王伯桥村	43.21	井亭村	6.15	同三村	1.32
周韩村	41.73	夏施村	6.13	张村庙村	1.29
唐叶村	27.64	黎山后	5.48	东西郑村	1.22
东光村	23.05	上游	5.39	和益村	1.17
东林寺村	22.73	五龙桥村	5.12	蔡郎桥	1.13
仪门村	22.24	景江岸村	4.80	走马塘村	0.85
蓉江村	21.31	姜南村	4.60	励江岸村	0.78

续表

村名	独立工矿	村名	独立工矿	村名	独立工矿
花园村	19.33	新张俞村	3.36	陆家堰村	0.77
翻石渡村	17.66	新汪村	2.76	杨家弄村	0.74
侯家村	16.34	茅山村	2.64	联荣村	0.67
甬江村	16.00	后哽村	2.42	顾家村	0.61
胡家坟村	12.79	沈凤水村	2.05	董家跳村	0.46
山西村	12.50	奉先桥村	1.95	南林村	0.35
郁家村	12.08	陈鉴桥村	1.84	张华山村	0.35
阳府兴村	8.95	宏洲村	1.81	姜山头	0.18
上张村	8.73	茅东村	1.77	曙光村	0.12
乔里村	7.06	定桥村	1.75	墙弄村	0.07

表3.15　　姜山镇农村集体建设用地的转制情况分析　　单位：公顷

村名	独立工矿	农村居民点	集体建设用地
东光村	23.05	5.75	16.70
唐叶村	27.64	3.72	11.15
仪门村	22.24	0.03	10.15
胡家坟村	12.79	0.03	9.81
后哽村	2.42	11.45	8.39
东林寺村	22.73	13.84	8.39
王伯桥村	43.21	13.68	7.77
甬江村	16.00	10.13	6.32
郁家村	12.08	0.00	5.31
蓉江村	21.31	27.39	5.29
虎啸漕村	6.60	15.19	5.10
上何村	52.47	0.00	5.07

（六）农村集体建设用地的产权确认和登记情况

姜山镇农村建设用地产权确认和登记工作起步较早。2001年3月按照鄞州区国土资源局的统一部署，开始了农村建设用地使用权和农村宅基地使用权初始登记发证工作，至2004年6月基本完成。2007年随着第二次土地调查工作开展和国土资源部颁布《土地登记办法》，农村建设用地产权确认和登记工作进一步加强，到2009年3月，全镇集体土地使用权初始登记发证率超过95%，农村宅基地初始登记发证率达到99%以上。

农村建设用地产权确认和登记在社会的发展过程中发挥着愈发重要的作用。它不仅是农地保护、土地利用、执法监察等整个土地管理工作的基础，也是国家获取地租、税费等资金的重要来源，同时还对明晰土地产权、维护农民的合法权益、促进社会的发展发挥着积极作用。但是，由于姜山镇农村建设用地产权确认和登记工作主要是在2001—2003年完成的，限于当时的条件，主要是依靠农村集体经济组织和村民委员会的力量来完成。在过去，土地登记更多地被看作是行政管理的一种手段，而对于土地登记民事方面的功能重视不够，没有充分认识到土地登记是不动产物权公示的手段，对土地权利的保护不够突出。对于农村建设用地使用权和农村宅基地使用权确认条件，各个地方执行政策宽松不一，导致了有的应该给予确权和登记的没有依法办理土地登记手续，而个别不符合土地登记条件的却已经进行了土地登记。许多农村建设用地使用权证书和农村宅基地使用权证书目前仍然存放在乡镇土地管理所，没有发到农村集体经济组织和村民的手中。

姜山镇农村建设用地中经营性用地大多是改革开放以后由农村工业化的发展而形成的，而农村宅基地则主要是在1982年以前形成的。根据调查，姜山镇农村宅基地有63.1%是在1982以前取得的，有42.07%的农户住房是从父母那里继承得来的。按照区域类型分析，姜山镇区农村宅基地1982年以前取得的比例最低，农户住房从父母那里继承得来的比例也最小，茅山、蔡郎桥、顾家等集镇农村宅基地1982年以前取得的比例最高，农户住房从父母那里继承得来的比例也最大，一般农村的情况介于两者之间（图3.10、图3.11）。

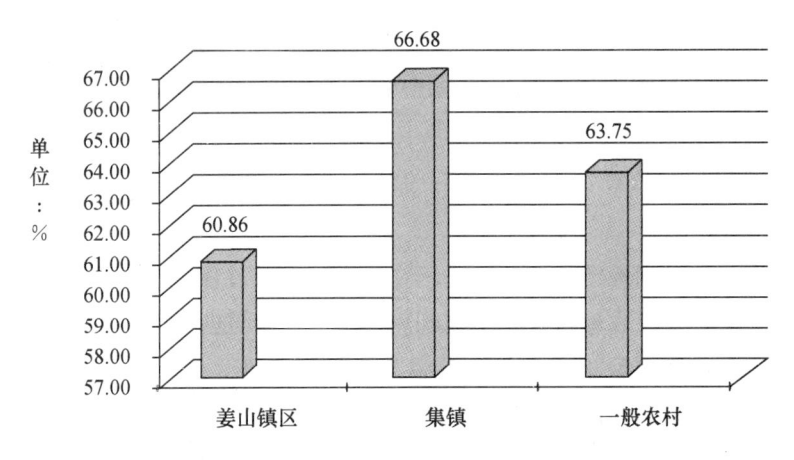

图 3.10 姜山镇农户家庭 1982 年以前取得农村宅基地的比例

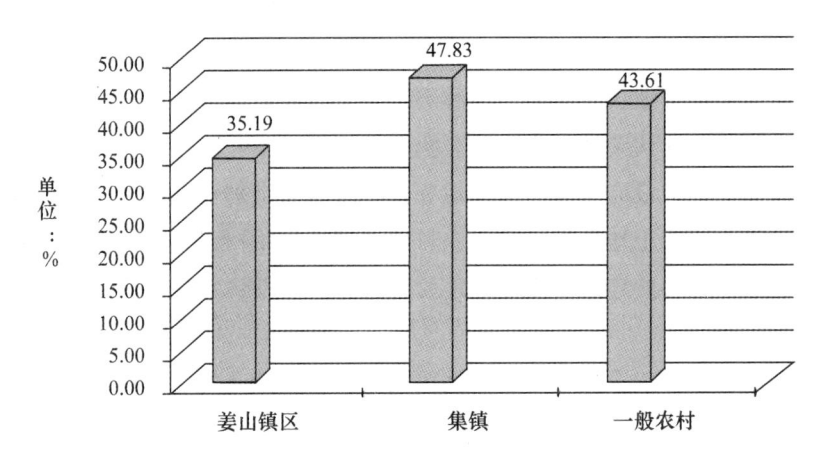

图 3.11 姜山镇农户家庭住房从父母处继承得来的比例

根据姜山镇典型村庄农村建设用地使用权调查，许多宗地的农村建设用地使用权登记面积和实际使用土地面积存在着不一致（表3.16）。从总体上看，土地使用权发证面积小于实际面积。从具体宗地情况分析，农村建设用地使用权登记面积和实际使用土地面积一致的占大多数，其地块数量占农村建设用地宗地总地块数的 65.25%；农村建设用地使用权登记面积大于实际使用土地面积的较少，其地块数量占农村建设用地宗地总地块数的 13.13%；农村建设用地使用权登记面积小于实际使用土地的面积的次之，其地块数量占农村建设用地宗地总地块数的 21.62%。

表 3.16　　　　　姜山镇农村集体建设用地的转制情况

村名	实测面积(A)（平方米）	发证面积(S)（平方米）	误差（%）	S<A 块数	S<A 最大差值（平方米）	S=A 块数	S>A 块数	S>A 最大差值（平方米）
同三村	61059.98	60148.66	-1.52	234	343.98	211	196	139.97
陆家堰村	66369.47	61420.90	-8.06	245	304.75	246	148	186.74
周韩村	95761.20	92841.51	-3.14	401	2776.69	406	281	180.57
走马塘村	78372.89	76120.50	-2.96	175	143.32	1050	50	55.24
景江岸村	26729.72	25971.36	-2.92	50	85.59	246	100	145.35
陈鉴桥村	94516.13	94515.03	0.00	11	1.63	1382	7	1.60
上游村	103315.70	91161.56	-13.33	350	805.54	568	108	157.12
奉先桥村	20184.37	20184.37	0.00	0	0.00	309	0	0.00

（七）农村集体建设用地的分布

姜山镇地处平原，农村居民点的分布比较密集，对全镇 55 个行政村级单元统计，共有自然村 174 个，平均每平方公里有 2 个自然村。其中，茅东村所包括的自然村最多，达 11 个；曙光等 14 个村只有 1 个自然村；全镇有 17 个行政村含 5 个以上的自然村。最大的自然村胡家坟村有 559 户，最小的自然村只有 5 户。

从姜山镇建设用地总体情况分析，东光村建设用地面积最大，达 113.07 公顷；东光村、仪门村、上何村、周韩村、墙弄村、王伯桥村、蓉江村、唐叶村、胡家坟村、翻石渡村、上张村、郁家村、东林寺村这 13 个村各自的建设用地面积均超过 40 公顷，是姜山镇建设用地分布最集中的区域，其建设用地总面积达到 820.04 公顷，占姜山镇建设用地总面积的 47.05%。农村集体建设用地主要以农村居民点为主（表 3.17），曙光村、良种场、胡家坟村、仪门村、上何村、郁家村、墙弄村、侯家村、姜山头最少，农村居民点几乎都变成了城镇用地。蓉江村、同三村、蔡郎桥、五龙桥村、新张俞村、茅山村、顾家村、陈鉴桥村这 8 个村居民点用地面积较大，各自的农村居民点用地面积均超过 20 公顷（图 3.12）。个私企业是除农村居民点外的农村集体建设用地的主要使用者。企业用地主要沿路分布,其中,邻近高速路口的占6.6%,邻近主干道的占42.45%,邻近支干道的占32.55%。

表3.17　　　　　姜山镇农村集体建设用地的分布　　　　　单位:公顷

权属名称	合计	城镇	农村居民点	独立工矿	特殊用地	交通用地
蔡郎桥村	12.70	0.00	11.97	0.73	0.00	0.00
陈家团村	15.56	0.00	14.96	0.60	0.00	0.00
陈鉴桥村	21.30	0.00	19.71	1.59	0.00	0.00
定桥村	20.72	0.00	17.88	1.79	0.00	1.05
东光村	48.56	43.79	0.80	3.97	0.00	0.00
东林寺村	19.45	0.00	13.65	4.99	0.00	0.81
东西郑村	21.97	0.00	10.44	1.34	0.00	10.19
董家跳村	12.21	0.00	11.73	0.48	0.00	0.00
翻石渡村	31.93	3.29	10.56	3.22	9.81	5.05
奉先桥村	22.60	0.00	6.71	1.55	0.00	14.34
顾家村	26.35	0.00	22.44	0.70	0.00	3.21
和益村	14.19	0.00	10.77	1.19	0.00	2.23
宏洲村	19.97	0.00	17.37	1.91	0.00	0.69
侯家村	22.97	6.18	0.00	16.79	0.00	0.00
后郟村	12.84	0.00	11.58	1.26	0.00	0.00
胡家坟村	38.12	26.87	0.00	4.48	3.27	3.50
虎啸漕村	21.94	0.00	15.43	2.16	0.00	4.35
花园村	25.58	0.00	11.04	13.50	0.00	1.04
姜南村	15.87	0.00	15.42	0.45	0.00	0.00
姜山头村	9.68	9.68	0.00	0.00	0.00	0.00
井亭村	17.98	0.00	14.52	2.21	0.00	1.25
景江岸村	10.03	0.00	5.56	4.14	0.33	0.00
黎山后村	24.90	0.00	19.13	5.77	0.00	0.00
励江岸村	16.62	2.62	13.20	0.80	0.00	0.00
联荣村	13.56	0.00	12.88	0.68	0.00	0.00
良种场	4.66	4.31	0.35	0.00	0.00	0.00

续表

权属名称	合计	城镇	农村居民点	独立工矿	特殊用地	交通用地
陆家堰村	12.49	0.00	11.67	0.82	0.00	0.00
茅东村	23.56	0.00	17.59	0.31	0.00	5.66
茅山村	30.62	0.00	22.16	2.67	3.14	2.65
南林村	17.59	0.00	16.32	0.35	0.00	0.92
墙弄村	60.16	60.08	0.00	0.08	0.00	0.00
乔里村	13.14	0.00	8.67	4.47	0.00	0.00
蓉江村	41.73	0.00	27.66	5.46	0.00	8.61
山西村	28.06	0.00	14.99	10.97	2.10	0.00
上何村	6.45	6.45	0.00	0.00	0.00	0.00
上游村	25.99	0.00	20.56	5.43	0.00	0.00
上张村	39.53	0.00	16.37	1.69	0.00	21.47
沈凤水村	20.13	0.00	18.28	1.17	0.68	0.00
曙光村	6.71	6.06	0.52	0.13	0.00	0.00
唐叶村	25.11	16.35	3.25	3.54	0.00	1.97
同三村	27.11	0.00	25.14	0.62	1.35	0.00
王伯桥村	14.34	0.00	13.72	0.62	0.00	0.00
五龙桥村	23.61	0.00	18.31	4.43	0.87	0.00
夏施村	4.86	0.00	4.78	0.08	0.00	0.00
新汪村	18.67	0.00	15.72	2.12	0.00	0.83
新张俞村	28.27	0.00	23.25	3.33	0.00	1.69
阳府兴村	19.69	0.00	14.47	4.16	0.00	1.06
杨家弄村	8.98	0.00	6.77	0.00	0.00	2.21
仪门村	23.44	23.24	0.00	0.00	0.00	0.20
甬江村	15.22	0.00	10.26	0.73	0.00	4.23
郁家村	29.76	16.87	0.00	12.14	0.00	0.75
张村庙村	17.20	0.00	14.01	0.74	0.00	2.45
张华山村	20.85	20.47	0.00	0.38	0.00	0.00
周韩村	32.09	0.22	16.66	9.89	0.00	5.32
走马塘村	19.65	0.00	19.16	0.49	0.00	0.00
合计	1177.46	246.49	648.37	153.12	21.56	107.73

姜山镇农村集体建设用地的分布，按照城镇规划建设用地范围（即以圈内和圈外分），集体建设用地在圈内相对集中，主要为城镇建设用地，农村居民点较少。工矿用地圈内和圈外基本相当，和集体建设用地的总体分布高度一致。交通用地和特殊用地，圈外占多数，和土地总面积分布相符合（表3.18）。

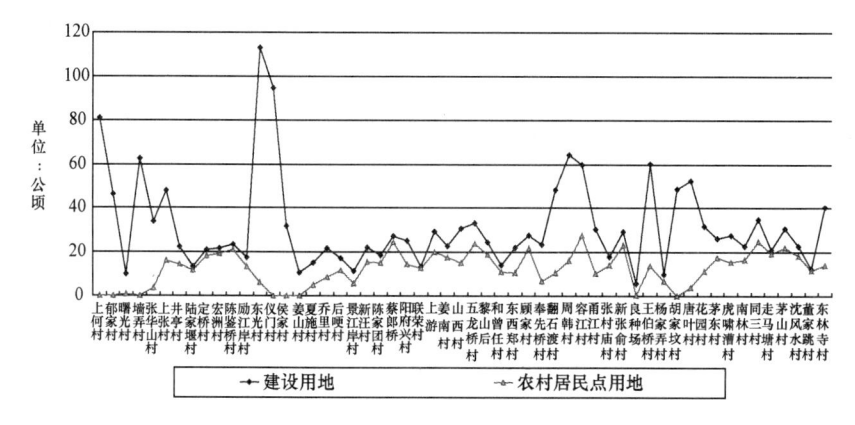

图 3.12　姜山镇建设用地和农村居民点用地分布

表3.18　　　　　姜山镇农村集体建设用地分布情况　　　　单位：平方米

规划分区		合计	城镇	农村居民点	独立工矿	特殊用地	交通用地
面积（公顷）	圈内	535.02	242.97	187.94	69.4	3.27	31.34
	圈外	642.44	3.52	460.43	83.72	18.29	76.39
	小计	1177.46	246.49	648.37	153.12	21.56	107.73
比例（%）	圈内	45.44	98.57	28.99	45.32	15.17	29.09
	圈外	54.56	1.43	71.01	54.68	84.83	70.91
	小计	100.00	100.00	100.00	100.00	100.00	100.00

从农村集体建设用地宗地情况分析，姜山镇宗地面积为50—100平方米的地块最多，占宗地地块总数的28.12%，其次是宗地面积为30—50平方米的地块，占宗地地块总数的25.04%；小于15平方米和超过200平方米的地块均较少，占宗地地块总数的4%—5%（表3.19）。

表3.19　　　　姜山镇农村集体建设用地的宗地情况　　　　单位：块,%

村名	<15m²	15—30m²	30—50m²	50—100m²	100—200m²	>200m²
同三村	30	155	190	183	61	22
陆家堰村	19	102	133	176	154	55
周韩村	70	266	229	329	148	46
走马塘村	69	284	337	377	178	30
景江岸村	15	93	84	108	91	5
陈鉴桥村	45	267	413	384	226	65
上游村	23	163	243	236	249	112
奉先桥村	14	40	67	112	64	12
地块总数	285	1370	1696	1905	1171	347
分布频率	4.21	20.22	25.04	28.12	17.29	5.12

姜山镇农村集体建设用地的平均建筑容积率为0.98—1.32（表3.20）。按照宗地统计，每一地块房屋建筑面积为100平方米以下的占地块总数的71.4%（图3.13），其中房屋建筑面积为50—75平方米的地块最多，占宗地地块总数的20.25%（表3.21）。

表3.20　　　姜山镇农村集体建设用地的平均容积率　　　单位：平方米,%

村名	平均每块宗地面积	每宗地平均房屋建筑面积	平均建筑容积率
同三村	93.84	95.26	1.02
陆家堰村	96.12	108.80	1.13
周韩村	85.33	100.63	1.18
走马塘村	59.70	72.15	1.21
景江岸村	65.58	64.34	0.98
陈鉴桥村	67.51	84.24	1.25
上游村	88.85	113.91	1.28
奉先桥村	65.32	85.98	1.32

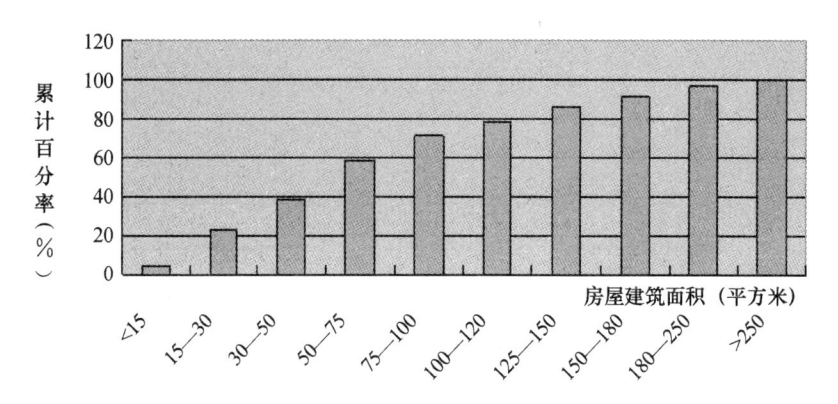

图3.13 姜山镇各宗地房屋建筑面积分布累计百分率

表3.21　　　　姜山镇农村集体建设用地各宗地房屋
建筑面积分布情况　　　　　　　　单位：块，%

房屋建筑面积	同三村	陆家堰村	周韩村	走马塘村	景江岸村	陈鉴桥村	上游村	奉先桥村	所占百分比
<15（平方米）	35	15	70	81	17	47	24	17	4.52
15—30	139	80	251	252	89	266	153	29	18.59
30—50	86	59	151	161	78	280	150	59	15.12
50—75	136	201	161	299	90	302	139	44	20.25
75—100	101	65	112	191	52	174	115	41	12.56
100—120	47	43	116	104	21	83	63	48	7.75
125—150	40	68	90	73	21	81	112	33	7.65
150—180	22	30	56	58	20	66	85	16	5.21
180—250	20	45	58	37	5	63	124	19	5.48
>250	15	33	23	19	3	38	61	3	2.88
合计	641	639	1088	1275	396	1400	1026	309	100

按照农户家庭为单位统计，姜山镇每一农户家庭拥有宅基地面积一般在150平方米以下。其中拥有50—150平方米的农户家庭最多，占调查农户家庭总数的49.97%。有7.88%的农户家庭拥有的宅基地面积超过250

平方米，也有 8.24% 的农户家庭拥有的宅基地面积不到 30 平方米（表 3.22）。

表 3.22　　　姜山镇农户家庭拥有宅基地面积分布情况　　单位：户,%

宅基地面积（平方米）	同三村	陆家堰村	周韩村	走马塘村	景江岸村	陈鉴桥村	上游村	奉先桥村	合计户数	占农户家庭总数的比例
<15	3	3	9	14	0	4	2	2	37	0.93
15—30	35	29	44	47	18	67	41	10	291	7.31
30—50	56	40	67	108	37	158	96	26	588	14.77
50—75	69	76	95	97	40	139	80	29	625	15.70
75—100	43	68	86	94	27	125	85	28	556	13.97
100—120	35	39	71	70	22	71	56	24	388	9.75
120—150	33	30	67	82	26	87	72	23	420	10.55
150—180	29	30	62	52	27	51	66	16	333	8.37
180—210	13	32	37	26	17	41	56	13	235	5.90
210—250	12	19	23	28	18	32	52	9	193	4.85
250—300	5	12	26	23	6	28	32	6	138	3.47
300—350	2	9	7	14	0	13	20	0	65	1.63
350—400	3	8	7	8	2	6	9	0	43	1.08
400—500	2	5	2	6	0	7	10	0	32	0.80
>500	0	4	9	5	1	7	10	0	36	0.90

（八）农户家庭住房面积和一户多宅情况

根据第二次农业普查，姜山镇农村家庭人均居住面积为 36.49 平方米。其中，人均居住面积不足 10 平方米的家庭有 345 户，占全镇农村家庭总户数的 1.3%；人均居住面积 10—30 平方米的家庭有 7723 户，占全镇农村家庭总户数的 29.14%；人均居住面积 30—50 平方米的家庭有 11683 户，占全镇农村家庭总户数的 44.08%；人均居住面积 50—75 平方米的家庭有 5209 户，占全镇农村家庭总户数的 19.65%；人均居住面积 75—100 平方米的家庭有 966 户，占全镇农村家庭总户数的 3.64%；人均居住面积超过100平方米的家庭有579户,占全镇农村家庭总户数的2.18%。

按照典型村庄调查,姜山镇农村家庭户均住房面积为154.54平方米。其中,住房面积不足50平方米的农户占调查农村家庭总户数的15.83%;住房面积50—90平方米的农户占调查农村家庭总户数的21.22%;住房面积90—150平方米的农户占调查农村家庭总户数的28.16%;住房面积150—180平方米的农户占调查农村家庭总户数的10.76%;住房面积180—250平方米的农户占调查农村家庭总户数的14.11%;住房面积250—350平方米的农户占调查农村家庭总户数的6.59%;超过350平方米的农户占调查农村家庭总户数的3.32%(表3.23)。

表3.23　　　　姜山镇农户家庭拥有住房面积分布情况　　　　单位:户,%

住房面积(平方米)	同三村	陆家堰村	周韩村	走马塘村	景江岸村	陈鉴桥村	上游村	奉先桥村	所占百分比
<50	61	50	87	91	51	173	92	29	15.83
50—75	44	48	71	108	37	142	69	18	13.41
75—90	31	32	30	54	32	87	38	9	7.82
90—120	51	103	107	103	42	116	86	32	15.98
120—150	48	60	74	79	23	81	91	32	12.18
150—180	39	40	74	78	22	80	77	21	10.76
180—210	21	25	60	54	13	44	56	12	7.12
210—250	23	23	42	43	13	50	69	17	6.99
250—300	12	31	33	17	5	24	46	8	4.39
300—350	6	7	16	14	1	16	24	4	2.20
350—400	1	4	4	13	1	6	18	4	1.27
400—450	2	4	4	8	0	7	6	0	0.77
>450	1	2	10	12	1	10	15	0	1.27
户均住房面积	179.59	162.06	178.90	136.49	105.72	141.07	170.12	142.84	/

农村住房的建筑结构以砖混结构为主,占调查农村家庭总户数的64.86%;其次为砖(石)结构,占调查农村家庭总户数的29.87%;其

三为钢筋混凝土结构,占调查农村家庭总户数的4.15%;竹草土坯结构的住房很少,只占调查农村家庭总户数的1.12%。

农村一户家庭拥有多处住宅的现象比较普遍,一户多宅家庭占调查农村家庭总户数的27.51%—46.76%(表3.24)。一户多宅家庭户均拥有宅基地面积154.84平方米,户均拥有住房面积181.34平方米。一户多宅家庭户均拥有宅基地面积最大的达到2352.08平方米,一户多宅家庭户均拥有住房面积最大的达到2002.42平方米(表3.25)。

表3.24　　　　　　　姜山镇农户家庭一户多宅情况　　　　　　　单位:户

一户多宅(套)	同三村	陆家堰村	周韩村	走马塘村	景江岸村	陈鉴桥村	上游村	奉先桥村
2套	83	85	157	160	70	181	158	48
3套	51	22	74	87	25	75	51	14
4套	16	9	31	38	8	29	20	7
5套	7	1	11	20	3	16	0	2
6套	2	1	3	11	0	1	1	0
7套	0	0	2	0	0	0	0	0
≥8套	0	0	1	0	0	2	2	0
合计	159	118	279	316	106	304	232	71
一户多宅家庭占调查农村家庭总户数比例(%)	46.76	27.51	45.59	46.88	43.98	36.36	33.77	38.17
一户多宅家庭户均宅基地面积(平方米)	132.90	166.80	130.40	146.10	150.00	165.40	190.20	156.90
一户多宅家庭户均住房面积(平方米)	166.80	218.20	165.10	176.40	140.50	178.70	214.60	190.40

表 3.25　　　　　　　　姜山镇农户家庭住宅面积情况　　　　　单位：平方米

村名	宅基地面积	住房面积
同三村	309.62	311.30
陆家堰村	2179.40	1743.53
周韩村	418.21	549.68
走马塘村	517.30	539.24
景江岸村	361.92	265.35
陈鉴桥村	865.68	662.42
上游村	2352.08	2002.42
奉先桥村	287.15	395.82

（九）非农人口持有农村住房情况

根据初步统计，姜山镇有近2000户家庭虽然户口已经迁离农村，但仍然在农村保留有农村宅基地和住房。同时也有2100多户农村住户在城镇（包括宁波市区、鄞州中心区和姜山镇）购买有商品房。在城镇购买商品房的农村住户占全部农村住户总数的9.8%。在姜山镇不同类型区域中，一般农村地区由于富裕家庭更加向往城镇生活，在城镇购买商品房的农村住户占全部农村住户总数的比例最大（图3.14）。

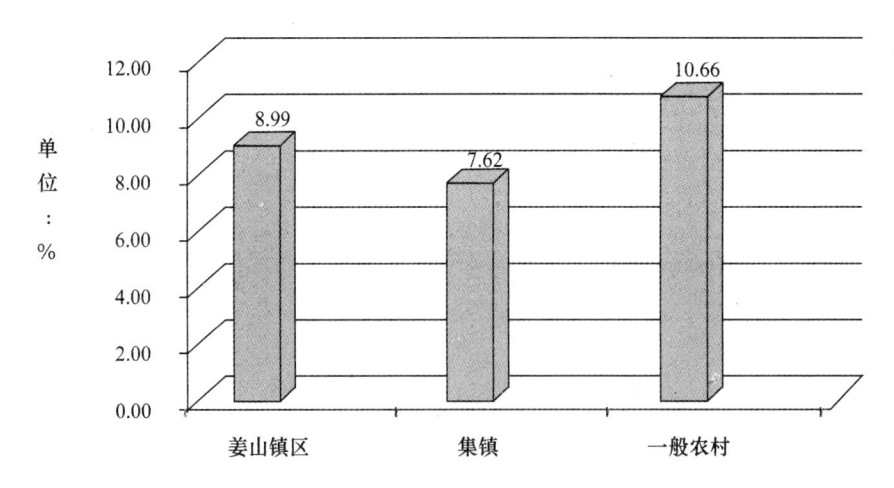

图 3.14　姜山镇在城镇购买商品房的农村住户占全部农村住户总数的比例
（姜山镇区 8.99；集镇 7.62；一般农村 10.66，单位：%）

（十）农村宅基地的退出、储备和流转情况

农村宅基地是农村居民点用地的核心组成部分，大部分的农村公共设施用地和公益性用地也主要是作为农村宅基地的辅助性用地而存在的。根据调查，宁波市鄞州区农村宅基地占农村居民点用地面积的比例为40%—60%，农村宅基地合理使用和管理是农村集体建设用地流转及改革的关键所在。

自2003年以来，宁波市出台了一系列农村住房制度改革和农村住房集中改建的政策措施，姜山镇新村建设和旧村改造取得了重要进展，农村人居环境有了明显改善。

改革开放以来，宁波市农村社会经济结构发生了巨大的变化。例如，姜山镇农村劳动力主要是在二、三产业就业，农民收入97.72%来源于二、三产业，农地流转率超过90%，本地农户从事种植业的劳动力越来越少。特别是年青一代，多数人的工作、生活、读书已经完全市民化，各村大约有5%—10%的农户在宁波市区、鄞州新区或姜山镇购买有商品住宅。很多年轻人把在城镇拥有住房作为衡量一个家庭经济实力和发展潜力的标志，甚至将其列为择偶条件。农村住房建设形成集中居住、以多层住宅为主的居住小区，越来越受到农民群众的欢迎。

宁波市委、市政府在《关于推进农村住房制度改革和住房集中改建的意见》中确定的目标为：从2009年起，经过三年左右努力，争取拆迁10万户，拆迁宅基地面积2333.3公顷，新建改建农村住房建筑面积2000万平方米，安置农户15万户，其中，城镇社区新建型，住房建造4万套，建筑面积约600万平方米；农村新社区，住房建造5万套，建筑面积700万平方米；就地改建整理型，住房集中改建6万套，建筑面积约700万平方米。到2008年底，姜山镇已经建成农村集聚式居住小区3个，正在建设的小区8个，已经建成面积超过30万平方米，已全部拆除的村庄4个，正在拆除的村庄11个，拆除面积达到48.1万平方米。姜山镇农民由分散居住向适度集中居住转变，由单家独院向多层公寓转变，将不仅提高农村住房的建筑质量和美化农村聚落面貌，也能够提供比较完善的基础服务设施，缩小城乡差别，真正达到新农村建设的目标要求。

宁波市农村宅基地管理比较规范，2001年出台的《宁波市农村宅基地管理办法》，对农村宅基地规划、土地使用标准、农村村民申请宅基地

和建房报批的条件、住宅建设施工管理、土地登记等作出了具体规定。各个县（市、区）结合本地实际，也制定了具体的实施意见。自2003年起，以新农村建设为中心，各地以"旧村改造，新村建设"为重点，因地制宜，对农村宅基地管理进行了积极探索。

一是严格控制建造独立式住宅，鼓励农村村民建造联建式住宅（包括多层公寓），以村或镇为单位，统一规划、统一设计、统筹公共基础设施配套，并按照宅基地限额标准安排村民建房，集中居住。

二是各地对于符合申请建房条件的"新人"和"新房"试行新的宅基地供给模式。农民建房由原来以户计算用地标准向以人计算用地标准转变，农民建房审批标准由单纯建筑占地面积的宅基地审批转变为宅基地面积和建筑面积相结合的审批，农民建房标准分别按照大、中、小户限额控制。

三是对集中改建的农民建房用地供给，按照区位条件和实施主体确定不同的供地方式。在城镇规划区内行政村、开发区、重大工程项目建设区，一般以国有划拨或国有公开出让方式供地。以村集体或个人为实施主体的农村住房建设，以集体土地使用方式供地。农民建房供地从单纯使用集体土地向国有土地和集体土地使用相结合。

四是调整和完善土地整理政策，通过提高复垦指标收购价格、补助复垦经费，鼓励各地进行农村宅基地整理和复垦。通过农村宅基地使用制度改革，原来农户建房户均一般占地0.3—0.4亩，采用新模式后，比原来占地节约20%—40%的面积，提高了农村宅基地的集约利用水平，也盘活了存量土地。通过复垦增加耕地和建设用地指标缓解了工业用地和城镇建设用地紧缺的矛盾。

根据宁波市第二次农业普查结果，宁波市近年来，农民居住条件明显改善，生活质量显著提高。2006年年末，农村居民平均每户拥有住宅面积148平方米，98.7%的住户拥有自己的住宅，其中，拥有1处住宅的108.8万户，占87.9%；拥有2处住宅的12.3万户，占9.9%；拥有3处以上住宅的1万户，占0.9%。住宅类型主要为楼房的99.4万户，占80.4%；居住平房的23.9万户，占19.3%。农村基础设施建设和基本社会服务逐步完善。2006年年末，乡镇政府所在地距县城在一小时车程内的占96.7%，距一级公路或高速公路出入口在50公里之内的占97.8%。使用管道水的住户119.7万户，占96.8%。111.4万户的饮用水经过净化处理，占90.0%。99.6%的村和98.8%的自然村安装了有线电视，87.6%的村能用ADSL、LAN等宽带方式上网。98.9%的乡镇有综合市场，50.5%的乡镇有专业市场，26.4%的乡镇有农产品专业市场；100%的乡镇有储蓄所；52.3%的村有50平方米以上的综合商店或超市，67.8%的村有连锁超市放心店。

农村居住条件的改善，也促进了本地物业经济发展，增加了农民财产性收入来源。根据调查，目前姜山镇有外来人口44439人，共计17210户。姜山镇有房屋出租的家庭占农户家庭总户数的1/3以上，在工业发达的行政村，几乎家家都有房屋出租，物业经济成为了宁波市农村经济发展的重要支柱之一。每户家庭每月房租收入大部分在500元以下的，占出租房屋农户总数的83.64%，每户家庭每月房租收入在1000元以上的，占出租房屋农户总数的5.14%。

改革开放以来，姜山镇几乎所有的农村居民家庭都曾经建房，不少地方普遍存在一代农民造二、三次房的情况。由于原来的宅基地面积小，不少农户不得不选择新址建新房，建新房不拆旧房，或原宅基地闲置的现象较多，"空心村"现象突出。目前，姜山镇农村住房多以单家独院的2—3层楼房为主体，分布散而无规律，一般每户均有庭院，户均占地面积较大；户与户之间存在相当一部分空杂地无法利用。由于农业劳动力转移，越来越多的本地居民进城工作，并在城镇购买商品住宅，离土离乡的农村居民增加，不少地方存在有房没人住的情况。

按照《宁波市鄞州区农村宅基地管理办法（试行）》规定，宅基地面积标准根据农村村民在册家庭人员和使用土地情况，分三类：使用耕地的，3人以下户不超过90平方米；4—5人户不超过110平方米；6人以上户不超过125平方米。使用非耕地的，3人以下户不超过100平方米；4—5人户不超过120平方米；6人以上户不超过140平方米。山区有条件利用荒地、荒坡建房的最多不超过160平方米。2007年姜山镇农村居民点用地面积为672.64公顷，按照户籍农村人口计算，人均用地面积100.25平方米，户均用地面积233.41平方米。即使按照农村房屋占农村居民点用地面积60%的水平计算，也超过了《宁波市鄞州区农村宅基地管理办法（试行）》规定的宅基地面积标准。

2008年姜山镇农村户均人口规模为2.38人，户均使用农村宅基地面积应该为90—100平方米，户均使用农村居民点用地应不超过150—167

平方米。依此标准计算，姜山镇通过农村居民点整理，可以盘活农村居民点用地面积达到 192—240 公顷，相当于现状农村居民点用地面积的 28%—39%。

姜山镇按照正在建设的新村建设项目的户均用地面积 111 平方米的标准（表 3.26）分析，通过农村居民点整理，可以盘活农村居民点用地面积达到 352.76 公顷，相当于现状农村居民点用地面积的 52.44%。

表 3.26　　　　　姜山镇 2008 年新村建设项目情况表

项目名称	地块位置	总用地面积（平方米）	总建筑面积（平方米）	住宅总数（套）	户均用地（平方米）
姜山安置小区二期	乔里村	34338.00	70564.00	538	63.83
翻石渡村二期	翻石渡村	35351.00	39012.40	349	101.29
东光新村一期	唐家自然村	18820.00	24128.00	230	81.83
阳府新村建设一期	姜山镇东南侧	6842.00	11640.00	80	85.53
唐叶新村 1#地块二期	唐叶村	30020.30	31481.70	262	114.58
唐叶新村一期	唐叶村	15776.00	9750.00	71	222.20
定桥新村一期	定桥东北侧	26610.00	27193.00	196	135.77
仪门村星光家园一期	仪门村	16991.00	25844.50	214	79.40
朝阳新村一期	张村庙村	8739.00	14105.00	125	69.91
茅东新村一期	茅坞公路东侧	13870.10	13853.44	78	177.82
侯家新村一期	侯家村东北侧	19182.00	27138.00	162	118.41
周韩村 A 地块一期	周韩村	4223.39	5974.01	45	93.85
走马塘村	走马塘村	50299.00	49860.00	506	99.41

按照《姜山镇村庄布点规划》，2009—2014 年姜山镇共需要拆迁和整治村庄用地面积为 215.16 公顷。其中一、二类村庄，以保留或扩张为主，拆迁概率为 0%—33%，共需拆迁 57.88 公顷，三类、四类村庄规划建议进行拆迁整合，集中进行新村建设，共需拆迁 157.28 公顷（表 3.27）。2009—2014 年姜山镇安置拆迁村庄的人口共需用地 151.55 公顷（其中安置地块占用耕地面积 93.67 公顷，原村庄建设用地面积 57.88 公顷）（表 3.28），还可增加城镇建设用地面积为 63.61 公顷。

表3.27 《姜山镇村庄布点规划》村庄评价结果

拆迁概率（%）	村庄名称	原村庄占地面积（公顷）	现在人口（人）	人均用地面积（平方米）
一类村庄	0	东光新村、华泰星城、菜场新村、明南小区、华山新村、定桥、凌家耷、陈介桥、周韩、任家、奉先桥、上邵、倪王、燕山桥、山西、大屋、横山后、俞家、应家、大桥头、里孙、俞家埭、前周、后周、浩家桥、黎山后、宅前、何家、新顾家、柯家、东楼、计家、蔡郎桥、蔡郎桥、松树坟头、吴家、王家、上游、让里、蔡家弄、董家跳、钱家、袁家、张家、同三、东李、走马塘、孙家山、周家埭、唐叶、红叶、胡家坟老房子、杨家弄老房子、寺后、蒋家、虎啸周	272.02	19806	137.34
二类村庄	33	上何、郁家、东光老房子、仪门老房子、科技新村、仪门小区、墙弄老房子、曙光、良种场、后鄞、鲍家汇、陈家团、西河头、前湖、侯家、张华山老房子、励江岸、上励、桥头、陈家、许家桥、秦叶、下郁、朱家、毛洋、王家井亭、井亭、上塘、上张、徐家、王家埭、东郑、西郑、董王、张俞、新屋、顾家、上横、陈家、下何、周家、后岸、清河桥、沈东、沈西、窑头、茅山、庙前头、花园、后花园、孙家漕	57.88	5260	110.04
三类村庄	67	夏施、姜山头、景江岸、任家横、汪家、新塘沿、下励、上郁、汤家、后百丈、居敬桥、横里、新屋、小顾家、翻石渡、前董、徐江岸、里何、田屋、李家耷、张村庙、马王、高田滕、邵江岸、舒周、季家埠、张家园、王家堰、横山、孙家庄、倪家、前新屋、朱矸、下俞埭、下董、钱家、西楼、薛家畈	100.46	11160	90.02

续表

拆迁概率（%）	村庄名称	原村庄占地面积（公顷）	现在人口（人）	人均用地面积（平方米）
四类村庄 100	吴家、李家牵、陈托桥、乔里、前张、后姜、窑头、郑家庄、赵家横、上河塘、高车头、孙家汇头、前百丈、次飞庙、四号旁边、下张、九房、澍家漕、张家漕、张家、邱家、郁家坟头、翁骆、马家、何邵、田屋、王家、田畈前、埋家桥、后新屋、大园、钱家山、后何、下钱、王家、田屋、石浮桥、茅家牵、东林寺老房子、钱家桥、陈家、小如江、东山头、洪家、叶家、荒田畈	56.82	8198	69.31

表3.28 《姜山镇村庄布点规划》规划区块中安置地块情况

村民安置小区点名称	用地面积（公顷）	规划容积率（%）	居住建筑面积（万平方米）	安置自然村名
姜山点	54.87	1.20	59.54	夏施、吴家、姜山头、景江岸、李家牵、陈托桥、乔里、前张、后姜、窑头、郑家庄、赵家横、任家横、汪家、新塘沿、下励、上河塘、下董、大园、钱家山、钱家、西楼、后何、下钱、王家、田屋、石浮桥、茅家牵、东林寺老房子、薛家畈、钱家桥、陈家、小如江、东山头、洪家、叶家、荒田畈、下塘
朝阳点	21.49	1.20	23.32	小顾家、翻石渡、翁骆、前董、徐江岸、里何、田屋、马家、李家牵、何邵、张村庙、马王、高田滕、田屋、邵江岸、舒周、王家、许家、陈家垫、新屋门

续表

村民安置小区点名称	用地面积（公顷）	规划容积率（%）	居住建筑面积（万平方米）	安置自然村名
曙光点	13.88	1.20	15.06	树桥头、高车头、孙家汇头、上郁、汤家、前百丈、后百丈、次飞庙、四号旁边、居敬桥、下张、九房、横里、澍家漕、张家漕、新屋、张家、邱家、郁家坟头
蔡郎桥点	61.31	1.20	66.53	田畈前、季家埠、张家园、王家堰、横山、孙家庄、埋家桥、倪家、前新屋、石小房、朱矸、下俞塅、后新屋、蔡郎桥、松树坟头、上游、让里
合计	151.55	1.20	164.45	94个自然村，涉及37个行政村

根据分析，姜山镇2014年前可以盘活农村居民点用地215.56公顷，节约土地资源63.61公顷。到2020年农村居民点整理全部完成，农村人口维持现在水平，可以节约土地资源200—350公顷。农村居民点用地节约的土地资源，按照宜耕则耕，宜林则林，宜园则园，宜建则建的原则使用，在相同条件下优先复垦为耕地，产生的建设用地指标也优先用于农村基础设施建设。

农村宅基地是农民依法在农村集体土地上建造私人住宅的建设用地。根据我国物权法的有关规定，宅基地使用权人依法对集体所有的土地享有占有和使用的权利，有权利在该土地上建造住宅及其附属设施。

农村宅基地是农村"住有所居"的保证。按照现行政策规定，农民依法享有及分配额定面积标准的农村宅基地的权利。根据《土地管理法》的规定，农村一户人口只能拥有一块宅基地，其宅基地面积不得超过规定的标准。农民建住宅，应符合乡（镇）土地利用总体规划，并优先使用原有宅基地或村内空闲土地。农民建房使用宅基地，必须经乡（镇）人民政府审核，由县级人民政府批准；如果涉及占用农用地的，应依照《土地管理法》的有关规定办理审批手续。农民出卖、出租住房后，再申请宅基地的，不予批准。我国农村宅基地制度及其相关政策，为农民建设住宅和改善居住条件提供了用地保障。农村宅基地的申请、审批和监管制度，制止了农村住房建设中乱占滥用农地的行为，保证了乡（镇）土地利用规划和村镇规划的有效实施，促进了耕地保护。

我国现行农村宅基地管理制度，也存在着明显不符合农村住房建设实际，不能适应工业化和城市化快速发展，满足城乡一体化和城乡统筹发展需要的问题。

第一，农村住房是农民拥有的最大宗私人财产。新中国成立前，我国最贫苦的雇农是"上无片瓦，下无立锥之地"。新中国成立后，农民翻身做主人，逐步做到了"居者有其屋"，"耕者有其田"。我国实行社会主义改造后，农村土地归集体所有，农民对于住宅的私有观念更加增强。许多人把建房当作了人生一项重要事业。宅基地属于集体所有，不能出租买卖，但可长期无偿使用。房屋属个人私有，可以出租买卖。它使得农民对农村宅基地产生了"不要白不要"的心理，个别农民凭借自己的经济实力或社会关系，尽量多占宅基地。虽然我国土地管理法规定：农村村民使用的宅基地面积不得超过省、自治区、直辖市规定的标准。然而，各地确定的农村宅基地使用面积标准，只对后来者有限制作用，对于过去既得利益者多占的宅基地无法收回。即便如此，也有后来者觉得别人可以，他也应该可以，不顾有关规定多占、侵占宅基地，使问题难以制止。目前，农村住房属于违法建筑和违规建筑的情况较多，这是农村住房制度改革和宅基地管理面临的最大挑战。

第二，农村集体土地是集体经济组织共同共有的，农村宅基地使用权也应该是如分配承包责任田一样按照人口平均分配。由于农村宅基地的用途仅限于村民建造个人住宅，农民是否具有建房能力，并不是每个人或每个家庭都一样的。即使他们具有同样的经济能力，每个家庭当前需要投入的优先次序也不相同。有的农户，孩子刚刚出生，父母就开始为其提前准备住房；有的农户，则是孩子早已达到结婚年龄，还没有办法取得农村宅基地。有的虽然有了农村宅基地，却无法建房，长期闲置，难免被农村集体经济组织的其他成员使用，按照现行政策也可以被集体经济组织无偿收回。从理论上讲，农村村民依法一户只能拥有一处宅基地，宅基地不属于遗产，不能被继承。但是，建造在宅基地上的房屋属于公民个人所有，可以继承。按照"地随房走"的原则，公民继承了房屋，实际上就等于继承使用房屋所占的宅基地使用权。这样，就使得农村富人可能一户多宅，多占农村宅基地；穷人建不起房，只能少得或得不到农村住宅基地，农村宅基地使用权分配非常不公平。姜山镇典型农村住户宅基地使用情况调查表明，农村家庭拥有宅基地使用权面积最大的超过1000平方米，最小的不到15平方米。多占宅基地的农户，有大量的房屋出租，成为了其家庭收入的重要来源。在城市建设需要，发生征地拆迁时，多占宅基地建设房的农户，能够获得巨额的补偿；而宅基地少和住房面积小的农户，不仅平时没有房屋出租，发生征地拆迁时，为了得到拆迁安置住房，可能还要补交房屋增加面积的建设成本。农村宅基地使用权不平均分配，实际上是部分多占农村宅基地的家庭多占了集体土地使用权，侵害了少占农村宅基地的家庭的合法土地财产权益，扩大了农村的贫富差距。农村住房建设和宅基地管理，由于历史因素的影响，很多情况下是有法难依，执法很难。

第三，现行农村宅基地管理制度也存在着城乡隔离的问题。1998年以前，城镇居民到农村购买住宅是被允许的。1988年修正的《土地管理法》第41条规定，城镇非农业户口的居民经过批准可以使用集体土地建住宅，但需参照国家建设征地标准"支付补偿费和安置补助费"。随着工业化和城镇化发展，城乡人口加速流动，为了保护耕地和限制农地转用，某些非农业人口使用农村宅基地反而由允许变成了禁止。1998年修订的《土地管理法》删除了上述第41条的规定。

1999年5月国务院办公厅《关于加强土地转让管理严禁炒卖土地的通知》（国办发〔1999〕39号）则宣布："农民的住宅不得向城市居民出售，也不得批准城市居民占用农民集体土地建宅，有关部门不得为违法建造和购买的住宅发放土地证和房产证。"

2004年10月国务院《关于深化改革严格土地管理的决定》提出："禁止城镇居民在农村购置宅基地。"同年11月国土资源部《关于加强农村宅基地管理的意见》再次重申"两个严禁"：严禁城镇居民在农村购置宅基地；严禁为城镇居民在农村购买和违法建造的住宅发放土地使用证。

2007年12月《国务院办公厅关于严格执行有关农村集体建设用地法律和政策的通知》明确规定"三个不得"："农村住宅用地只能分配给本村村民，城镇居民不得到农村购买宅基地、农民住宅或小产权房。"农村住房和宅基地市场化的限制，虽然可能有利于耕地保护，却是以牺牲农民合法的物业收益权利为代价的，它使得农户多年积累的房屋财产不能顺利变现。实际上，近年来城镇居民到农村购买住房的情况时有发生，有些城市居民基于投资、就业和养老等原因，自愿到农村居住，限制城市居民到农村购房也被认为是对城市居民的不公平。至于城市郊区建设的小产权房，更是因为农村集体建设用地市场化限制，征地补偿价格低，而愿意"以租代征"；城市房地产价格高涨，利用集体土地建设的小产权房价格低，但深受城市低收入居民和城市外来人口的欢迎，拥有广阔的市场，虽然政府三令五申禁止，在"法不责众"心理的作用下，依然愈演愈烈。目前，农村住房建设和宅基地管理客观上存在着合理不合法，或合法不合理的问题。

此外，农村宅基地管理过程中，农民法制意识不强，宅基地私有的传统观念烙印深刻，加上农村封建宗族观念等的影响，使得农村宅基地管理问题更加复杂。宅基地使用过程中有法不依、执法不严的现象也比较常见。

中共中央十七届三中全会通过的《关于推进农村改革与发展的若干重大问题的决定》提出，"完善农村宅基地制度，严格宅基地管理，依法保障农户宅基地的用益物权"，指明了农村宅基地改革的方向和目标。

我国农村住房制度改革和90年代我国城市住房制度改革一样，也面临着住房的福利性和商品性的矛盾。我国农村宅基地长期无偿、无限期、无流动使用，把宅基地当作一种福利分配，在满足了农村居民住房需要的社会功能的同时，忽略了其商品属性。随着我国工业化和城市化发展，城乡人口流动频繁，农村住房如果仍然坚持其福利性，而不顾其商品性，将无法实现农村宅基地资源的合理配置，出现大量的闲置住宅，造成农村宅基地浪费。

在我国发达地区，农村住房存在着大量的出租现象，农村宅基地客观上具备了盈利的功能，已经不再限于满足农民自己的居住需要，农村住房和宅基地具有了商品属性。建立农村宅基地有偿使用制度，有利于农村集体经济组织土地所有者权益在经济上实现，要求多占农村宅基地者多付费，少占农村宅基地者可以获得集体建设用地使用收益的分红，这是实现农村宅基地的公平合理分配的重要措施。实行农村宅基地有偿使用，也能够培养农民建房的用地成本意识，从而注意节约用地和集约用地。实行农村宅基地有偿使用，也能够促进农村住房市场的形成，让资本进入农村市场，盘活农村存量建设用地，特别是闲置的农村住房和农村宅基地。实行农村宅基地有偿使用，也有利于建立农村宅基地有效退出机制，不再出现离乡离土农民交出农村宅基地就等于放弃原有土地财产权益问题。通过农村宅基地和农村住房转让能够获得进城的原始资本，减轻其在城市生活的经济负担。盘活农村存量建设用地，对于扩大消费需求，拉动经济增长也具有积极的促进作用。

实行农村宅基地有偿使用，不能否定农村宅基地的住房保障功能。明确规定农村村民享有"一户一宅"的政策边界，对于按照法定用地标准取得的农村宅基地，仍然实行无偿供给。农村宅基地"有偿使用"专指对"一户一宅"以外的超过法定用地标准宅基地的使用进行收费。对于超过法定用地标准占有的农村宅基地，实行有偿使用，在房屋出租比较普遍的地方，农村宅基地使用权人每年必须按照房屋出租收益的一定比例缴纳土地使用费。在房屋没有出租的地方，可以按照基本农田中的每亩平均收成计算，逐年收取土地占用费，并随着耕地单位面积经济产出的增加，逐年提高土地占用费。对于农村宅基地使用面积没有达到法定用地标准的家庭，可以发放住房补贴。在已经规划建设农村集中居住小区的地方，不再增加农村宅基地的供给，对于农民腾出的农村宅基地进行有偿收购。对于新农村建设中，建新不拆旧，不及时腾出原来宅基地的农民要用经济手段使其行为付出不可承受的代价。实行农村宅基地有偿使用，可以避免采取行政手段强制收回大量超占农村宅基地执行难和容易引起矛盾纠纷等问题。

农村宅基地使用权流转是一个很复杂的问题，它涉及国家法律制度的调整和完善，也涉及现有房地产市场的承受能力。大量的农村宅基地使用权进入市场可能会冲击城市房地产市场，影响城市房地产价格的波动。但是，为了城市发展，而限制农村宅基地市场化，以一种重要的资本要素脱离市场为代价换取另一种市场的稳定，显然不符合市场经济发展的大趋势。因此，肯定农民对宅基地的用益物权，并且让农民的物权以资本形式流动起来，让农民享受与城市居民一样的土地增值收益，应当成为在制度上实现农村宅基地用益物权的改革方向。

目前我国农村集体建设用地流转试点对农村宅基地使用权流转方式进行了有益探索，主要可以归纳为三种模式。

一是农村宅基地换房。农村宅基地换房自2005年在天津试点提出，已经得到了国家有关部门的充分肯定。《天津市以宅基地换房建设示范小城镇管理办法》于2009年5月31日经天津市人民政府第30次常务会议通过，自2009年8月1日起施行。"宅基地换房"的基本思路是结合城乡建设用地增减挂钩试点工作，在国家现行法律框架内，坚持承包责任制不变、可耕种土地不减、尊重农民自愿的原则，高水平规划、设计和建设有特色、适合于产业集聚和生态宜居的新型小城镇。农民以其宅基地，按照规定的置换标准换取小城镇中的一套住宅，迁入小城镇居住。原有的宅基地由村民委员会统一组织整理复耕，实现耕地的占补平衡。通过挂钩项目区内新建地块的有偿出让来平衡小城镇建设资金。这就能在不增加农民负担和不减少耕地的基础上，实现人口向城镇集中，工业向小区集中，耕地向种田大户集中，农民由第一产业向第二、第三产业转移，明显改善生活居住环境，提高文明程度，享受城市化成果，真正实现"安居、乐业、有保障"。

农村宅基地换房成功的关键在于合理确定宅基地换房的标准。目前有不少专家提出，农村宅基地换房不应该成为变相征地，农村宅基地换房过程中土地的所有权应该保持不变，节约的建设用地调剂使用产生的土地增值收益应该仍然归原来集体经济组织所有。目前，很多地方农村宅基地换房，换到小城镇的一套住房的建设用地是属于国有的，国有土地使用权是有期限的。农民宅基地由无期限使用变成有期限使用，集体土地所有权发生转移，集体经济组织应该得到合理的补偿。农民进入小城镇居住，可以享受到与市民同等的社会保障待遇，是否可以视为以土地换社保，均是值得研究的问题。农村宅基地换房过程中，村庄建设用地实际上被分成了两部分，一是复垦成为耕地，弥补小城镇建设用地占用的耕地；二是原来村庄建设用地超过小城镇住房建设用地的部分，除用来投入城镇公共基础设施以外，剩余部分成为了城镇经营性用地。这些经营性用地的出让和目前土地管理制度也存在着一定的冲突。例如，我国现行法律规定，集体建设用地不能用于商品房开发。而农村宅基地换房，其建设资金的缺口显然需要依靠经营性用地的出让收益进行弥补。

二是联合建房。联合建房是成都在经历2008年"5·12"大地震以后探索宅基地流转的创新性举措。所谓联合建房是指在保证集体建设用地总量不变和耕地不减少的前提下，农户通过对自己的宅基地的部分出让或出租，吸引投资人参与建房，双方对建成后的房地产共同经营管理或进行利益分配。

目前联建方式主要有两种，一种是单户联建，一种是多户共同联建。

前者房屋所有权归农户所有，由政府确权发证。投资方只享有除农民自住部分以外的房屋使用权，重建投资就相当于租金，联建协议由公证部门公证。后者则先由村集体对农户的宅基地进行统一整理，留足农民自住的，其余转为集体建设用地，集体建设用地的使用权是可以流转的。投资人和村集体签订流转协议，收益用于为农民建房。参与联建的双方均能取得"房屋所有权"和"集体土地使用权"。农户与联建方共同向市（县）国土资源部门提出土地登记申请，由市（县）国土资源部门对农户的原宅基地使用证进行变更，为农户自住用地发放集体建设用地使用证，土地用途为住宅；为联建方使用的剩余集体建设用地发放集体建设用地使用证，土地用途为非住宅（包括商业、旅游业、服务业等），土地使用年限参照国有建设用地出让年限或自行协商确定。

联合建房有利于引进社会资金参与新农村建设，有利于农村集体建设用地级差地租收益的实现，是以土地产权带动农村集体建设用地保值和升值，增加农民财产性收入来源的可行性途径。但是，它本质上和城镇居民购买集体土地建房基本一致，也需要一定程度的法律和制度突破。有人担心，农村缺钱，城市缺地，双方一拍即合，有利可图，因而更要加强对农民土地财产权益的保护。必须控制联合建房的审批前提，只有符合土地利用规划和村镇建设规划，经三分之二以上的村民同意，才能引入社会资金进行综合整理和产业开发。联建的投资主体必须按每户人均住房不低于建筑面积35平方米的标准安置原农村宅基地使用权人，并按规划配套建设基础设施和公共服务设施。节约的集体建设用地按集体建设用地流转方式使用。

三是建立农村宅基地收购储备制度。农村集体土地收购储备制度，同城市土地收购储备制度不同，它是对闲置和废弃的宅基地进行收回或收购，进行统一规划，统一整理和统一出让，其集体土地性质不变，土地用途则大多因为区位条件限制，只能够用于复垦和改造为农用地，补充建设占用的耕地。

农村集体土地收购储备制度是形成农村宅基地退出机制的前提。农村宅基地退出是农民响应政府号召，自愿将本人所拥有的宅基地使用权交还给所在的农村集体经济组织，且以后不再申请新宅基地的行为。可以申请农村宅基地退出的情形主要有：（1）户口迁出本村，完全享受城镇居民的权利，自愿放弃原有宅基地；（2）在城镇稳定就业，已经购买或准备购买城镇商品住宅,自愿放弃原有宅基地;(3)拥有两处以上的宅基地,其中一处面积达到规定面积标准90%以上的,自愿放弃超过规定面积标准的宅基地;(4)实施旧村改造,统一建造新村,已迁入新村农民公寓的居民,自愿放弃原宅基地;(5)自愿以其宅基地,按照规定的置换标准,换取小城镇内的一套住宅,迁入小城镇居住村民的原宅基地。(6)城镇居民自愿放弃因房屋遗产继承而获得的农村宅基地。农民放弃宅基地后,不影响其农村集体土地承包权益,不影响其作为农民身份享有的原有政策待遇。对农村宅基地退出的个人,农村集体经济组织按其退出合法房屋面积和宅基地的面积给予经济补偿,地方政府确定一定标准给予奖励。对于目前没有宅基地,但符合宅基地申请条件而自愿放弃宅基地申请权的村民,其依法可以批准使用的宅基地指标,按市场化配置的原则,由当地政府给予一次性货币补偿。农村宅基地退出也可以用"农村宅基地换地权益书"的方式给予安置。

随着农村经济社会发展,农村宅基地使用也必然发生相应的变化,许多农村宅基地根据情况可以无偿收回。例如,一些农村宅基地由于区位条件变化,而不适合现代农村居民的居住需要,被遗弃的无主农村宅基地。原来为五保户使用,其逝世后不再使用的公益性住房的宅基地;一些农户长期闲置超过两年以上的未利用农村宅基地;不按照有关法律规定进行住房建设,被依法没收的农民违章、违规建筑用地;已规划整体搬迁的农民居住区村庄的现状农村居民点用地;一些法律和政策规定应该由集体经济组织无偿收回的宅基地等,它们和上述农民自愿退出的宅基地一样,都是农村宅基地收购储备的对象。

农村宅基地储备中心应该积极组织对储备的农村宅基地进行土地整理和复垦,建设用地置换和耕地保护任务跨区域调整工作,促进储备的农村宅基地及时得到开发和利用。农村宅基地储备中心储备的农村宅基地,适宜复垦为农用地的,优先复垦为耕地。农村宅基地储备中心储备的农村宅基地,适宜作为建设用地的,优先供应旧村改造新村建设。

农村宅基地流转,必须赋予农民完整的用益物权,允许农村宅基地流转。农村村民的宅基地依法可以进行置换、转让、出租、抵押等土地交易。

农村退出宅基地是农村最具有开发潜力的土地资产,它作为建设用地已经拥获得了开发许可,不需要新增建设用地指标;对它进行复垦,可以成为补充耕地的来源。按照现行的土地管理政策，农村退出宅基地的有效利用包括三个方面：一是农村退出宅基地占有的建设用地指标不应该浪费，它应该通过土地利用规划进行土地置换，使其土地开发权得到延续和再利用。二是农村退出宅基地复垦，新增加耕地面积，可以补充新增加建设用地占用的耕地，为耕地占补平衡做出贡献。三是农村退出宅基地作为土地资源的再利用。

除整村进行拆迁改造以外，农村宅基地的退出，往往是个案发生的，其空间分布星散，时间上先后不一，农村宅基地整理和农村居民点更新是一个循序渐进的过程。因此，根据农村宅基地退出的特点，寻找合适的土地资产经营方式，是实现农村宅基地退出有效利用的关键，其亟待土地资产经营创新。就国内外土地资产经营的成功经验分析，农村宅基地退出也可以采取"农村宅基地换地权益书"的方式给予安置以及推行土地信托制度。

"农村宅基地换地权益书"是农村集体经济组织收回农村宅基地土地使用权时，核发给土地权益人的法律凭证。依法核发后的换地权益书不与原批准的用地相联系。"农村宅基地换地权益书"持有者可以凭其从农村集体经济组织换回与换地权益书面值等价的建设用地权益。对于宅基地上的建筑物按照实际价格补偿。换地权益书发放、流转和收回，实行记名登记制度。换地权益书经乡镇人民政府审查，报县（市、区）国土资源局核准后，由县（市、区）人民政府签发。换地权益书的采用既能够满足农村宅基地退出主要是为了土地合理利用，保证原建设用地的土地开发权不受损失，可以易地再利用；又能够减少农村宅基地退出过程中农村宅基地回收的现金支出，是非常适合退出农村宅基地土地资产经营的好办法。

土地信托是指在明确农村宅基地使用权的前提下，土地信托服务机构接受农村宅基地使用权人的委托，按照市场化需求及必要的程序，将一定期限内的农村集体建设用地使用权依法、有偿地转让给其他单位或个人的行为。在土地信托制下，农民将农村集体建设用地使用权作为信托财产，委托给土地信托机构，由该机构经营管理或转让给他人经营。上述举措可以克服农民缺乏必要的土地流转运作方面的专业知识和法律知识，农村集体建设用地缺乏相应的价格机制和流转市场等方面的限制；此外，又可以利用土地信托机构的专业人员、信息渠道和服务网络，使有项目有资金需要建设用地的投资者与闲置或低效利用的农村宅基地有机结合，实现农村退出宅基地的合理流转和有效利用。在信托期限内，农民享有信托利益；信托终止，还可以恢复行使集体建设用地使用权，农民的土地财产权益有了较好的着落。

第 四 章
农村集体建设用地流转的改革方向

一 农村集体建设用地流转的 SWOT 分析

（一）优势

农村集体建设用地的使用和管理改革具有良好的社会经济基础，以宁波市姜山镇为例，其优势主要表现在以下几个方面。

姜山镇和鄞州区其他乡镇比较，土地资源虽然并不富裕，但耕地资源相对丰富，人均耕地面积1.03亩，相当于鄞州区平均水平的1.53倍，长期以来是鄞州重点的商品粮产地。2012年粮食播种面积5986公顷，占鄞州区粮食播种总面积的20.81%；粮食产量42068吨，占鄞州区粮食总产量的21.29%。农林牧渔业产值近年来逐年递增，在鄞州区各乡镇中位列第一（表4.1）。姜山镇扎实的农业基础，为工业化和城市化发展提供了保证。

表 4.1　　　　　　　　2012年姜山镇农业概况

区域	姜山镇	鄞州区	占鄞州区比例（%）
户籍总人口（人）	77343	796300	9.71
土地面积（公顷）	8769.32	134563.6	6.52
耕地面积（公顷）	5304.69	35586.39	14.91
农业总产值（万元）	42568	360000	11.82
粮食播种面积（公顷）	5986	28759	20.81
粮食产量（吨）	42068	197602	21.29

姜山镇工业经济发展迅速，在国民经济中的地位不断提高。2012年工业总产值192.25亿元，占工农业总产值的97.83%。工业经济发展，促进了农业剩余劳动力的转移，2009年全社会劳动力65361人，从事农

林牧渔业生产的劳动力只有 11045 人，仅占 16.9%。从事农林牧渔业生产的劳动力主要以中、老年为主，特别是 35 岁以下的劳动力很少务农，从事农林牧渔业生产的劳动力人数不及该年龄段人数的 3%。农村居民的收入来源，主要不是靠农业生产，而 97.2% 的收入是来自第二、三产业（表 4.2）。

表 4.2 　　　　　2012 年姜山镇农村居民的收入来源情况　　　单位：万元，%

项　　目	收入总额	占农村经济总收入比例
1. 农业收入	36130	1.63
其中：出售种植业产品收入	29207	1.31
其中：粮食收入	4193	0.19
2. 林业收入	0	0.00
3. 牧业收入	6147	0.28
其中：出售牧业产品收入	5864	0.26
4. 渔业收入	8413	0.38
其中：出售渔业产品收入	8302	0.37
5. 工业收入	2105614	94.79
6. 建筑业收入	17208	0.77
7. 运输业收入	16283	0.73
8. 餐饮业收入	21039	0.95
9. 服务业收入	2115	0.10
10. 其他收入	6332	0.29
其中：财产性收入	2229	0.10
11. 国家农业生产性补贴收入	2127	0.10
合计	2221408	100.02

　　姜山镇近年来在稳定完善农村土地承包关系的基础上，积极推进土地承包经营权流转，发展农业规模经营，取得了明显的成效。全镇耕地总面积为 5067.13 公顷，土地承包权面积为 4783.87 公顷，至 2012 年年底土地有序流转总面积为 4935.4 公顷（表 4.3），占耕地总面积为 97.4%；签订流转合同户数为 14714 户，占全镇农户总数的 56.77%。土地流转有力地促进了全镇粮食生产规模化、产业化和基地化发展。

表 4.3   2012年姜山镇农地流转情况   单位：公顷,%

项 目		面积	比例
流转途径	委托流转	3045.93	61.72
	农户自发流转	1889.47	38.28
	小计	4935.40	100.00
流转形式	出租	3547.07	71.87
	转包	1224.00	24.80
	互换	19.20	0.39
	转让	34.73	0.70
	其他	110.40	2.24
	小计	4935.40	100.00
流转主体	专业大户	3631.80	73.59
	工商企业	279.47	5.66
	专业合作社	992.40	20.11
	其他	31.73	0.64
	小计	4935.40	100.00
流转期限	1—5年	281.87	5.71
	5年以上	4653.53	94.29
	小计	4935.40	100.00

    姜山镇区位条件优越，基础设施配套条件好，并重视规划引导，人口、土地利用和经济发展的空间集聚效果明显。

    姜山镇工业发展依托鄞州工业园区和镇、村所建的工业功能区块，引导工业向园区集中，实现了规模以上企业全部落户工业园。工业园区是外来投资的热点，也是经济发展的重心，2012年姜山镇园区工业产值超过全镇工业产值的95%。

    姜山镇将全镇耕地划分为粮食生产保护区和非粮食生产保护区，在保护区内重点规划了6个粮食生产功能区，总面积达3008.83公顷；在非保护区内，引导和鼓励土地使用权的合理流转，向龙头企业和经营大户适度集中。2012年，全镇96.7%的耕地实现规模经营，其中"双20亩"种粮大户达到919户，经营耕地面积占全镇粮食种植面积的74.6%。

    姜山镇作为宁波大都市区的卫星城市，其良好的生态环境和方便的生活条件，使之成为了房地产投资的旺地，宁波雅戈尔置业有限公司、宁波百隆房产、宁波华泰股份有限公司纷纷在此置地开发，建成了华泰星城、小城春秋等一批现代化的居住小区，是宁波市民南迁和农村居民进城居住的新移民区。

姜山镇镇区和茅山、蔡郎桥、顾家三个集镇土地面积只占姜山镇土地总面积的31.26%，总人口和外来人口分别占姜山镇的45.24%和50.01%，建设用地面积占姜山镇的54.71%，工业总产值占姜山镇的77.28%（表4.4）。

表4.4　　姜山镇人口、土地利用和经济发展的空间集聚情况

区域	姜山镇区	茅山集镇区	蔡郎桥集镇区	顾家集镇区	姜山镇
所含行政村	上何村、郁家、曙光村、墙弄、张华山、东光、仪门、侯家、姜山头、夏施、乔里、甬江、王伯桥、杨家弄、东林寺	胡家坟、唐叶、虎啸漕	蔡郎桥、阳府兴、黎山后	顾家、蓉江村	全部行政村
总人口（人）	36140	5817	6846	6283	121747
比例（%）	29.68	4.78	5.62	5.16	100.00
外来人口（人）	14217	1855	4080	2053	44404
比例（%）	32.02	4.18	9.19	4.62	100.00
土地面积（公顷）	1459.08	424.47	367.52	490.67	8769.97
比例（%）	16.64	4.84	4.19	5.59	100.00
建设用地（公顷）	660.28	128.79	87.62	76.78	1742.97
比例（%）	37.88	7.39	5.03	4.41	100.00
工业总产值（万元）	1240668	11760	60130	69830	1788753
比例（%）	69.36	0.66	3.36	3.90	100.00

（二）弱势

姜山镇农村集体建设用地的使用和管理改革也存在着一些需要克服的障碍，它们主要包括：

2003年姜山镇土地出让面积达到顶峰，之后出让的土地面积均维持在较低水平，土地资源的约束较强，土地供应量相对不足。但从土地出让金逐年走高的情况来看，土地市场呈现需求旺盛的局面。土地出让的供给难以满足需求，从而导致土地出让价格的一路走高。

2012年姜山镇农民人均收入达到12359元，只相当于同期鄞州区城镇居民人均可支配收入的48%。农民收入75.44%是用于生活消费支出，能够进行再生产的资金在农民家庭总支出的比例平均只有6.36%（图4.1），农村发展资金短缺。

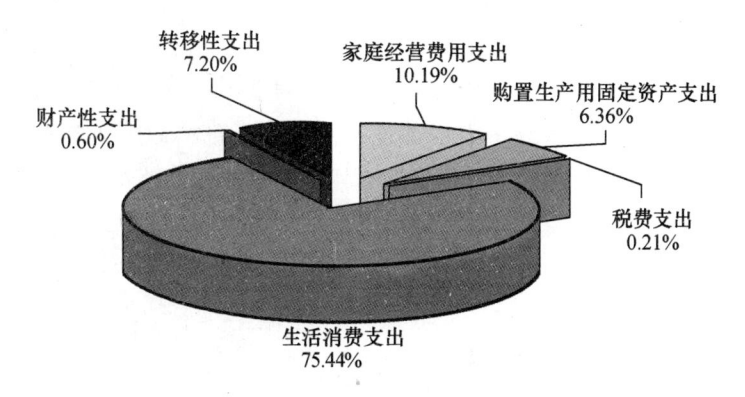

图 4.1　2012年姜山镇农民家庭总支出结构

姜山镇和全国农村一样，农村金融服务落后，由于农业是弱势产业，抗风险能力不强；农户贷款以小额贷款为多；农地和农村宅基地抵押贷款受到政策的限制，农民以土地承包经营权为抵押的融资方式容易产生法律纠纷，往往要付出更大的交易成本，许多商业银行为了避免这种交易麻烦，在信贷管理体制中都采取了硬约束的限制措施。姜山镇金融系统吸收农业存款和农业贷款的比例超过3∶1，在农村资金短缺情况下，有大量的资金流往城镇。姜山镇农村金融发育不全，我国城市通用的不动产抵押贷款在农村尚处于起步阶段，国外农村发展和耕地保护中常用的土地信托、土地保险等金融服务还没有起步，这对于需要强大的金融服务支持的农村土地流转而言，无疑是一块短板。

我国改革开放从农村家庭联产承包责任制改革起步，实现了生产力的大发展，改变了农村的社会经济面貌。城镇土地和住房使用制度改革，也使得我国房地产市场建立，土地资产的价值得到显化。姜山镇农民从过去的改革中得到了实惠，土地资产意识也明显增强。这既为农村集体建设用地使用和管理改革过程中实现土地市场化提供了良好的基础。同时，一般农民也对政府"征地低价，出让高价"的做法不满（图4.2），出现了对改革的不信任。例如，在第二次土地调查中，政府无偿地为村民测量宅基地，就出现了村民不配合、不允许测量人员进入或不肯指界的情况。究其原因，有的村民认为，地籍测量和土地产权登记，虽然有利于明确产权，但是，也有可能是政府为征地或征收建设用地使用税作准备。有的村民还认为，自己占有的宅基地是一个既成事实，邻里之间不存在异议，地籍测量把面积弄清楚了，反而不利于维护自己的土地财产权益。实际宅基地面积小于土地登记面积，将来在拆迁安置中吃亏；实际宅基地面积大于土地管理规定面积标准，将来有可能受到惩罚。对于旧村改造和新村建设，也有的人认为是政府为了获得建设用地指标，是干部的政绩工程和形象工程，农民永远是吃亏的。农村集体建设用地使用和管理改革，需要让农民真正地认识到其必要性和利民富民的本质。

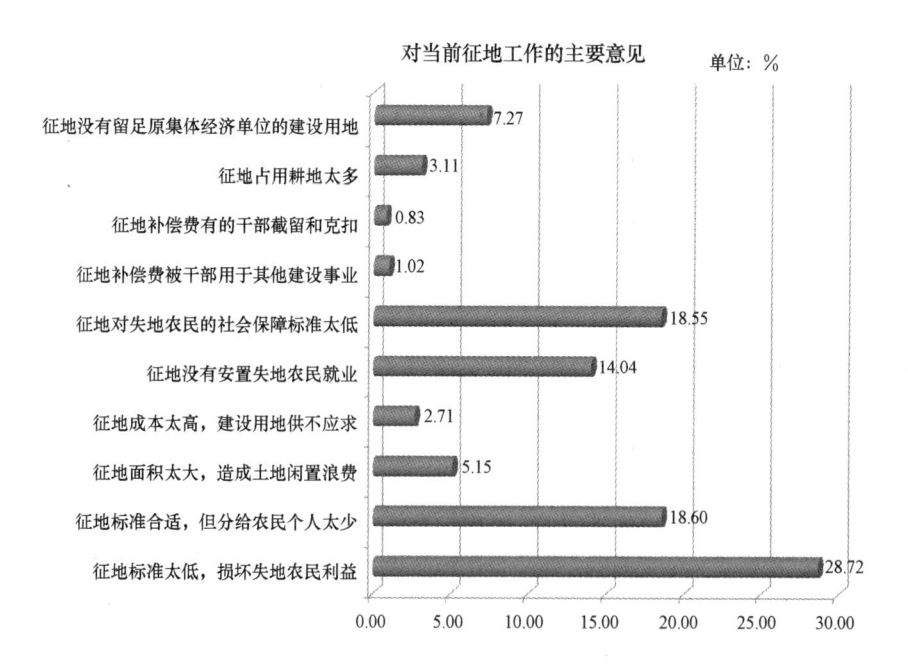

对当前征地工作的主要意见 单位：%

意见	百分比
征地没有留足原集体经济单位的建设用地	7.27
征地占用耕地太多	3.11
征地补偿费有的干部截留和克扣	0.83
征地补偿费被干部用于其他建设事业	1.02
征地对失地农民的社会保障标准太低	18.55
征地没有安置失地农民就业	14.04
征地成本太高，建设用地供不应求	2.71
征地面积太大，造成土地闲置浪费	5.15
征地标准合适，但分给农民个人太少	18.60
征地标准太低，损坏失地农民利益	28.72

图 4.2　2012 年姜山镇征地工作认知调查情况

（三）机遇

我国总体上已进入以工促农、以城带乡的发展阶段，进入加快改造传统农业、走中国特色农业现代化道路的关键时刻，进入着力破除城乡二元结构、形成城乡经济社会发展一体化新格局的重要时期。党的十七届三中全会明确提出：按照产权明晰、用途管制、节约集约、严格管理的原则，进一步完善农村土地管理制度。十七届三中全会酝酿的新一轮土地改革，目的是使农民与土地建立稳定的利益关系，农民真正从土地中享有权利。

姜山镇要充分认识到政策就是生产力，在我国许多新的土地管理政策即将出台的时刻，积极探索运用好新的政策，科学地进行土地管理，赢得发展的新机遇。

(1) 破除户籍制度限制，促进农民工市民化；

(2) 加快农地流转，促进农业剩余劳动力转移，实现农业现代化；

(3) 推动农村宅基地管理改革，允许宅基地有偿退出、转让和使用，实行城乡土地增减挂钩，提高建设用地节约和集约利用水平；

(4) 建立城乡统一的建设用地市场，依法取得的农村集体经营性建设用地，在符合规划的前提下与国有土地享有平等权益，可以有偿使用和流转；

(5) 控制征地规模，提高征地补偿标准；

(6) 严格保护耕地，树立全社会保护耕地责任意识，建立耕地保护区域经济补偿机制；

(7) 通过还权赋能，促使农村集体土地市场化，形成农用地和集体建设用地公平、公正和合理的市场交易价格，以价格杠杆控制城市建设用地扩张，保证工业化和城市化健康和永续发展。

宁波市推行"扩权强镇建城"的改革，提出选择五到十个区位条件较优、人口规模较大、经济基础较实、辐射能力较强、发展潜力较好、特色比较明显的中心镇，通过三到五年的努力，把它建设成为人口集中、产业集聚、资源集约、社会和谐、生活富庶、生态文明、各具特色、充满活力的小城市，构建中心城区——副中心城区——若干小城市的新型城市体系。按照宁波市政府有关部门的解释，"扩权"就是赋予中心镇与其目前发展现状、未来目标定位基本相称的部分县级经济社会管理权限和配套政策。"强镇"，就是通过扩权，不断增强中心镇的自我发展活力、协调统筹动力、集聚辐射能力、主导产业实力。"建城"，就是按照小城市标准，开展特色的小城市建设（达标后可升格为副县级），成为宁波都市经济区的重要支撑。

姜山镇是全国发展改革试点小城镇，已经被宁波市政府有关部门初步认定为符合条件的中心镇之一，有望发展为现代化小城市。

（1）发挥姜山镇区位优势，激发内在发展动力，按照对接城区、融合园区、带动周边地区，集聚城镇发展要素，围绕宁波中心城区的近郊卫星城建设目标研究城市的发展策略。

（2）严格执行《姜山城镇总体规划》《镇区城市形态规划》《城乡空间布局和村庄布点规划》以及《生态建设和产业布局规划》，搞好姜山城镇与鄞州新城区、鄞州工业园区在公益事业、产业发展、基础设施建设等方面的有机衔接，强化中心镇区的形态建设、功能建设和内涵建设，通过"北接、东扩，西整、南治，中提升"战略的实施，使其城镇规模、结构和功能得到全新提升。

（3）落实小城镇建设给予各方面的扶持政策，积极开拓城镇建设资金来源，加大招商引资力度，以工业化推动城镇化，拉动农业剩余劳动力转移，促进人口、资源和经济的空间集聚，加快第三产业发展。

（4）加快房地产市场培育，吸引知名品牌的房地产企业进驻，积极发展教育、文化和卫生事业，特别是发展职业教育培训、休闲康体娱乐业和养生保健医疗服务，以优质的教育资源和文化、卫生服务条件，加上良好的生态环境和优美舒适的人居环境，吸引更多的宁波市区居民南来安家。

（5）综合考虑生态维护、历史保护、城镇绿化、市政廊道等因素，充分利用自然景观环境优势，完善生态网络结构，维护城乡建设历史文化传统特色和文脉传承，通过空间合理分区，严格土地用途管制，统筹城乡土地利用，实现区域可持续发展。

姜山镇是宁波市唯一的农村十七大精神主题教育试点单位，姜山镇作为宁波市农村集体建设用地使用与管理改革试点地区，是宁波市委和市政府对姜山镇多年来锐意进取、真抓实干，实现社会经济又快又好发展的显著成绩的肯定，也是当地政府对姜山镇的希望，希望其通过认真调查研究，发现农村集体建设用地使用和管理中存在的矛盾和问题，通过典型示范，封闭运行，探索出符合宁波实际的，具有可行性的农村集体建设用地市场化途径和运行模式，使农村集体建设用地使用和管理更加规范和富有成效。

（1）规划先行。提前开展新一轮土地利用总体规划编制，城镇规划、村庄布局规划与土地利用总体规划相衔接，保证基本农田和耕地保有面积不少于上级下达的规划控制指标，城市建设用地面积不超过土地利用规划确定的城镇用地规模，通过土地结构优化和布局调整，保证人口、资源、环境和经济发展相互协调，促进区域社会经济可持续发展。

（2）加强对新农村建设的支持力度。鄞州区财政适当拨付新村建设启动资金，加大旧房拆迁补助力度；优先保证农村集体建设用地流转需要的土地周转指标，并根据城乡建设用地增减挂钩的要求，优先安排农村宅基地整理项目和建设用地的土地置换项目；集体建设用地的土地招拍挂后，扣除应该上缴的土地级差收益、城镇基础设施配套费、土地出让等各项税费，土地转让收入全部归集体经济组织所有。

（3）继续探索建立有效合理的农用地流转制度，使农村有限的土地，在农民自愿互利的原则下，依法、有偿、合理地进行流转，引导土地使用权的合理流转，促进耕地向农业龙头企业和经营大户适度集中，促进农业生产基地向优势名牌产品较快集中，推动土地资源向土地资本转变，使土地的合理流转与农产品基地建设、龙头企业的发展、产业链的延伸有机结合起来，最终实现农业的标准化、规模化、集约化和机械化生产，提高农业综合效益。

（4）按照"迁建、集聚、拓展、整理"等几种类型，推进新村建设。加快中心村建设，全面有序地推进各村的新村建设和旧村改造工作。对已有意向的村，要大力促成规划设计；对已完成规划设计的村，要求利用边角杂地、破旧农舍等空间兴建新村建筑。在新村建设旧村改造的过程中，要联片、成线推进环境整治工作，使村容村貌有明显的改观。落实旧村改造和新村建设的各项扶持和优惠政策。

（5）对那些已经在城镇购买商品房或者愿意进城定居，并自愿退宅还耕且以后不再重新申请新宅基地的农民，政府可从新增建设用地有偿使用费、农业综合开发等收益中，按其退还的宅基地面积给予一定的奖励。奖励方式可以是一次性的货币补偿或养老生活补助。农民退还宅基地后，不影响其农村集体土地承包权益，不影响其作为农民身份原本应享有的政策待遇。此外，复耕后的宅基地归农村集体经济组织所有。在符合土地利用规划的前提下，将原宅基地和房屋由村民自愿协商后有偿调剂给有条件申请宅基地建房的本村村民的，可视作放弃宅基地并享受上述政策。

（6）制定完善农村宅基地复垦政策，严格执行有关政策规定，确保补偿给村集体和农民的资金足额到位，切实维护好农民的利益。要树立耕地质量意识，采取有力措施，严格把好农村宅基地整理和复垦的立项关、发包关、监管关、验收关和竣工关，不折不扣地建设好标准农田。

（四）挑战

农村集体建设用地使用和管理改革，要有危机意识，不怕困难，勇于面对挑战。我国改革开放几十年来的经济发展表明，工业化和城市化是生产力发展的客观需要，是现代化的必然结果。凡是工业化和城市化水平高的地方，一定是经济发达的地区，也必然是农地非农化程度较大的地区。我国是世界上人口最多的国家，也是为了粮食安全而实行最严格保护耕地政策的国家。农村集体建设用地使用和改革，从根本上是要把土地利用非农化的利益归还给为工业化和城市化作出最大贡献的农民。但是，农地非农化和耕地保护的矛盾不可回避。集体建设用地和集体农用地同属于一个经济主体，在市场经济条件下，经济主体追求利益最大化，在目前农业经济报酬相对低，土地非农开发使土地急剧升值的情况下，如何限制农地非农化开发，保证农地农用是农村集体建设用地使用和改革需要解决的重要问题。

我国目前建立的耕地保护制度，主要是依靠土地利用规划来确定各地的耕地保有量和划定基本农田保护区、一般农田保护区，运用建设用地规模控制，农地转用严格审批和土地利用用途管制的办法，建设用地占用耕地，占一补一，实行耕地总量动态平衡的责任机制，来迫使地方政府不得随意占用耕地。由于这些耕地保护措施均是以行政手段为主，在巨大的经济利益诱惑下，并不能从根本上抑制农地非农化过程。由于土地利用地域性很强，土地利用信息自下而上传递出现信息严重不对称，中央政府往往很难掌握地方真实的土地利用状况。在正常情况下，如果中央政府担心的粮食安全问题没有成为现实，土地非农开发即使占用了大量的耕地，但能够产生丰厚的财政收入，又没有损害中央政府利益，往往被宽容，出现了"上有政策，下有对策""胜利者不受谴责"等土地管理执法过程中的有法难依、情有可原的现象。

严格保护耕地政策是一个立足于长远的土地利用战略，土地利用农转非具有巨大的现实利益。如果允许农村集体建设用地流转，在符合土地利用规划的前提下，集体土地和国有土地享有相同的权益，农村集体建设用地有大量的集体农用地作为后备资源，集体经济组织自己的事情自己做主，那么，土地利用的农转非只有利益导向，原有的土地利用计划管理可能失去原有效力。所以，农村集体建设用地使用和改革，必须按照市场经济规律，首先建立起耕地保护的区域经济补偿机制，让积极参与耕地保护和扩大粮食生产的地方不吃亏，安心的"农地农用"让农转非过程中土地用途转变产生巨大的利益能够实现"涨价归公"。

农村集体建设用地入市流转及改革，应该努力提高其建设用地的使用效率和效益，需要对集体建设用地的结构和布局进行调整。简单地说，就是要改变目前农村建设用地中生活性用地多，生产性用地少，基础设施用地不足的状况，按照生产布局原理，使居住向城镇集中，工业向工业园区集中，基础设施和公共服务向农村延伸。

就目前农村集体建设用地分析，其主要是在自给自足的自然经济条件下形成的，土地使用功能以居住为主，其分布零散，通达性差，地块面积小，区位条件大多缺乏建设项目投资吸引力。对这些建设用地进行合理利用，其最佳用途往往是适合于农用。在目前政府对于建设用地规模严格控制，建设用地成为稀缺性生产要素，建设用地资产价值远高于农用地价值的情况下，要让原有的建设用地改变成为农用地显然不很容易。

进行农村集体建设用地使用和管理改革，提高其建设用地的使用效率和效益，最具可行性的途径是建设用地和农用地的土地置换。即让一些分散在城镇边缘，按照城镇规划属于规划建设用地，招商引资具有吸引力，而缺乏建设用地指标的地方能够迅速地得到开发建设；而把那些分布零散，通达性差，地块面积小，区位条件大多缺乏建设项目投资吸引力的农村集体建设用地通过土地整理和复垦变成为农地，建设成为标准农田，弥补城镇规划区规划建设用地超前开发占用的耕地面积，保证基本农田和标准农田面积不减小，实现耕地总量的动态平衡。同时，集体建设用地和补充耕地的所有权随着土地置换也发生转移。我国目前实行的城乡建设用地增减挂钩试点，虽然强调了建设用地和耕地总量的动态平衡，实现了土地用途的置换，但是，由于没有进行建设用地产权的土地置换，依然是依靠行政手段来推动的，仍然存在着地方利益的矛盾，在实施过程中存在一定的阻力。城乡建设用地增减挂钩试点以挂钩周转指标安排项目区建新拆旧规模，调控实施进度，考核计划目标，并规定了挂钩周转指标应在规定时间内用拆旧地块整理复垦的耕地面积归还，且面积不得少于下达的挂钩周转指标。由于农用地与建设用地的利用效益差异，特别是在一些外来人口多的村庄，旧房租赁收入可观，农民总是尽量拖延拆迁时间，也使得耕地复垦难以及时开展，耕地保护政策落实大打折扣。城乡建设用地增减挂钩试点，在有的地方是以获得挂钩周转指标为目的，实际上变相扩大了建设用地规模。

我国征地补偿标准过低，造成了集体土地资产流失，损害了失地农民的合法财产权益，引起了各级党委和政府的高度重视。农村集体建设用地使用和管理改革，建立城乡土地统一市场，让符合规划和依法取得的农村集体建设用地能够流转，并和国有土地同权同价成为真正的商品，是保障社会经济发展的用地需求，减少征地规模和缓解征地矛盾的重要举措。但是，我国过去限制集体建设用地市场化，所有单位和个人需要使用建设用地都必须申请使用国有土地，政府垄断土地一级市场，它使得政府能够通过低价征地，高价出让来"以地生财"，土地出让金成为了政府重要的预算外财政收入来源。根据统计，1998年我国土地出让金收入只有243.54亿元，占当年预算外财政收入的7.32%，2012年土地出让金收入达到9077.64亿元，相当于1998年的38.12倍，占当年预算外财政收入的比例也提高到了55.76%。我国许多地方政府的财政变成了土地财政，对于土地出让和房地产税收的依赖程度最高可达70%以上。农村集体建设用地入市流转及改革，使政府征地规模减少，征地补偿标准提高，直接影响到地方政府的收益，对地方政府本身就是一个考验。农村集体建设用地使用和管理改革，如果地方政府没有积极性，将必然是"雷声大，雨点小"，对于解决农村、农业和农民问题起到的作用有限。

我国征地制度的改革，至今仍然是以维护社会安定团结，建立和谐社会为主要目标，对于征地更加多地是强调强制性，而对补偿性认识不足，把征地补偿标准低于市场土地价格看成理所当然的事情。征地制度的改革主要是要把征地范围限制在公益性用地范围，对于失地农民为公益事业发展用地需要作出的牺牲，看成是不可避免的。这样，无论怎么改革，农民的利益损失只是多与少的问题，根本谈不上保障。我国很多地方土地征用补偿采取"土地换社会保障"的方式，变以前一次性土地补偿为终生保障，这无疑在我国农村社会保障体系没有完全覆盖的情况下，能够提高失地农民的福利水平。但是，这种让农民用土地来购买社会保障的做法仍然是不公平的。具体地讲，目前农民用土地购买到的社会保障，大多是养老保险、医疗保险和失业保险，保障水平一般不太高，只相当于城市的低保水平。从法律上讲，社会保障是政府应该赋予每个公民的权利，是政府应该履行的责任和义务。城市居民可以无偿取得，而处于弱势群体的农民却要用土地来换取，不合情理。

农村集体建设用地流转，不只是解决农村集体建设用地市场化的问题，而且是必须把农村集体建设用地出让和转让的收益主要归于农村集体土地的所有者——农村集体经济组织的农民，而不是地方政府部门。过去，许多地方存在着集体土地隐形市场，集体建设用地使用上"以租代征"或者建小产权房，有的地方也是比照征地补偿标准从农民手中获得土地，但土地开发收益往往被乡镇政府占有，有的虽然归村委会所有，由于没有分配给失地农民，实际上仍然侵害了农民的合法土地财产权益。土地流转虽然要求遵循自愿的原则，但在广大的农村地区要真正做到自愿、公平、合理并不是一件容易的事情。农民由于知识能力的欠缺，信息不对称，往往在利益博弈中处于弱势。在规范、健全的运作体制尚未形成以前，大量集体土地流转入市，其价格往往偏低，加之部分农民土地变现迫切，以较低价格将土地流转出去而使得自身利益受损。尤其是土地流转的期限长、标准低，农民的长期利益如何保障就是一个需要解决的问题。

农村集体建设用地流转是实现城乡一体化的新路径。它通过适当的集中与合理的土地置换，可以避免农村居民点过于分散的住房方式所造成的土地浪费，推进新农村建设并化解耕地红线失守的尴尬；通过建立农村宅基地退出机制，有利于提高离土又离乡的农民非农转移的稳定性，从而有利于弱化城乡二元体制并推进城乡一体化进程。此外，农村集体建设用地市场化可以激活农村土地的潜在价值，通过宅基地及其建筑物抵押贷款等金融措施，可以给农村建设和农业发展带来资金和动力，增强农民的投资和消费的能力。

由于目前集体建设用地形成的过程比较复杂，其分布情况非常不均。例如，姜山镇上何村人均建设用地1130平方米，其集体建设用地却只占全部建设用地的4%，人均集体建设用地只有44平方米。墙弄村人均建设用地774.5平方米，其集体建设用地却占全部建设用地的96%，人均集体建设用地达742平方米。联荣村人均建设用地84.3平方米，人均建设用地全镇最少，基本上都是农村居民点，属于集体建设用地。各个村庄存在的建设用地分布的差异，受到自然和经济环境的影响，是工业化和城镇化发展水平的反映，也有历史因素的作用。应该说，我国以往的土地利用总体规划指标分配，耕地多的多保，耕地少的少保，从资源合理配置的角度上看，虽然是合理的，然而，由于没有建立起耕地保护的利益补偿机制，利益分配上很不公平，使得农业为主的农村越来越穷，乡镇企业发达的乡镇越来越富，农业乡镇和工业乡镇的经济发展水平差距日益扩大。

就农村宅基地分析，虽然《土地管理法》明确规定：农民一户只能拥有一处宅基地，其宅基地的面积不得超过省、自治区、直辖市规定的标准。实际上，在农村中每个家庭的条件不一样，其拥有的宅基地和住房很不一样。如前所述，在姜山镇同一个村中，富裕农户家庭拥有的宅基地和住房面积可能超过比较贫困农户家庭拥有的宅基地和住房面积的5—10倍。有的家庭宅基地面积大是因为祖屋面积大，更多的是利用各种势力和关系，以合法或者非法形式取得的。农村宅基地属于村级组织分配给村民的福利，农村中每个家庭人均拥有的宅基地面积不一样，本身就是不合理和不公平的。在农村集体土地流转中，已经多占农村集体建设用地的家庭，将继续多得利，而原来没有享受宅基地，或者遵守规定而没有多占农村集体建设用地的家庭，继续吃亏，这种现象要获得公平和合理解决也很不容易。

按照我国有的地方提出农村集体建设用地流转，将主要限于城市规划控制区范围以外的经营性建设用地。而在城市规划控制区范围以内，个人和单位需要使用建设用地的，应该申请国有土地，新增国有建设用地仍然采用土地征收的方式取得。这样，由于集体建设用地出让收益主要归农村集体经济组织所有，可以直接分配给农民；而国有建设用地出让收益主要归政府所有，与土地被征收的农民没有直接联系，就可能出现拥有邻近城镇，区位条件好，市场价格高的土地的农民，因为征地补偿标准低于集体建设用地出让价格，而得到的实际收益少。反之，拥有离城镇较远，区位条件相对较差，市场价格低的土地的农民，因为农村集体建设用地能够直接进入市场，而获得高的收益。这在经济学上也是属于不合理和不公平的土地交易，它可能不容易为农民所接受，给土地征收带来阻力。由于利益的驱动，城市规划控制区范围的确定也将会出现极大的人为因素干扰，进而影响到土地利用规划和城镇规划的科学性，不利于土地合理利用和城镇健康发展。

农村集体建设用地使用和管理改革，不应该扩大贫富差距，而应该兼顾公平、效率和环境保护，应该能够促进农业现代化，引导农民走共同富裕之路，改变农村贫困落后面貌。

二　城乡一体化的本质特征

（一）城乡二元结构的弊端

城乡二元结构是指以社会化大生产为主要特点的城市经济和以小生产为主要特点的农村经济并存的经济结构。我国长期以来城乡分割，城乡二元结构特征十分明显。

城乡二元结构产生了最大的社会不公平。新中国成立初期，为了巩固国家安全，加快国防现代化，我国采取了优先发展重工业的经济战略，城市化服务于工业化，工业化服务于国防现代化。由于当时的国力有限，国家采取了以农业支持工业，通过农业为工业化提供资金积累。为了降低工业生产成本，城市工人也实行了低工资和高福利的政策。为了维护城市的正常运行，国家通过城乡分割的户籍制度，限制了农村人口迁入城市，农民和市民在就业、教育和社会保障方面存在巨大的差距。

传统的城乡二元结构，在城乡之间筑起了一道道资金、市场、技术、劳动力等壁垒，阻碍了生产要素在城乡之间的交流，使得我国城市化落后于工业化，城市的区域中心功能不能充分发挥，第三产业发展滞后。农村工业化使得土地资源不能集约利用，基础设施投资增加，环境污染空间扩散。

城乡二元结构限制了农业剩余劳动力的转移，农民与土地的关系固化。人多地少，自给自足的小农经济导致了农业的低效益。农村经济的落后导致农村内需不足，进而也影响了工业化和城市化的发展。

城乡二元结构抑制了农民的创新和创业精神。城乡分割，农村自给自足的小农经济条件下，封建残余思想容易滋长，农民缺乏对市场经济的认识，独立性和竞争性不强。

到目前为止，我国城乡分割的二元经济格局依然存在，农民和市民不平等地位没有改变。2012年我国农民人均纯收入为8761元，而城镇居民可支配收入达25781元，相当于农民人均纯收入3.3倍。国家把有限的资金主要投入城市建设，而农村投资很少，农民不能完全享受到社会经济发展和城市化带来的福利增加，造成了公民权利的不平等。党的十七届三中全会认为，我国总体上已进入以工促农、以城带乡的发展阶段，进入加快改造传统农业、走中国特色农业现代化道路的关键时刻，进入着力破除城乡二元结构、形成城乡经济社会发展一体化新格局的重要时期。统筹城乡发展，实现城乡一体化是大势所趋，将日益成为现实。

（二）城乡一体化的科学内涵

世界农村的发展情况表明，农村发展，从城乡关系上看，其方向是二元经济社会结构的"一元"化，即城乡一体化。在发达国家，城乡已无显著差别，二元结构基本消除。农业已转化为"农业工业"或"工业农业"，农业已不再是人们以往印象中的乡村价值观和乡村生活，农业与其他企业之间的区别正在消失。在美国等发达国家，中小农场主的收入甚至高于城市白领，随着农业及其劳动方式的改变，农民的生活方式与城市居民的差别也越来越小。城乡一体化是城市化发展的新阶段，是随着生产力的不断提高而促使城乡居民的生产方式、生活方式和居住方式不断发生变化的过程，是城乡人口、技术、资源等要素的相互融合，互为资源，互为市场，互相服务，逐步达到城乡之间在社会、经济、文化、生态上的共同协调发展的过程。

从我国实际情况出发，结合发达国家的经验，城乡一体化的本质是城乡统筹发展，是城市化发展的高级阶段。

第一，没有城市化，就没有城乡一体化。城乡一体化很大程度上就是要努力加快城市化进程。城市化就其本质来说，是农村人口不断地向城镇集聚的过程，同时也是各种生产要素在空间上得到优化配置的过程。这是消除城乡二元结构的前提，因为没有农业劳动力的减少，就不可能有现代农业的发展。

第二，城乡一体化是城乡土地统筹利用，社会经济发展统一规划。推进城乡一体化，与过去城市化的不同点，就是要改变过去就城市抓城市或者就农村抓农村的做法。要打破城乡二元经济社会结构，建立城乡一体的规划，包括城镇体系建设规划、农村空间布局规划以及城乡产业发展、基础设施建设、社会事业发展、生态环境建设等规划，形成科学合理、相互衔接、全面覆盖的城乡规划体系。只有科学制定工业发展规划，形成有利于产业集聚的工业园区建设和产业布局，才能不断提高工业集聚度，实现集约集群发展；只有科学制定城镇发展规划，形成规模适度、功能配套的城镇体系，才能加快农民向城镇和向二三产业转移；只有科学制定农业产业发展规划，才能推进农业产业结构调整，促进土地流转和规模经营。

第三，城乡一体化是要通过建立城乡统一市场，促进生产要素合理流动和优化配置。尤其是要打破传统的户籍制度的限制和影响，促使农业剩余劳动力向工业和服务业转移，向城镇转移。建立城乡统一的土地市场，在保证土地公有制的前提下，发挥市场机制的配置作用，促进农村集体建设用地的合理流转。与此同时，消除城乡之间市场流通的障碍，减少城乡之间的交易成本。

第四，实现城乡的合理分工。在城乡一体化过程中，要突出城乡的不同发展需求和各自优势，把农业生产布局到自然生产力最高和生态环境最适宜的地段；工业逐步实现从中心城市到小城（镇）的转移，同时使分散的农村工业向小城（镇）集聚，中心城市重点发展金融、信息、贸易、文化、教育等第三产业。中心城市不再以追求生产性功能为目标，而是发挥贸易中心、金融中心、信息中心的功能，成为周边区域的发展极；中小城（镇）则以生产性功能为主，作为中心城市向农村扩散经济技术能量的中介和农村向城市集聚各种要素的节点。城乡产业发展不再是一种相互剥夺资源的竞争关系，而是一种相互合作关系，能够共生共赢。

第五，城乡一体化的最根本目的是促使城乡居民在经济、社会地位等方面的平等，促使城乡生活水平趋近一致。城乡一体化不仅要促使人口和生产要素由农村向城市集聚，也应促使先进生产要素和先进文化由城镇向农村辐射。城乡一体化不仅要求城乡之间经济的协调发展，也要求城乡之间社会、文化的融合统一。城乡一体化最本质的意义，就在于最终消除现存的城乡二元结构，最大限度地缩小现存的城乡差别，使高度的物质文明与精神文明达到城乡共享。在我国，城乡一体化的本质目标应实现农民工进城后的市民化，加快基础设施和公共服务向农村延伸，提高农村生活质量；全面完善农民社会保障体系，实现城乡社会保障事业基本同步协调发展，是衡量城乡一体化的重要标志。

第六，城乡生态环境的互补是城乡一体化发展最重要的价值趋向和理念。城市建设，要综合考虑生态绿地布局和农村生产布局，通过山、水、田、林、路综合治理，建立协调的城市、乡镇与农田的生态环境体系。要通过都市农业，更新城市食品工业，拉动农业现代化水平提升。通过发展生态农业和观光农业，共同优化城乡生态环境，为城市教育、娱乐和休闲提供场所。农村要成为以湿地、绿地和环保产业为依托的水净、土净、空气净的都市生态环境组成部分。城乡环境保护要从传统的城乡污染梯度转移型向城乡生态环境互动互补型转化。

(三) 新农村建设

城乡一体化并非城乡无差别的发展。城乡一体化不可能通过农村的城镇化，完全把农民转换为市民、农业转换成工业、农村转换成城镇，也就是通过消灭"三农"来达到城乡同质化发展的目标。大量的研究表明，农村是人类最理想的居住环境，农村因其健康的生态环境、无污染的空气和水资源、和睦的邻里关系、低廉的生活成本以及传统文化习俗，对城市居民具有强烈的吸引力。在我国目前农村中也不是所有的人都希望到城市生活。美国城市理论学家芒福德曾经指出："城与乡，不能截然分开；城与乡，同等重要；城与乡，应当有机结合在一起；如果问城市与乡村哪一个更重要的话，应当说自然环境比人工环境更重要。"芒福德推崇亨利·赖特的主张，即通过分散权利来建造许多"新的城市中心"，形成一个更大的区域统一体。通过以现有城市为中心，就能把这种"区域统一体"的发展引向许多平衡的社区，进而促进区域的整体协调发展。其不仅可以重建城乡之间的平衡，还可以使全部居民在任何地方都能享受到真正的都市生活，同时也可以避免特大城市所带来的困扰。因此，城乡一体化，强调的城乡协同发展，既要通过城市化来推动农村、农业和农民的现代化，也要通过新农村建设来维护人类聚落的多样性，满足人类日益提高的物质和文化生活需要。

第一，新农村建设是相对于城市化发展达到一个相对稳定阶段而对农村建设的合理安排。新农村建设要认真研究人类聚落形成、发展、演替和地域分异的规律，避免不合理的村庄撤并或村庄扩建。从城市化发展的轨迹看，大致可以分为四个阶段，即中心城市集聚化——农村城市化——城市郊区化——中心城市更新改造。目前，我国发达地区的大都市区正处在第二、第三阶段的交汇期，既有城市郊区化趋势，又有农村城市化趋势。处在这样的发展时期，城乡建设应审时度势，抓住机遇，站在城乡一体化发展的战略高度，加快空间布局结构调整，尽快形成科学合理的城乡聚落体系，即"中心城——新城——中心镇——一般镇（中心村）——基层村"五级城乡居民点。新城和中心镇是中心城市发展的重要扩散空间，而一般镇（中心村）和基层村则是农村聚落发展的最终保留空间。

第二，新农村建设要以人为本，利于生产，方便生活。建设新农村不仅仅是建新房、修街道，不能只把眼光盯在"村"上，而是要全面解决"三农"问题。建设社会主义新农村的中心任务是发展农村经济，增加农民收入。建设社会主义新农村要同农民城镇化、农村工业化、农业现代化结合起来。要积极鼓励农民进城，让更多的农民成为真正的城镇居民。要积极招商引资，大力发展工业，为农业剩余劳动力的转移提供就业岗位，增加工资收入占农民家庭收入的比例，逐步弱化农民与土地的依存关系；并通过以工补农，反哺农业，为农业现代化提供动力。要通过农村特色经济发展，来开拓农产品市场，赢得农业可持续发展的条件和竞争力。新农村建设要让离乡离土的农民舒心，也要让以农业为终身职业选择的农民安心。新农村的住房建设，不能简单地照搬城镇居住区规划，将农民集中居住，搞大拆大建。而是要区分不同的情况，从实际出发，一村一策，一户一策。对于已经在中心城市有稳定的工作，购买了商品房或者准备购买的住户，应该采取积极的鼓励措施，劝其退出农村宅基地；对于地处中心城镇边缘或中心村的农村居民点，其未来发展的目标是建设现代化的小城镇，应该限制农民自建住宅，停止宅基地的审批和供应，统一规划，撤村建居，鼓励农民用宅基地换房。对于远离中心城市，工业发展不利和基础设施配套困难的农村，规划决定撤并的，应该冻结农村住房建设，对于符合申请宅基地条件的，鼓励其到规划中心村或基层村另行选址，条件成熟一户，搬迁一户。农村基层村庄布局，应该注意农村居民点的合理分布密度和规模，保证在适宜的服务半径范围内进行农业生产，减少不必要的出行时间。在考虑迁村并点时，应注意在挖掘自然形成的村镇秩序安定、人情较浓的社会伦理观念特征的基础上，体现原有村镇的相对独立性和完整性。为保持原有居住结构特征，在并点的新村规划中将原村落聚居点以组团形式相对独立布局，分设出入口及活动场所等；实行基础设施和公共服务设施统一规划，完善配套，使迁入新村的农民，既提高了生活质量，又沿袭了之前熟悉的生活氛围，延续了原有的邻里关系，从心理上产生满足感。

第三，新农村建设要保证农村社会经济可持续发展，注意资源的集约和集约利用。首先，新农村建设不能排斥庭园经济发展，利用房前屋后空地发展庭院经济。农民家庭利用院落占用的土地资源及利用闲散劳力，通过系统组合，种植花草、经济林木或立体养殖，生产各种名、优、特产品，使家庭生活中的各种废弃物得到充分利用，用较少投入获得比较高的效益，不仅是提高农民收入的重要途径，也可以美化生活环境，为新技术在农村推广提供一个有效的试验点；还可以成为旅游资源吸引城里人来农村度假。其次，进行村镇人居生态环境的治理，完善安全饮水、污水和垃圾处理等基础设施的同时，要积极推行有机废弃物的能源化利用，通过充分利用太阳能、沼气和生物燃料等可再生能源，减少农村与城市对能源供应的竞争，可以极大地缓解我国的能源短缺矛盾。当然，新农村建设可以通过农村集中居住和宅基地整理，腾出大量的建设用地，它对于扩大城市建设用地的供给和实现耕地占补平衡提供了可行途径。在新农村建设中，节约和集约用地的潜力巨大。

三　农村集体建设用地合理确权和流转

农村集体建设用地使用权确权是指县级以上具有法定职权的土地管理机构对集体建设用地的使用权根据相应程序从法律层面进行确定、规范的行政行为。其法律依据是《物权法》中关于建设用地使用权的相关表述，其本质是通过土地登记、发证等形式体现用益物权的制度价值。

由于农民法律意识的缺失加之集体土地实际权利主体的缺位[1]，农民对其自身所应享有的土地产权并非十分清楚。在农村尚未建立起健全的土地产权登记制度以及交易制度的背景下，产权不明晰所带来的土地违法成本及资源内耗注定是高昂的。有鉴于此，对集体建设用地的确权显得尤为重要。确权能够为政府制定政策提供科学的依据，改变长期以来我国广大农村地区土地权属模糊的状况，使土地管理部门获得真实可靠的人口、土地和房屋数据，为土地流转提供保障；确权能够保障农民的土地财产权利，赋予农民与城镇居民平等的财产权利，改变农民作为土地权利主体的

---

[1] 集体土地名义权利主体为农村集体组织，实际权利主体为农民。在流转实践中，作为实际权利主体的农民往往很少直接参与流转，而是以集体的形式进行。

弱势地位，奠定社会公平公正的制度基础；确权能够加速城乡一体化公共服务体系的建立，为农民行使自身的财产权利提供制度保障。因此，确权是明晰农民土地财产权利、促进土地有序规范流转的必要条件。

然而在目前的集体建设用地流转实践中，集体建设用地的确权还存在着诸多问题。首先是农村人口、土地面积等土地权属信息失真问题。由于统计口径的不一致、数据更新的迟滞以及统计数据的错漏，导致农民的土地权属的台账信息与实际情况出入较大，影响了土地确权的进程。以广泛采用的第二次土地调查数据为例，由于缺乏专业的技术人员及条件以及缺少农民的参与，二调的数据存在一定的疏漏，如误将建设用地标为耕地。其次是在土地确权的过程中虚报、瞒报的情况时有发生，且难以进行核实。造成上述问题的根本原因是确权登记的依据不够完善，没有将地形图与土地台账一一对应。再次是当前关于农村土地确权的法律、政策规定等的缺失或模糊，导致确权缺乏相应的合理依据，造成土地纠纷、重复确权等问题的发生。国家虽然通过颁发产权证的形式确认了农民的土地权利，但更多的是确认农民对土地的占有权，而非土地的转让权、收益权等相关产权。同时由于缺少国家对农民实际应享有的完整的土地产权的认可，集体建设用地流转虽然仍在发生，但流转的规模较小、成本较高，阻碍了农民土地财产权利的进一步实现。最后是确权技术手段的不完善以及专业技术人员的缺乏，导致了确权的进展缓慢，造成资金、资源以及人力的大量浪费。例如，在目前土地确权的实践中，很多地方只是单一的对土地权属数据进行人工测绘和录入，并未开发或使用专业的技术系统对土地权属信息进行整合和管理，导致了确权成本的提高以及确权效率的低下。

（一）确权的成本

集体建设用地确权的目的是为了提高流转的效率同时降低流转的成本，但同时确权行为本身也需要付出成本，正因如此，使得目前全国范围内大规模的确权活动难以展开。通过对确权成本的研究与分析，可以揭示影响确权成本的主要因素，为将来降低确权成本提供可行性思路。

从总体上归类，确权的成本包括人力成本和物力成本。从具体内容上归类，确权的成本包括人员成本、技术成本、政策成本与效率成本。其中人员成本是指聘请工作人员、专业的技术人员进行确权工作时所产生的相关费用，包括人员工资、交通补贴、食宿费用等，在此不作赘述。技术成本是指对户调和测绘等相关技术的改进成本、确权流程的优化成本以及确权信息系统的开发和使用成本。以四川省都江堰市柳街镇为例，该镇通过引入自主开发的鱼鳞图产权管理系统，不仅确权的效率大为提高，而且确权的成本大为降低，该镇现在的确权成本已降低为10元/亩。确权的效率成本是指农民由于受利益驱动而瞒报虚报土地信息导致的确权难度和工作量增加所产生的成本，此外还包括由于原先土地纠纷所导致的确权进程缓慢以及工作停滞所产生的成本。确权的政策成本是指由于农村土地确权方面的政策、法规的缺失或冲突所导致的相关政府部门的重复确权和沟通协调成本。

鉴于当前大多数农村地区土地确权成本仍然居高不下的现状，加之农民土地产权意识的淡薄以及基层国土部门服务水平的制约，由农民对自己所占有的土地向国土部门主动进行登记和确权并缴纳相关费用的自下而上的确权方式在短期内并不具备现实的可行性，唯有采取由国土资源部牵头在全国范围内推行确权的自上而下的确权方式。由中央政府部门出面对农民的土地产权予以确认，能够减少确权工作的阻力，降低土地纠纷的发生率以及土地流转的费用，但同时大范围的政策推行也必将导致高昂的政策成本。伴随着农村土地产权制度的建立和完善以及农民土地权利意识的逐步提高，长期的确权方式应由自上而下渐变为自下而上，同时由农民承担一定的确权费用以降低政府确权的成本和减轻地方财政的负担。

（二）确权的流程及信息化

完善的确权流程及信息化的技术方法是提高确权效率、降低确权成本的关键。目前，由于集体建设用地确权工作尚未大规模展开，因此并未形成统一的、标准化的确权流程、技术方法以及广泛使用的确权信息系统。有鉴于此，充分应用地理测绘、航拍技术、图像处理技术、数据库以及地理信息系统等技术手段构建土地确权的集成信息系统，并在更大范围内推广应用，应当成为集体建设用地确权的发展方向。本研究在借鉴都江堰市等代表性地区土地确权的经验基础上，构建了集体建设用地确权的信息化流程体系（如图4.3所示），以期通过规范化的流程和信息化手段提高土地确权的效率，并降低确权的成本。

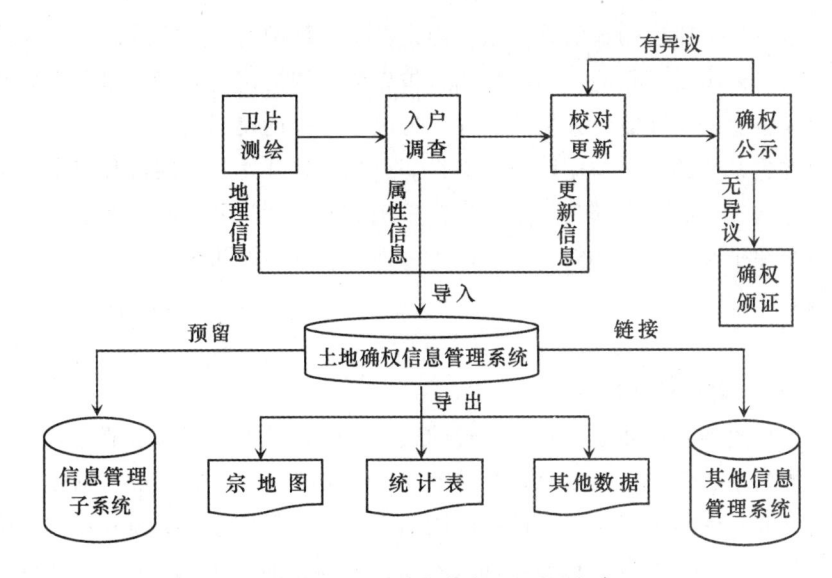

第四章　农村集体建设用地流转的改革方向　127

图 4.3　土地确权信息化流程图

图4.3中，集体建设用地的确权首先从第一阶段卫片测绘开始，该阶段的主要工作为聘请专业的技术人员，根据卫片大致确定集体建设用地的方位情况，在此基础上，由当地国土局地籍部门的工作人员对卫片中实际地块的方位作进一步确认，技术人员再根据确认的结果进行补充测绘，并将最终形成的建设用地地块测绘图等地理信息导入土地确权信息管理系统数据库。第二阶段为入户调查，该阶段的主要工作为调查人员根据测绘图上显示的地块信息，逐一核实每一地块的实际占有者，并对该地块的面积、地类、权属、四至等相关信息进行调查和核实，并将核实后的地块信息导入系统数据库。第三阶段为校对更新，该阶段的主要工作由村干部、村民对前两阶段所获取的土地权属等信息进行核实和确认，如确认无误，则进行签名确认。如确认过程中，发现相关权属信息存在偏差，则及时对其进行更正，并将更新后的信息导入系统替换原有信息。第四阶段为确权公示，该阶段的主要工作为相关管理部门通过确权信息管理系统导出集体建设用地地块的宗地图和地块信息统计表，并将其进行公示。如村民对公示结果不存在异议，则向村民颁发产权证书。如村民对公示结果存在异议，则重新回到第三阶段。

土地确权流程信息化的关键在于土地确权信息管理系统的开发与使

用。由于集体建设用地的确权工作尚未在全国范围内大规模开展，现今阶段国内尚未出现成熟的、标准化的、被广泛使用的该类系统，只有少数地区根据自身的实际需要开发的、在该地区小范围内使用的类似系统，因而确权信息系统的推广与应用势在必行。此外，在开发系统的过程当中，应注意与其他政府管理部门的信息管理系统的兼容性问题，同时在系统内部预留相关子系统的运行空间，以便为将来政府不同部门统一的数字化信息联网奠定基础。

（三）确权的实施条件

确权关系到集体建设用地流转的成败。产权模糊、权属不清势必影响流转的效率、效益以及效果。总结上述关于确权成本、流程及信息化的理论研究和实践经验，对确权进行改进和完善，无疑将有利于提升确权的质量、降低确权的成本，有利于确权在全国范围的推广和施行。具体而言，可以从如下方面进一步改进与实施确权。

（1）推广先进地区的土地确权经验。借鉴先进地区土地确权的经验和教训，避免多走弯路，减少公共资源的浪费，同时产生示范效应，有利于其他地区土地确权工作的顺利开展，从总体上降低土地流转的成本。

（2）建立规范化的确权流程及评价标准。可以通过由点及面的方式，先在一定区域范围内制定、试行统一的确权标准，对确权的步骤、程序、技术方法进行规范，并采取一定的标准对确权的效果进行评价，提高确权的质量。在条件成熟时，将规范化的标准在全国范围内进行推广。

（3）建立全国性的土地确权信息管理数据库。随着信息技术的不断发展，在全国范围内建立互相联网、实时更新的土地信息系统将极大地提高确权的精度和效率，避免信息系统的重复建设，获得真实可靠的土地信息数据。

（4）建立全国性的集体建设用地流转平台。确权的目的是为了流转，因此只有流转的规模效益在更大范围内得以实现，农村地区的现代产权制度才具备建立的基础和可能。也唯有如此，确权才能真正体现出其价值意义。

（5）健全农村土地确权的政策法规体系。鉴于目前相关法律、法规、政策文件对农村土地确权的规定尚不完善，规定冲突、政策扭曲的现象屡见不鲜，因而从制度层面进一步健全和完善关于农村集体建设用地确权的相关政策法律规定，将减少确权的不确定因素，为确权提供有效的法理依据和制度保障，进一步扩大确权的覆盖范围。

四 享有与国有土地同等权益

（一）集体土地制度存在的现实基础

我国农村的集体土地所有制是通过合作化开始推行的，相应地，也就开始确定集体土地所有权。我国集体土地制度的存在，是社会主义改造的结果，也是符合农村实际的选择。我国农村的基本特征，表现在以下几个方面。

1. 人口的亲缘性

我国农村聚落很多是由一个或多个家庭繁衍而来的。许多村民拥有一公之祖，是一婆之孙。农村家族观念浓重，按姓氏聚族而居的现象仍十分普遍，建祠堂、修宗谱、认宗亲之风较盛。祖先崇拜和孝道至上、大家庭观念是家族文化的主要特征。姓氏、辈分、亲房、亲戚关系使得在自然的居住方式和传统农业的条件下，农村家庭、邻里关系密切，人与人之间你来我往、互帮互助，感情色彩浓厚，农村群体逐渐形成了以血缘群体（家庭）和地缘群体（邻里）为中心的聚落结构。

土地作为农民历代祖传的财产继承观念根深蒂固，农地里所蕴含的农耕文化以及从中体现的先祖的勤劳和智慧，也是先祖留下的一份重要文化遗产。和城市居民比较，农民对于外来人口落户，特别是要将祖先留下的土地分给他人，具有一定的排斥性。这种排斥性随着聚落姓氏构成的复杂性增强而减弱。在单一姓氏的村庄，入赘女婿家庭中的子女如果不从外祖父姓，一般是在外祖父、外祖母逝世后搬回原籍。

2. 经济的草根性

农村土地利用的一个重要特征是因地制宜，所谓"靠山吃山，靠水吃水"。山区居民猎户多，林特生产在其生活中占有重要地位。滨海及河湖众多的水网地带，水产养殖和捕捞则占有重要地位，专业渔户也较多。平原多农户，草原多牧民，更加体现了自然环境和自然资源条件对于农村社会经济发展的深刻影响。

从历史发展上看，农村以农业为主，也是符合生产布局规律的选择。

一般农村地区，其交通通达性差，单个聚落人口规模小，不具有集聚经济和规模经济优势，农村存在的理由不是集中，而是分散。因为只有分散居住能够节约农民的出行时间，减少培土施肥和作物收割的运输量，有利于秸秆、粪便、渣土还田，提高废物利用的可能性。同时，分散居住，也容易维持农村家庭的独立性，减少不必要的邻里纠纷。

从现代农业发展分析，自然条件对于农业的影响并不是越来越小，而是日益增强。把农业生物布局（包括作物种植和畜禽养殖）在自然条件最适宜的地方，不仅可以充分发挥土地的自然生产潜力，提高农业产量；更重要的是能够提高农产品质量，在人类对于健康和食品安全越来越重视的态势下在市场竞争中赢得主动权。

农村非农产业的发展，特别是手工业，很多也是子承父业，师傅带徒弟的形式发展起来的。我国发达地区乡镇企业的发展，最早起步也是从资源加工业做起的，小矿山、小煤炭开发和农副产品加工占有重要的地位。随着乡镇企业发展壮大，工业向工业园区集中，成为了历史的必然选择。

3. 文化的乡土性

农村对于农民，不仅是他们的生产场所，更是一种生活环境。"男耕女织"的初级生产形式以及相对封闭独立的生活空间，有别于先进的工业生产加工，有别于繁华的城市建设，农村最大面貌地保留着环境的那份原生态。在城市，由于经济的发达和对金钱的崇拜、贪欲、奢侈、浪费等金钱至上的氛围很重；而在农村，特别是偏远农村，还保留着俭朴、勤劳和生产上精耕细作的原生态的传统。相对城市，农村还是受到西方不良文化的思想污染较轻的地方。

费孝通在《乡土中国》中指出："从基层看去，中国社会是乡土性的。……乡下人离不了泥土。"乡土性是中国传统农业文明的底色，是传统农民的重要的心理和行为特征。"树高千丈，叶落归根""养儿孙，守坟墩""父母在，不远游"等乡土观念在许多农民的心里根深蒂固。

事实上，乡村社会的生活带有地方性色彩，人们生于斯，长于斯，死于斯，形成了丰富多彩的文化，"出门三五里，各处各乡风"，每个地区长期形成的婚姻、殡葬习俗、地方戏曲等的同时也滋生了极强的地方归属感。随着社会经济的发展，许多封建传统观念已经为当代农民所抛弃，但是，安土重迁的地缘观念和眷恋故乡的情绪在中国农民身上依旧十分突出。

4. 农村管理的自治性

长期以来，我国农村是以自给自足为特征的自然经济占统治地位。在商品经济不发达的条件下，农民处在相对封闭的状态，国家统一的经济管理政策很难匹配农村非正式市场制度，容易将农村的市场经济扼杀在摇篮中。由于农村聚落分布点多、散、小，从投资回报的角度看，农村的行政管理难度大、成本高，对地方财政的贡献微乎其微。在有限财力的情况下，政府对农村行政管理投入较少，从而无法吸引专业的行政人才，使得农村管理无法在质量上实现提升。而村民自治，赋予村委会管理自身公共事务、公益事业的权力和能力，可以有效地发挥广大农民的智慧、利用农村自身经济资源优势来更好地满足农民的需求。

农村基础设施大多属于公共服务产品，其性质决定了政府的基本投资主体地位。但根据相关资料显示，改革开放以来国家财政对农业基础设施建设的投资数额始终偏低，尤其自20世纪90年代中期以来，国家财政对农业基本建设支出占农业支出的比重大多数年份徘徊在20%—30%之间。而从国家财政的投资结构来看，仍较偏重于对大江大河的治理，直接用于改善农业生产条件和农民生活条件的基础设施的投资比例仍然偏小。大型水利工程和生态建设是城乡发展的基础设施，这种投资虽然重要，但并非完全由农民受益，并非纯粹的农村基础设施投入。加之地方政府财政困难、投资能力缺乏，这又从客观上加剧了农村基础设施投资结构的失调。农民为了维护自身利益，只有在村庄内选出精英作为他们的代表，与基层政府博弈，表达广大农民对公共产品的偏好和需求，或者通过村庄精英组织全村进行集资提供村庄急需的公共产品。

农民文化素质偏低，技能掌握较少，竞争能力较弱，自我保护意识较差等特征在社会不断进步的同时表现出一定的弱势性。在相同规则下，农民很难和城市居民具备相同的竞争能力，因此，对带有一定福利性集体土地的需求强烈。农村集体土地在农村社会保障体系很不完善的情况下，其社会保障功能明显，它能够提供农民基本的就业机会和解决农民的温饱问题，农村集体土地是农民的最重要的资产，也是其生存和发展的最后一道防线。

简而言之，农村人口的亲缘性、经济的草根性和文化的乡土性是集体土地存在的内在要求；农村聚落的分散性和管制的自治性决定了集体土地是提高土地管理效率和实现土地合理利用的可行性途径。开展集体土地所有权改革需因地制宜，审时度势，只有当农村社会经济的上述四个特征在工业化城市化发展进程中已经弱化或消失的地区，集体土地方可逐渐退出，在土地制度改革时必须根据区域差异保留集体土地的份额。

5. 土地利用的区域差异性

由于自然和历史原因，我国农村各地人口分布和土地开发程度很不一样，有的地区人均土地面积大，耕地分布集中；有的地方土地资源稀缺，耕地后备资源不足。在我国社会主义市场经济条件下，越是土地资源稀缺的地方，单位面积土地资产的价值越大。越是土地资源丰富的地方，其工业化水平发展相对较低，农业在国民经济中的地位重要，人们对于土地的依存度高。随着社会经济的发展，打破原有行政区边界，通过乡镇合并来解决发达乡镇用地不足和落后乡镇土地开发迟缓的问题，虽然在发达地区并不鲜见，但是，随着人们的土地资产意识明显增强，土地所有权转移如果仍然依靠行政命令，而不给予必要的经济补偿，肯定是不可行的。

（二）集体土地制度的发展方向

我国实行土地的社会主义公有制，土地的所有制形式包括国家所有（全民所有）和劳动群众集体所有两种形式。集体土地是我国土地所有制的一种形式。

集体土地所有权不同于国家土地所有权的显著特点，是在全国范围内没有统一的所有权权利主体，并且只有农民集体才可以成为集体土地所有权的权利主体。《中华人民共和国宪法》第十条规定："农村和城市郊区的土地，除由法律规定属于国家所有的以外，属于集体所有；宅基地和自留地、自留山，也属于集体所有。"《中华人民共和国土地管理法》第十条规定："农民集体所有的土地依法属于村农民集体所有的，由村集体经济组织或者村民委员会经营、管理；已经分别属于村内两个以上农村集体经济组织的农民集体所有的，由村内各该农村集体经济组织或者村民小组经营、管理；已经属于乡（镇）农民集体所有的，由乡（镇）农村集体经济组织经营、管理。"

对农村集体土地所有权性质认识，不同学者的观点可以归纳为以下几种。一是认为集体所有权在性质上为公有，但并非一般的共同共有，同时集体财产又是一种公有程度较低的财产形式，同时它和集体组织中成员的个人利益是密切结合在一起的，这就意味着在确定集体所有权主体和内容时，也必须承认集体组织成员对集体财产共同地享有财产权；二是认为总有之法理对我国农村集体土地所有权制度极具价值。总有系指在农村公社土地所有制中，将土地之使用、收益权分配给各家庭，而管理、处分权则属公社的一种分割所有权形态；三是认为集体土地所有权是新型总有，集体成员对集体土地享有占有、使用和收益的权利，并且依法按照平等、自愿原则来行使对集体土地的所有权，这种新型总有又称为"总同共有"；四是认为集体所有权是法人和个人共同所有，是"个人化和法人化的契合"，集体土地应该为集体组织法人所有，而集体组织成员对集体财产享有股权或社员权；五是认为集体土地所有权是一种由"集体经济组织"享有的单独所有权；六是认为考虑到目前我国农村土地现实状况，立法方面客观困难，以及制度转化成本，农村土地所有权制度改革方向应是体现集体所有制的土地法人所有权制度；七是认为集体土地所有权应该为一定社区范围内的农民共同共有。

从我国农村集体土地产权的现实情况分析，将集体土地所有权定义为农村集体成员共同共有权，比较符合实际。集体土地所有权是在一定范围内全体成员直接的共同所有权，共同共有是其形式，成员权是其保障，共有权不可分割。共同共有其权利主体之平等性与民主性，可使农民集体成员在平等、民主的基础上形成集体共同意志，从而齐心协力行使所有者权利，避免集体组织以行政管理权代替所有权，攫取所有者利益，侵犯农民作为所有者的权利，避免组织专横、干部专权的现象发生。共同共有其权利客体之统一性与永不分割性，保证了集体土地不致落入私人之手，导致私有化之产生，即使农民集体组织成员转变为市民或改变身份，其集体土地亦转给其他社区或收归国有，这就确保维护了集体公有制的巩固和发展。共同共有其权利内容之完全性则使农民真正享有所有者权益即所有权意义上的受益权。让农民能以集体所有人一分子的身份进行土地有偿使用，自由流转，促使土地资源优化配置，充分发挥土地之利用效率。集体土地所有权通常由所有者代表行使，集体土地所有者代表行使处分权，应当受农民集体这一集体土地所有权主体的限制。一般来说，对集体土地的重大处分应当依法经农村集体经济组织成员表决同意。

我国集体土地所有权的确认须进行所有权登记。《土地管理法》规定，集体所有的土地，由县级人民政府登记造册，核发证书，确认所有权。我国集体土地所有权，许多人认为存在着所有权主体不明确的问题，这实际上是因为土地登记滞后造成的。事实上，我国农村每块土地的所有者在当地群众中是存在共识的，真正有产权争议的很少。我国集体土地所有权存在的矛盾，主要是所有权主体不稳定，随着农村经济集体组织成员的增加与减少，在"人人有份"的情况下，每个成员的土地财产权益变化大，土地财产权益调整没有投入—产出联系，容易产生纠纷和争议。例如，在我国经济发达地区，集体经济实力雄厚，每年集体成员能够获得一定的利润分红，这就出现了本村的出嫁女不愿意把户口迁出，而娶进来的媳妇立刻落户，集体成员数量激增，而土地权益日益摊薄的不合理现象，容易引起同村不同家庭的利益冲突。

我国集体土地所有权，和国有土地所有权一样，也可以与土地使用权分离。但是，集体土地多数只能够依法确定给该集体内的集体经济组织和个人使用，只有法律、行政法规规定允许的个别情况下，才可包括集体经济组织以外的单位和个人。而国有土地使用权的主体非常广泛，任何单位和个人，包括境外的企事业单位和个人，符合依法使用中国国有土地条件的，都可以成为中国的国有土地使用者。按照现行法律规定，任何单位和个人进行建设，需要使用土地的，必须依法申请使用国有土地。但是，兴办乡镇企业和村民建设住宅经依法批准使用本集体经济组织农民集体所有的土地的，或者乡（镇）村公共设施和公益事业建设经依法批准使用农民集体所有的土地的除外。集体土地使用权不得出让、转让或者出租用于非农业建设，但是符合土地利用总体规划并依法取得建设用地的企业因破产、兼并等情形致使土地使用权依法发生转移的除外。建设项目施工和地质勘查需要临时使用国有土地或者农民集体所有的土地的，由县级以上人民政府土地行政主管部门批准。国家对集体建设用地使用权的流转近乎禁止地严格限制，造成了集体建设用地使用权与国有土地使用权的法定权利内容不平等，集体建设用地使用权无法进入市场。

我国农村集体土地产权制度存在的问题，已经严重地制约了农村经济的发展，损害了农民的合法利益。我国学术界一直以来都以强烈的责任心，敏锐的视角和高度的热情关注着农村的土地产权问题。自20世纪80年代中期以来，学界对集体土地所有权制度的变革主要提出了三种思路：一是取消集体土地所有权，实行农村土地国有化；二是取消集体土地所有权，实行农村土地私有化；三是在坚持集体土地所有权的前提下，完善并确立真正意义上的集体土地所有权。

取消集体土地所有权，实行农村土地国有化，将集体土地归并为国有土地进行管理，是针对我国目前集体土地与国有土地不平等，克服集体土地市场化限制而提出的。根据我国现行法律规定，集体土地所有权人只能在本集体组织成员内部分配集体土地承包经营权，而不能擅自出卖、转让。如果仅从土地所有权的处分权来看，我国的集体土地所有权实际上也是国家控制的土地使用权。对于农村集体土地所有权的改革而言，集体土地国有化符合社会主义的本质要求，能够得到我国政治经济体制的支持，有利于国土资源的综合整治，有利于土地管理和国家对农村经济的宏观调控，有利于农村经济活动尤其是土地经营向现代化、商品化方向发展，符合农业生产规模经营的要求。集体土地国有化，可以充分发挥政府的资源优势，有利于招商引资，并避免土地交易中出现不必要的纠纷。集体土地国有化，可以实现土地统一规划，统一征地，统一开发，统一管理，加快工业化和城市化进程。但是，取消集体土地所有权，实行农村土地国有化，也存在一些需要克服的障碍。

第一，将现在农村土地所有权的部分国有变为单一国有，有可能架空现有集体经济，农民可能产生土地"被剥夺"的感觉，在心理上不容易接受。在目前征地补偿标准过低，损害农民土地财产权益的情况下，不坚持和巩固集体土地所有制，反而迎合和扩大征地范围，是对农民土地财产权益的不尊重。

第二，土地是农民的最基本的生产资料，是农民的安身立命之本，对农村集体土地实行国有化，应避免挫伤农民的生产积极性，切实保障农民作为集体组织成员的权利最终得到实现，国家应当且只能以收买农地的方式作为农村集体土地国有化的途径。我国各地财政实力有限，国家没有巨额的资金用来收购农村集体土地，最终无法避免采取无偿剥夺的方式，这将导致国家与农民关系的恶化。

第三，尽管从理论上来说，国家的所有权和国家的行政管理权能够分开，但往往在国家所有权的运行中，国家所有权在内容上与行政权混合、在行使方式上完全采用行政权的行使方法，其结果不仅造成国家的财产不能得到有效的利用、管理和保护，而且形成了国家行政干预的随意性、土地权利的不稳定性问题，也容易产生政府部门寻租和腐败现象。实行农村集体土地国有化，政府需要投入的土地管理力量增加，也有可能降低土地管理效率，增加管理成本。

第四，我国地域辽阔，农业自然资源分布差异很大，加之受经济、社会等各方面的影响，土地利用和管理应该因地制宜，实行农村集体土地国有化，土地利用和管理一刀切，不利于发挥各地的自然环境优势和挖掘土地生产潜力。

对农村集体土地所有权进行改革，很多学者持有取消集体土地所有权，实行农村土地归农民所有的私有化观点。这种观点之所以日益变得强烈，是由于土地私有化首先可以使农户取得完整的土地所有权，亦即取得一种彻底的私权，大大降低了公权干预和公权寻租的可能性，从而使农民的切身利益得到应有的保障；其次，根据"有恒产者有恒心"的观点，由农民享有土地所有权，其具有较大的利益激励机制，可以促使农民合理利用和保护土地，持续增加对土地的投入，最大限度地激发农民的生产积极性。但是就我国现实的国情而言，农村土地私有化是行不通的。

其一，农村土地私有化与社会主义国家的本质要求相违背。我国实行社会主义的政治经济体制，公有制是社会主义的本质特征之一，生产资料公有制就是社会主义性质在经济制度上的具体表现，而土地无疑是经济领域中最基本的生产资料和农业生产中最基本的生产要素。如果实行土地私有化，将集体所有的土地转归农民私人所有，就会动摇社会主义的根本经济制度，违背社会主义本质特征的要求，甚至背离社会主义道路的前进方向。

其二，土地私有化不符合现代土地产权改革的方向。在近现代，土地所有权制度经历了从个人所有权绝对性向社会所有权，再向社会和个人协调发展的过程。由于土地制度从以所有为中心向以利用为中心转变，所有权在土地制度中的地位和作用也就削弱了。在现代社会人们越来越需要利用他人的资源来满足自身的需求，土地私有化并不能保证土地有效利用。

其三，土地私有化明显损害多数中国农民的基本生活安全。在当今土地资源日益稀缺的情况下，资本对于资源垄断的渴望非常强烈，土地私有化会导致大量的有钱人进入农村收购耕地、宅基地，农村将成为投资者对土地巧取豪夺的战场，而我国农民属于弱势群体，其难以维护自己的合法土地财产权益。

其四，经过土地私有化，会造成大量的农民失地、土地集中、社会分化加剧、农民加速向城市迁移、城市贫困加剧以及城市工资下降等后果。在中国，数以亿计的农民工已经融入全球经济体系当中，因而土地私有化过程可能将导致全球工作和环境水平的下降。土地私有化虽然可以增强中国作为世界资本工业平台的吸引力,但从长远来看,却几乎无法提高农民和工人的实际利益。

其五,我国大量的征地实践表明,政府比投资者更加关心农民的权益,政府需要社会稳定和巩固政权,如果农民贫困化,社会出现两极分化,引起动乱也是政府不乐见的。因此,由政府和投资者谈判并不一定损害农民的利益。

我国在改革开放中选择农村土地集体所有的形式,从理性的角度讲,是一种具有合理性的制度设计。我国集体土地与国有土地不平等,主要是基于过去农村——农业,城市——工业,集体土地主要为农用地,国有土地主要为建设用地,限制集体土地市场化,主要是为了保证"农地农用",严格保护耕地。但是,随着我国城市土地使用制度改革,土地资产出让收入成为各地财政的重要来源,以地生财,低价征地,高价出让,使得城市土地资产经营异化,对于农村集体土地财产权益的侵害越来越严重,使得人们越来越对集体土地所有制产生了怀疑。我国集体土地使用制度改革,不需要对集体土地所有权进行否定,重要的是还权赋能,把土地还给村民集体,减少征地对农民利益的损害。我国政府部门通常把征地看作是低价获得集体土地的途径,实际上,征地的特征是政策性、强制性和补偿性的统一。为什么补偿就一定不能足额呢?如果我国征地标准合理化,集体土地制度改革的任务将轻松得多。真正的农民土地集体所有制,并没有产权不清问题,而是在实现了村级民主选举、民主管理、民主决策、民主监督的前提下,集体不但不会损害农民的土地产权,相反,集体作为一道强有力的屏障,可以有效地保护农民的土地合法权益。我国集体土地使用制度改革的目标是建立城乡统一的土地市场,实现土地的合理利用,保证土地资产的不断增值。因此,我国集体土地制度的发展方向应当朝着实现集体土地和国有土地的同地、同权、同价迈进。

(三)集体建设用地与国有土地同地同权同价

目前,关于农村集体建设用地与国有建设用地同地同权同价学界尚无统一的定义,但基本意思表示是清楚的,即集体建设用地如果与国有建设用地处于同一区位、具有相同用途,那么应该与国有土地享受同等的土地产权,在无须征收为国有土地的前提下可以直接进入土地市场参与流转,并体现相同的价格。在同地同权同价三者关系中，同地是前提，只有位置和用途基本相同的土地才具有可比性；同权是关键，同为建设用地，理应具有相同的土地产权，不能因为所有权性质的不同而区别对待；同价是结果，区位相同、用途相同、产权相同的土地在市场交易中必然表现为价格相近或相同。

1. 同地同权同价的合理性分析

党的十七届三中全会通过的《中共中央关于推进农村改革发展若干重大问题的决定》规定，中国将保留土地分别由国家和农民集体所有的制度框架，土地不会"私有化"；与此同时，改革现有征地制度，"逐步建立城乡统一的建设用地市场"，让农村集体建设用地与国有土地"同地同权同价"，打破了现有"农村建设用地必须征为国有"的格局，赋予农村集体土地与国有土地同等的地位。这是对现存土地管理制度的重大改革，也标志着中国在破除城乡二元体制上迈出了关键一步。如果说党的十一届三中全会开启了农村土地权益在农用地上的保护，那么，党的十七届三中全会着重提出农地非农转用上的农民权益保护，两个三中全会精神相互呼应，上下连贯，形成了具有历史意义的篇章。

实行集体土地和国有土地同地同权同价，不仅在制度上实现了物权法中国家对于国有财产、集体财产和私人财产平等保护的思想，而且在实践上承认了土地使用价值的客观性。因为，对于土地使用者而言，其支付同样的土地使用权出让金，希望能够取得相应的土地利用效用。在市场经济条件下，土地利用效用相同的土地，其土地价格应该相近。实际上，如果不存在对于集体土地的政策限制，在土地出让进入市场后，土地所有权是国有土地，还是集体土地，对于土地使用者没有区别。因为，除非公共利益需要，国家和集体都不可能不到期就收回出让土地使用权，土地使用者主要在乎的是土地成本和土地利用收益，而不在乎把土地成本支付给谁。

实行集体土地和国有土地同地同权同价，有利于城乡土地统筹利用。集体建设用地进入市场，可以缓解国有土地供应的不足。我国整个土地管理制度改革应把重点放在农地转用这个环节。一般而言，城镇化是节约和集约利用土地的，而传统农村的建设用地具有福利性和不可交易性，而不占对个人没有任何好处，没有任何回报。但与此同时农民大量进城，乡下的房子也闲置着，别无用途。由于缺少市场机制，大量稀缺的土地资源闲置在农村。正因如此，一方面城市建设面积扩大得过快；另一方面农村占地不退，城乡两个都扩大，非常不利于耕地保护。我国建立城乡统一土地市场，将城市建设用地扩大和农村居民点整理复垦相挂钩，农村建设用地复垦的投入，能够通过土地置换在城市建设过程中获得回报，有利于控制区域建设用地总规模，提高建设用地使用的效率和效益。

实行集体土地和国有土地同地同权同价，参照国有土地有偿使用的有关规定，构建与国有土地权能一致、权益相同的集体土地产权制度，逐步形成城乡统一的土地市场管理体系，可以将目前存在的农村集体建设用地隐形交易化暗为明，抑制集体土地资产性收益分配不公、土地市场秩序混乱、土地投机猖獗等一系列问题。目前集体土地隐形市场中，因为农村土地使用权流转存在政策风险，无法充分体现市场价值。大量低价的集体土地隐形市场交易存在，也影响着国有土地价格公平和公正的市场交易价格的形成，造成了集体土地资产和国有土地资产的流失。

2. 同地同权同价的实施条件

实行集体建设用地和国有土地同权同价，是政府为农村、农业、农民问题的解决开辟的新途径。它使得农民能够像城市一样"以地生财"，直接分享工业化和城市化过程中土地资产增值的收益。但是，要使这一政策能够顺利实施，仍然有许多的工作要做。

（1）让集体土地能够与国有土地享有平等权益。打破目前按所有制批准建设用地进入市场的制度障碍。土地利用管理将逐渐淡化"按所有制分类管理"，强化"用途管制"和"规划管理"。土地利用规划是土地用途管制的依据，土地使用者是土地规划的执行者，政府负责监督土地利用规划的实施。一块土地如果规划为耕地，就不能随意转为建设用地；一块土地如果规划为建设用地，也不能擅自改为他用。至于该土地所有权的归属，到底是归属于国有土地还是集体土地，并不重要，也无须区别对待。党的十七届三中全会最大的意义在于为打破城乡二元土地制度格局提供了制度空间及政策依据。应遵照相关政策精神，明确"在土地利用规划确定的城镇建设用地范围外，经批准占用农村集体土地建设非公益性项目，允许农民依法通过多种方式参与开发经营并保障农民合法权益"。使得农村集体能够成为土地一级市场的供应者。

（2）建立城乡统一的建设用地市场。对依法取得的农村集体经营性建设用地，通过统一有形的土地市场，可以公开规范的方式转让土地使用权。集体建设用地使用权流转，通过土地使用权出让、转让、出租、作价入股和抵押，可以显化集体建设用地的市场价值，发挥市场机制对土地资源的合理配置作用，使集体土地所有权能够在经济上得到实现。集体建设用地流转，不仅使得原来许多闲置的土地资产盘活，成为增加农民财产性收入的来源，而且农民通过自己的土地直接参与工业化和城市化过程，能够分享到工业化和城市化过程中土地非农开发的土地增值收益。

（3）集体土地和国有土地同权同价，集体土地进入市场，必须要落实集体土地的所有权，集体建设用地的收益必须归集体中的农民所有，而不应该被乡镇政府或地方政府所拦截。目前许多地方推动集体建设用地流转，农民并没有得到实际好处，而是政府获得了更加多的可出让土地。

（4）集体建设用地取得入市条件后，受规划的影响，不是所有集体建设用地价值都会大幅度攀升，而是向同规划区域内同样用途国有建设用地的价格靠近，以同价的方式表现同权。这样，就必然会使被规划为商业用地的集体土地获利巨大，而被规划为其他用地的集体土地获利较小，甚至无利可图。如何平衡这些利益，就成为我们必须要解决的问题，否则将会引发混乱。

（5）过去，在国家征收集体土地转变为城市建设用地之时，由于征地补偿标准与土地今后的用途无关，集体土地所有者之间不存在未来土地用途不同所带来的巨大利益差距。同时，国家作为城市建设用地唯一供应主体，不同土地用途之间的利益差距内部自我平衡。现在，集体土地直接入市作为私人或群体利益方的交易获利行为，在得到规划所确定的特定土地用途所带来的交易收入时，应当支付必要的全部相关成本，否则就会形成对公共利益的侵占。基于这一理由，设计调节利益的分配机制就成为能否顺利实现同地同权同价的前提条件。

（6）在集体土地直接入市的过程中，由于土地一级市场的主体从单一的主体扩展为多元的主体，就必须考虑对建设用地指标、农地转用指标、年度计划指标、耕地占补平衡指标的合理分配。

（7）集体土地与国有土地同权同价，进入市场流转，不仅要向农民还权赋能，还必须有赖于农村的经济社会组织形式的制度改革、农村社会保障制度改革、农村金融改革等相应配套改革的同步推进。

3. 同地同权同价的市场化选择

如前所述，企业面临建设用地紧张、用地成本高昂与农民面临征地补偿较低、难以分享土地增值红利的困境相叠加，构成了集体建设用地直接入市、与国有土地同地同权同价的现实诉求。允许集体建设用地直接入市，在国家层面对集体建设用地产权予以合法承认，有利于打破政府垄断格局，缓解建设用地紧张的矛盾；有利于提高农民财产性收入，共享经济发展的成果；有利于明晰土地产权，建立全国统一的建设用地市场体系；有利于减低土地交易的费用，提高土地流转的效率。

集体建设用地直接入市，其前提是要处理好与现有征地制度的矛盾，同时解决好以下问题。

（1）入市流转的方式的问题。采用一次性出让的方式优点在于农村集体短期内能获得大量资金，解决农民的拆迁安置所产生的大量费用，其缺点在于不能保障农民的长期利益，容易造成农民既失地又失业的困局；采用出租的方式其优点在于能够保障农民长期的土地收益，减少企业用地的成本，其缺点在于短期内土地的租金收益有限，并且租金受用地市场行情的变化影响较大。此外，一些地方正在试行第三种入市方式，并非简单地出让或出租，而是考虑到集体建设用地布局分散的特点，将部分闲置率较高的集体建设用地（主要为农居点）进行复垦，然后将复垦结余的用地指标通过入股、转让等方式流转给用地单位，用以置换城镇附近区位条件较好的土地进行开发，即所谓的土地置换。此种方式优点是能够提高土地资源的集约利用率、缓解用地指标的不足、发挥土地的区位优势，其缺点是对土地复垦的质量无法保证、对用地指标的管理容易出现问题以及对土地置换的标准仍不统一。至于上述方式如何选择，应由作为土地交易双方的用地单位与农村集体结合自身的实际情况自主决定，这体现了市场机制的灵活性。

（2）入市流转的价格、期限、收益分配问题。集体建设用地流转的价格应在参照同等区位、同等用途的国有建设用地价格的基础上，根据市场需求确定，同时其价格不能低于政府部门公布的集体建设用地流转的最低保护价。流转的期限也应参照国有建设用地的标准，工业性质类的用地以50年为期限，商业性质类的用地以40年为期限。流转的收益应由政府、土地使用者、集体和农民按比例分配，政府可以按照不高于20%的比例从流转收益中提取分成，但应保证集体和农民在收益分配中的知情权和谈判权。

（3）入市流转的管理问题。集体建设用地入市后，应与国有土地一样接受统一的部门管理。通过城乡统一的建设用地市场，对建设用地的规划、指标、流转的收益分配等进行严格把控，既实现与国土建设用地在财产权利上的平等，又实现与其在责任义务上的平等。唯有如此，才能真正实现同地同权同价内涵与价值上的统一。

综上所述，尽管集体建设用地通过直接入市实现与国有建设用地同权同价是未来流转的发展方向，但正如任何市场机制都存在风险一样，集体建设用地市场也会存在市场失灵问题，如由于集体与农民土地产权的模糊而导致交易费用的增加，进而影响市场的供给和需求。因此，先通过确权的方式明晰农民土地产权，消除市场失灵的隐患，再在国家层面上获得合法性承认，保留集体所有权性质直接入市流转，是实现与国有土地同地同权同价目标的必然选择。

第五章
农村集体建设用地流转的路径选择

一 农村集体建设用地流转的土地置换

(一) 土地置换的区位选择

空间区位是一个综合性的概念,是地理因素与经济、社会活动相互作用在空间位置上的反映,是自然因子、经济因子、社会因子在地域空间结构上的有机结合(韩立英,2003)。其中,自然因子体现的是空间区位在自然环境中的地理地貌、地基承载能力与环境自净能力。如果空间区位的自然环境因素良好,则意味着自然通达性好(例如沿海、沿江、沿路),适宜人类在土地上开展生活和生产活动,有利于通过增加土地的承载力进而提高土地的集约利用程度、减少工程投资,有利于在一定范围内实现环境的自我修复和进化、降低环境污染;经济因子体现的是某一区位在特定经济区域或其他区域中基于人们工作、购物、社交、休闲、娱乐等经济活动中所形成的经济上的相互关系。如果空间区位的经济因素良好,则意味着经济实力雄厚、基础设施完善、交通发达,有利于城镇经济中心的形成,有利于经济辐射效应的产生,有利于城乡一体化的发展。社会因子体现的是区域内人口的数量、质量以及文化水平,影响着劳动力的供给和商品生产消费。如果空间区域社会稳定、人们积极上进、社会包容度高、市场容量大,直接影响到科技进步和投资环境,为经济发展提供重要的动力。以上三方面因素相辅相成,有机联系,形成了不同地方的区位差异,反映了土地空间区位优劣以及不同区位土地的使用价值以及土地收益水平。

区位是最为稀缺的资源。从较大尺度上讲,村庄和城镇都是居民点的基本形态,其位置的确定与周围自然、社会、经济环境有着密切的关系。村庄是居民点的初始形态,在农业社会占有绝对多的比例,村庄的区位选择应兼顾内、外因素,从点和位置两方面综合考虑,以达到具有更高的生产效率和适应性（村庄的区位选择如图 5.1 所示）。城镇是居民点的高级形态，城镇化是人口、经济、技术集聚的结果，是生产力发展和现代化的标志。城镇分布也是区位优化选择的结果。城镇多分布于地形平坦、建设条件良好、经济发达、经济腹地广阔、通达性好的平原中心，或者沿海、沿江、沿路的位置，或者位于山地、丘陵向平原过渡的地方。城镇的形成和发展，与区域资源、市场、文化、国防、交通、经济中心的建设密切联系（城镇的形成和发展过程如图 5.2 所示）。

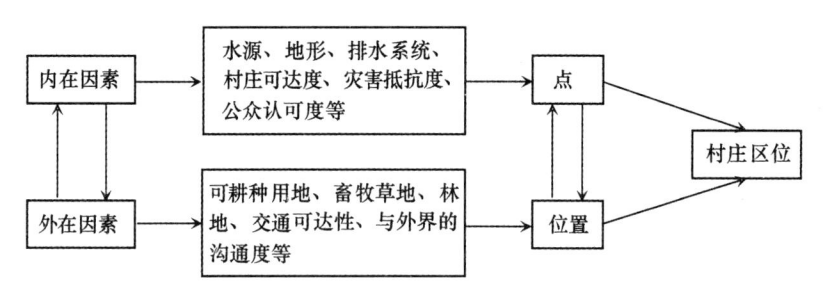

图 5.1　村庄的区位选择示意图

资料来源：原创。

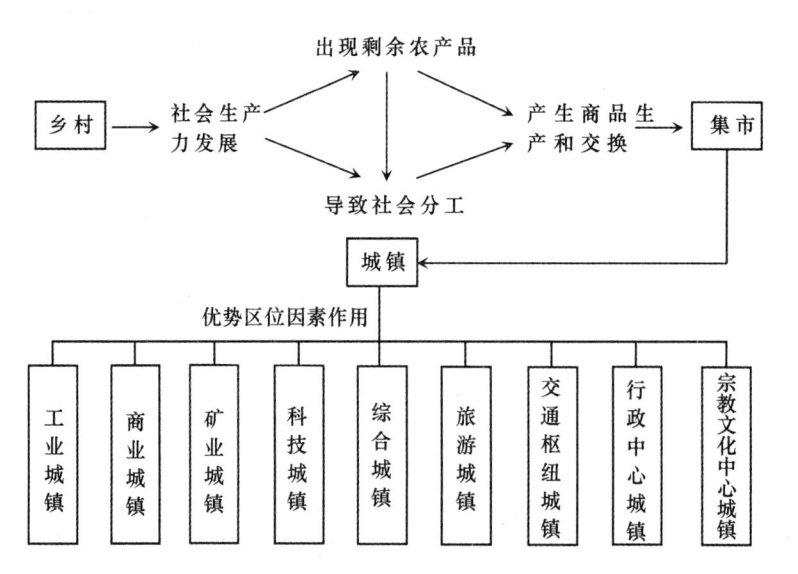

图 5.2　城镇的形成和发展示意图

资料来源：原创。

综上所述，城乡建设除创造就业，让人们安居乐业，促进经济和社会发展以外，在一定程度上讲也是房地产的开发过程。房地产开发过程中强调"第一是区位，第二是区位，第三还是区位"，土地利用具有很强的外部性，它既可以从周围有利的环境中得益，也可能因为环境污染或环境质量差，而受到损害。区位效益是土地级差地租的重要来源之一。房地产的区位优势可以给投资者带来区位效益。区位效益越高，房地产投资价值越大。现代城镇土地利用在过去自发利用的基础上，通过土地利用规划自觉地进行区位选择，形成了明显的功能分区，一般分为商业区、居住区、工业区等若干功能区。要想让区位带来较高的房地产投资价值，在选择区位时必须充分挖掘区位升值潜力，建设项目选择区位要有超前意识，特别注意交通、服务网点等公共设施的深层次分析。

由于土地是陆地表层的一部分，具有位置的不可移动性，土地流转实际上是土地产权的空间置换。农村集体土地流转的过程也是土地使用者凭借经济实力（超过他人的购买力），或者不同土地用途凭借其单位面积经济产出（租金支付能力）通过空间竞争，按照市场经济规律发生土地使用权转移占有的结果。

在我国农村工业化的初期，由于工农业产品价格剪刀差的存在，工业生产的单位劳动力经济报酬高于农业生产的单位劳动力经济报酬，为了提高农民的经济收入和社会公平，我国农民冲破计划经济时期"农村—农业、城市—工业"的束缚，开始在农村兴办乡镇企业。由于资金和土地产权的限制，为了降低工业投资门槛，尽量利用自己的土地兴办工业，出现了"户户点火、村村冒烟"的乡镇企业分散布局，由于缺乏集聚效益和规模经济效益，造成了单位国内产值耗地量大，基础设施配套困难，环境污染严重，土地资源低效利用的局面。农村工业化的发展，按照生产力布局规律，需要走向集中。农村集体建设用地流转是农村工业化过程中生产力布局优化的客观要求。

我国目前处于城市化快速发展阶段。城市化是生产力发展的结果，是现代化的反映。随着生产力的发展，城市化水平提高，农村人口向城市转移，农村集体建设用地，特别是居民点用地应该相应减少。在我国土地利用规划实行建设用地总量控制，耕地占补平衡政策的情况下，城镇建设用地扩展和农村居民点相挂钩，城乡建设用地土地置换是最经济、最可行的满足城市建设用地实际需要的办法。农村集体建设用地流转是城镇化发展的必然选择。

  随着改革开放的发展，农民经济收入增加，农村建设面貌也发生了翻天覆地的变化。由于农村居民用于住房建设资金的增多，农村人均居住面积也在不断扩大。建设新房往往因为住房标准和建设规模的扩大，农村原来的宅基地越来越不符合农民建房的选址要求，新建住房往往另外选址。特别是由于目前我国城市化质量低，进城农民不能完全城市化，进城农民务工取得大部分经济收入也是寄回了家乡，很多是用于农村新建住房。这一方面导致了城市化过程中，大量农民进城，城市建设用地规模扩大，但是，农村居民点用地难以减少，很多地方农民住户宅基地新增规模越来越大。另一方面也出现了老的宅基地闲置和废弃的很多，出现"空心村"和大量闲置房。新农村建设要改变农村住房建设和布局不合理的现象，必须大力推行农村土地整治，鼓励村庄集聚。农村建设用地流转也是新农村建设的现实需要。

  姜山镇城镇建设用地的权属结构分析表明，在城镇规划区内也客观存在着大量的农村集体建设用地。随着城镇经济社会的发展，原来的城镇用地结构和布局也越来越不能适应城镇建设和规划的需要，旧城改造，盘活存量建设用地，也成为城镇建设和发展的重要任务。通过城镇用地重划，在城镇发展过程中，利用级差地价置换土地改造老城区，也是加快城市发展的一种有效途径。因为土地位置的不同，所以其使用价格也不同，即地租不同，从而产生级差地租。一般情况下，离市中心、繁华的商业区、商务区等越近，土地使用价格越高；反之则越低。这样，政府就可以利用土地的差价进行土地置换改造老城区，发展新城区。中心城市土地价差较大，在土地置换中更有优势。

  城镇用地结构和布局调整，可以通过招商引资，实行"退二进三""腾笼换鸟"，促进城市产业经济升级和生产布局优化。同时，城镇用地重划也是旧城改造的好办法。城镇用地重划是在城镇规划区范围内，将原属畸零细碎、环境破坏或遭受灾变损毁的地区，重新划分区段界限，整理地形，兴建各项公共服务设施，而使重划后的建筑地段（街区）的深度与宽度，以及建筑基地单位的大小和形式，均能符合建筑规格，适于经济有效的使用，再按交换方式，仍分配给原土地使用人的行为。城镇用地重划，实行原有土地使用权等价交换。通过土地整治提高土地价值，同时把土地价值增加部分折算成为节约的用地面积，用于改善城市公共配套设施建设，不仅可以提高土地的利用效益，也能够实现城镇建设资金的自我平衡，有利于城市的可持续发展。

（二）土地置换的类型

土地置换即空间置换，是指在遵循土地利用规划的前提下，在合理界定土地产权的基础上，以优化和增值土地资产为目的，通过土地用途转变、土地布局和结构的调整、土地产权的重新分配等方式对处于不同区位的土地进行交换，进而实现土地效益和效用的最大化。就其本身含义而言，土地置换的"置"表征了资源的合理利用和配置行为，"换"表征了土地的交换和流转行为（张金明、陈利根，2011）。

按照土地置换的质量区分，土地置换可分为同量置换与同价置换。前者一般是指在土地所有权性质相同的前提下，对同一等级、同一用途的土地按照面积相同或相近的原则进行置换，后者是指在土地所有权性质不同或土地等级、土地用途不同的情况下，在对土地进行估价的基础上按照土地本身所具有的相同或相近价值进行置换（徐燕雯，2009）。土地置换的同量置换及同价置换如图5.3、图5.4所示。

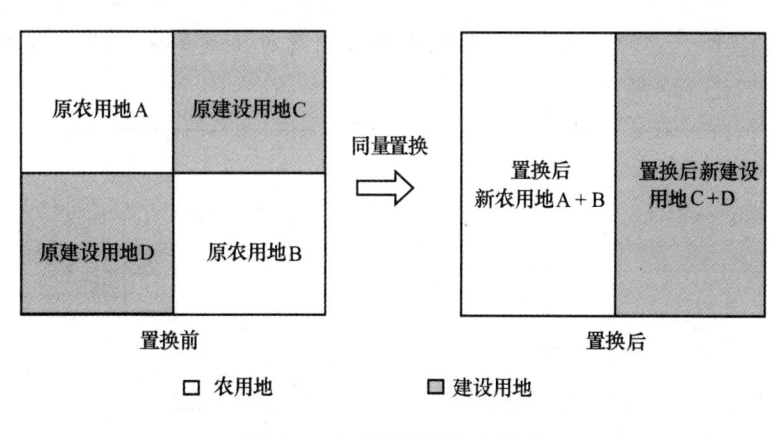

图 5.3　土地同量置换示意图

资料来源：原创。

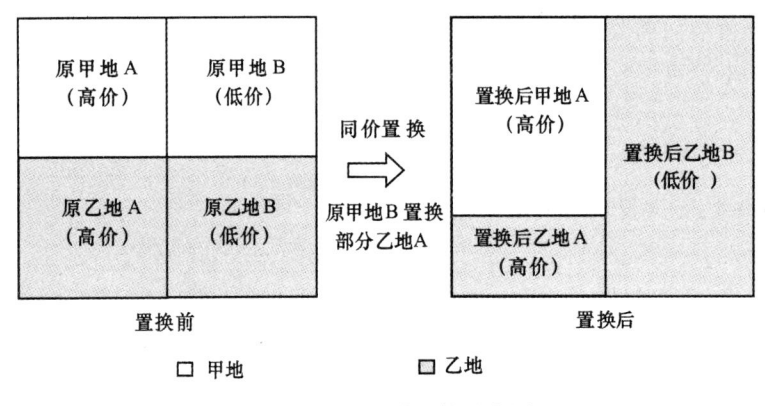

图 5.4　土地同价置换示意图

资料来源：原创。

按照土地置换的功能性区分，土地置换可分为土地的权属置换和用途置换两种。前者是指属于同种所有权性质土地之间的置换或分属不同所有权性质土地之间的置换，例如国有或集体土地内部之间的置换以及国有性质的土地与集体性质土地之间的置换。后者是指土地使用性质或土地用途的置换，包括同种使用性质土地内部的置换，例如建设用地或农用地内部的置换，以及不同使用性质的土地之间的置换，例如建设用地和农用地之间的置换（汤芷萍，2011）。土地置换的权属置换及用途置换如图 5.5、图 5.6、图 5.7 所示。

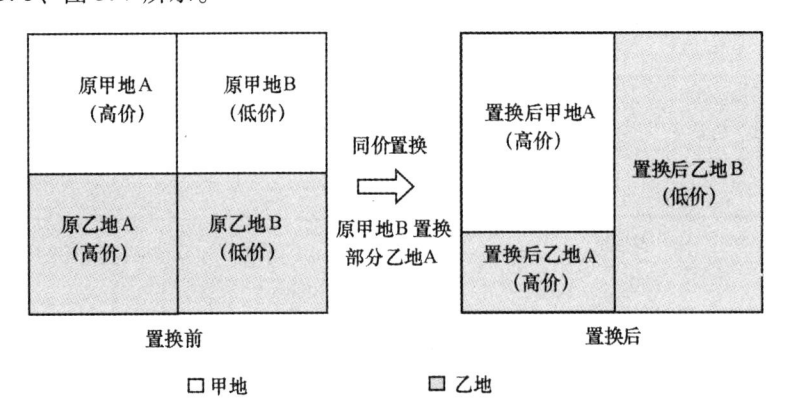

图 5.5　土地权属置换之所有权置换示意图

资料来源：原创。

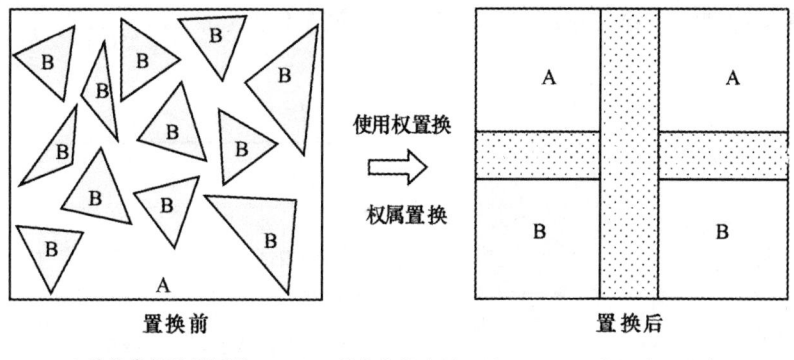

第五章 农村集体建设用地流转的路径选择

图5.6 土地权属置换之使用权置换示意图

资料来源：原创。

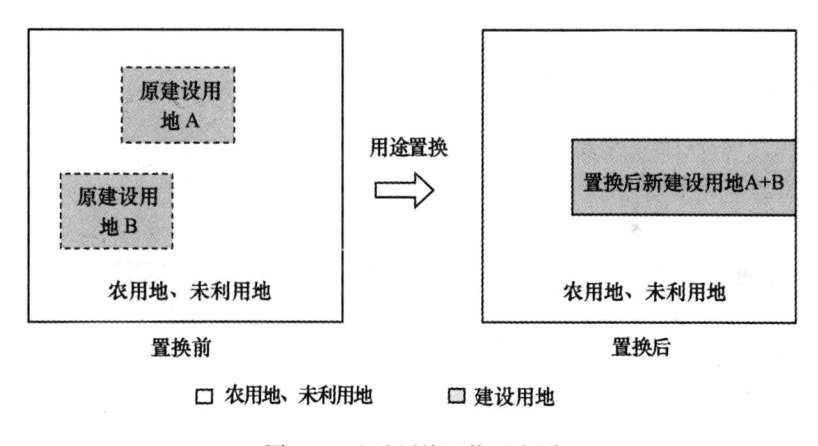

图5.7 土地用途置换示意图

资料来源：原创。

按照土地置换的区域划分，可以分为同区置换和跨区置换。同区置换是指在土地利用总体规划划定的建设用地区范围内，将甲地的建设用地复垦为农用地（将甲地的建设用地变现给他人，在异地征、使用的不在此讨论之列），在乙地占用等质等量的农用地用于非农建设。现实中表现为：乡镇建设用地向城市集中，零星村庄向中心村、集镇集中，工业项目向集聚区集中。跨区置换是通过耕地保护任务易地代保，建设用地指标跨区交易等实现建设用地的总量控制和切实保证耕地占补平衡政策的落实。

土地置换的同区置换及跨区置换如图 5.8、图 5.9 所示。

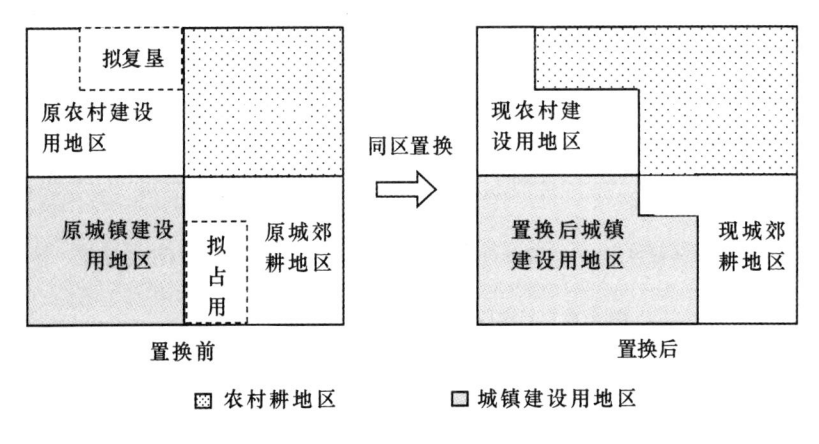

图 5.8 土地同区置换示意图

资料来源：原创。

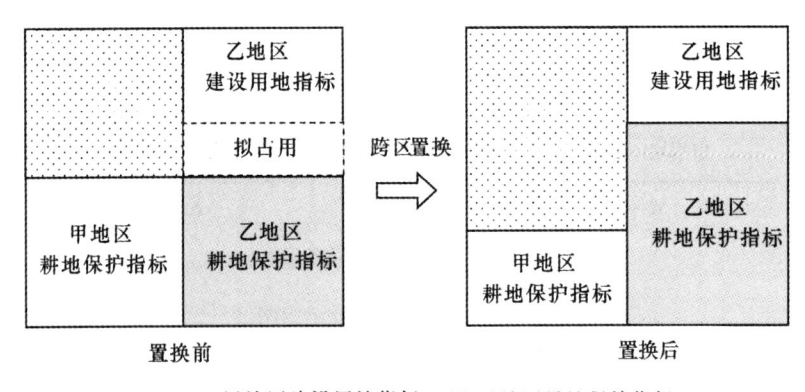

图 5.9 土地跨区置换示意图

资料来源：原创。

此外，按照土地置换的方式区分，土地置换还可分为复垦置换与盘活置换两种。前者是指对城乡建设用地增长"双挂钩"。后者是通过闲置土地的再利用节约建设用地指标，并将节约建设用地指标进行跨区交易。

（三）土地置换的目标和原则

土地置换是土地资源优化配置的过程。一般说来，土地置换发生土地用途改变，有利于提高土地利用和自然环境的适宜性，挖掘土地自然生产潜力，促进生态环境保护；通过发挥区位优势和土地级差效益，土地利用收益相应提高，土地用途转变与土地资产价值增值相结合。土地置换通过土地集中布局，有利于集聚效益和规模经济效益的发挥，促进土地资源配置与人的迁移方向相协调，土地资源配置和生产合理布局要求相符合。土地置换以高层次产业替代低层次产业，生产价值链从低端向高端转移，土地利用结构调整同产业结构升级方向相一致。

总之，土地置换的目标是使土地利用要求与土地质量相互匹配，通过土地资源优化配置，调整土地利用结构和布局，使土地自然生产潜力充分发挥，实现土地资产价值增值，提高土地利用效率和效益，保证土地资源可持续利用。

土地置换的基本原则为：
（1）合法合规原则；
（2）平等、自愿、有偿原则；
（3）集中布局原则；
（4）节约集约利用原则；
（5）区内优先的原则；
（6）不改变土地所有权，先复垦，后置换的原则；
（7）有限期流动原则；
（8）生态保护原则。

（四）土地置换的运行机制

1. 合作建设工业园区

合作建设工业园区是现阶段发展农村经济、增加农村土地级差的一个重要途径。作为土地置换的运行机制之一，合作建设工业园区主要采取共建共享的模式。具体而言，各农村集体组织基于经济发展的需要，在选定符合工业园区生产、生活条件的优势区位后，从各自内部划出一部分建设用地指标共同用于工业园区建设，通过规划对其进行集中布局，以便形成规模经济效益。在工业园区建设的过程中，农村集体组织为节约资金，可以采取托管的方式给具有一定管理经验、产业基础和资金的受托方进行基础投资、建设、招商及管理，其中前期开发收益归受托方所有，后期收益则由双方按比例分成。农村集体组织也可以采取入股的形式，与实力雄厚企业成立股份合资公司，共同负责园区的规划、投资、招商引资及管理工作，收益按股份分成。农村集体组织还可以采取产业招商的模式，对特定产业或重点区域进行招商，通过税收等方面的优惠吸引相关行业企业落户园区并进行开发。此外，农村集体组织还可采取其他方式或综合上述几种模式对工业园区进行合作开发。合作建设工业园区的运行机制如图5.10所示。

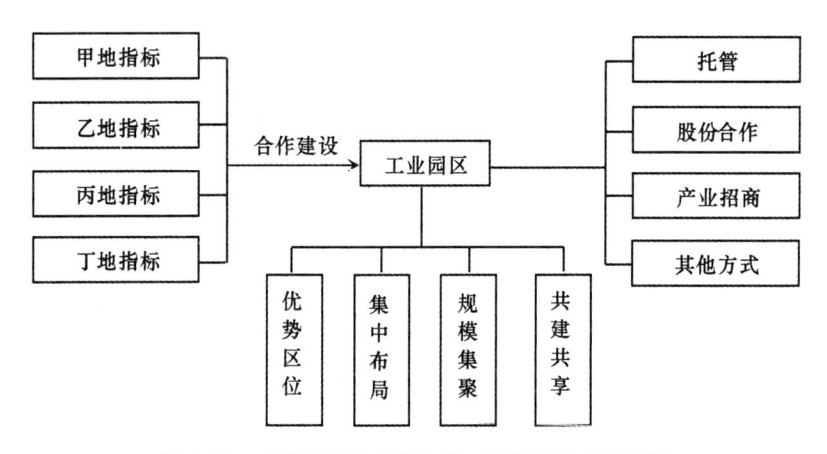

图5.10　土地置换中合作建设工业园区运行机制图

资料来源：原创。

2. 城乡建设用地增减挂钩

城乡建设用地增减挂钩即农村居民点减少与城镇建设用地增加相挂钩，其运行机制采取政府主导、企业投资、集体参与的模式。具体而言，企业要想取得建设用地指标的使用权，必须要先具有可供开发的项目，并报当地政府相关部门备案，在审查合格后，在符合农转非用地标准的前提下，企业为获得建设用地指标，应坚持先补后占的原则，需首先对复垦区内农村集体建设用地进行复垦，开发成耕地或标准农田，经当地农业主管部门验收通过后，方可从政府处取得选址区建设用地的开发资格。企业在取得开发资格后，在符合规划的前提下，可用市场价格从复垦区购买集体建设用地指标并在选址区内占用同等面积、同等质量的耕地,进行非农建设与开发。在此过程中,政府应保证选址区内集体建设用地的供应。复垦区内闲置农居点进行整理和复垦后所形成的耕地的使用权,在一定年限以内亦归开发企业,用以补偿整理和复垦的费用,企业可用市场价格将土地租赁给务农者耕种。对于复垦区而言,在企业将其区域内的农居点复垦为耕地后,同时可从政府处获得相应增加的建设用地指标。复垦区的农村集体组织或农民既可以选择将建设用地指标以作价入股的形式参与选址区的建设用地开发,获得企业分红,也可以选择将建设用地指标转让给企业;对于选址区而言,在企业将其区域内的耕地开发成建设用地后,可以从政府那里减免耕地保护的指标,并与复垦区共享农用地变更为建设用地后的土地增值差价,也可以通过入股等形式参与选址区建设用地的开发和分红。增减挂钩的运行机制如图5.11所示。

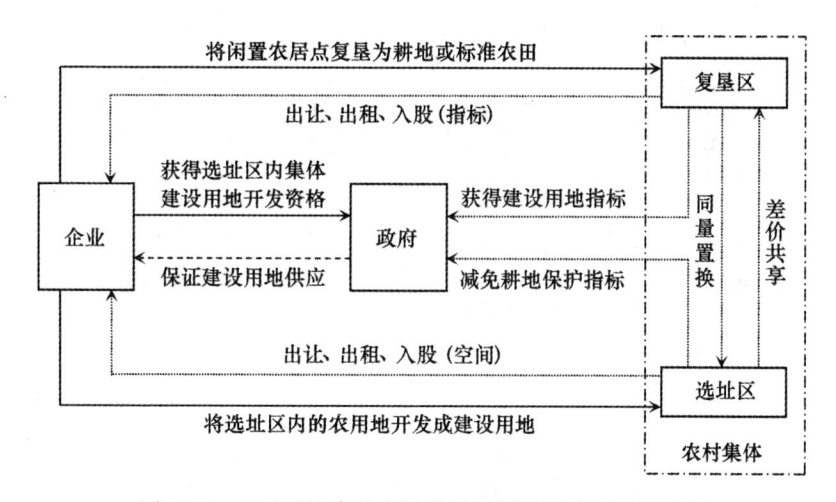

图5.11 土地置换中城乡建设用地增减挂钩运行机制图

资料来源:原创。

3. 地票交易

地票交易是通过复垦闲置农村集体建设用地所得指标置换城镇建设用地指标的一种交易方式,其实质是城乡建设用地增减挂钩过程中土地发展权的交易。地票交易,不仅能提高闲置集体建设用地的利用率,保证耕地总量,满足日益扩大的建设用地市场需求,而且能使农民分享城市化带来的土地红利。作为土地置换的运行机制之一，地票交易主要采取建设用地指标证券化交易的模式。具体而言，在农村土地使用权划分为农地承包经营权、集体建设用地使用权、四荒地使用权的前提下，地票交易首先通过土地复垦，将集体建设用地使用权转变为农地承包经营权，由此形成土地发展权的还原机制，并通过这一机制获得土地进行非农开发的权利（土地发展权），其具体表现形式为建设用地指标。其后通过证券化的形式（地票）将建设用地指标在市场上进行交易，最终达到统筹城乡土地利用的目的。由此，地票购买方（企业等经济组织）获得了在城镇优势区位进行土地非农开发与建设的权利，而地票转出方（农村集体组织）除获得地票交易收益外仍享有复垦后耕地的所有权，取得耕种农作物及其他非农建设以外的收入。地票交易的运行机制如图 5.12 所示。

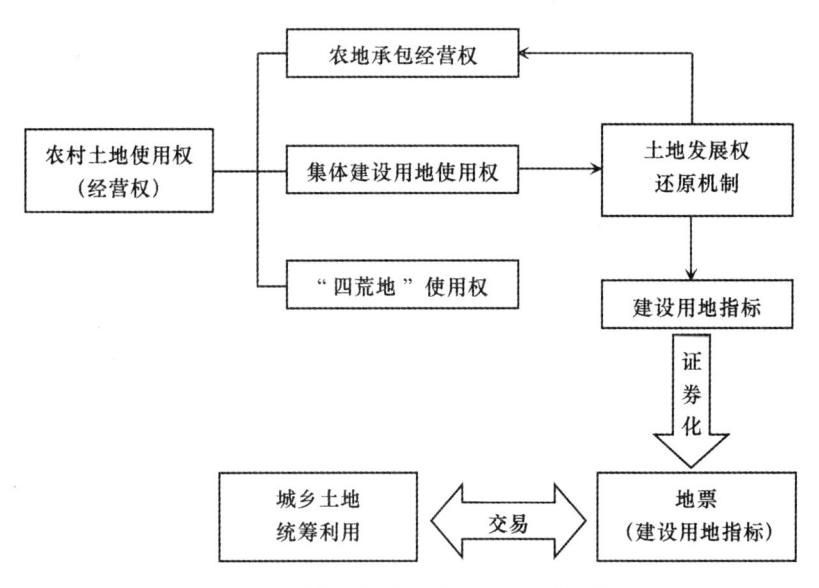

图 5.12　土地置换中地票交易运行机制图

资料来源：原创。

4. 城镇旧城改造与建设用地重划

城镇旧城改造及建设用地重划对加快农村城镇化进程、提高土地市场价值及利用率具有重要的推动作用。作为土地置换的运行机制之一，城镇旧城改造主要采取土地整治与权属置换相结合的模式。具体而言，首先通过对零散的、不规则的、闲置的、无法利用的农村集体建设用地进行土地整治，即通过权属调整和质量改造使之变为规则的、可利用的、高效的土地；其次，对原先改造过程中的集体建设用地采取同价置换的方式进行还建，即对于原先集体建设用地的使用者而言，给予土地整治之前价值相当的建设用地一块。由于整治过程中提高了土地利用率，集约节约利用了土地，因而同价置换后会产生一部分剩余土地。对于此部分土地，可以采取市场出让的方式获取建设所需资金，并将其用于公共基础设施投资，用以完善还建过程中相关地块的基础设施配套。城镇旧城改造与建设用地重划的运行机制如图5.13所示。

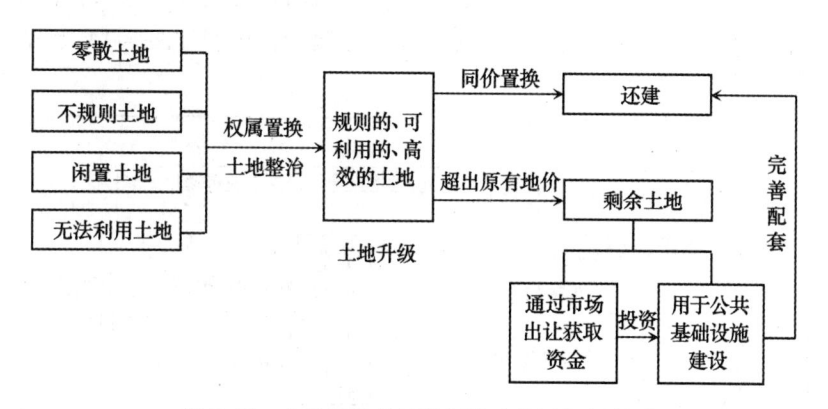

图5.13 土地置换中城镇旧城改造运行机制图

资料来源：原创。

5. 农村人口迁移与城镇体系重建

农村人口迁移与城镇体系重建对于优化人居环境、节约集约利用土地、提高城镇服务水平具有重要的现实意义。作为土地置换的运行机制之一，城镇体系重建主要采取"三个集中"的模式，即农民居住向城镇集中，工业向园区集中，农村土地向规模经营集中。具体而言，农民居住向城镇集中，是通过土地置换以实现人口集居，促进农村人口非农化就业，实现农民向城镇居民的转变。人口集居有利于增强城镇体系竞争实力，有利于提高农业劳动生产率，实现耕地连片，有利于扩大居民消费水平和能力，进而促进产业集聚，有利于建设村镇占地，进而增加建设用地储备；工业向园区集中，是通过招商引资以实现产业集聚，通过扩大重点工业区规模，逐步改变乡镇企业零散分布的区位格局，进而实现经济效益、社会效益与环境效益的统一。通过重新调整产业布局，选择交通便利程度高、环境污染影响小、土地集聚效益高的区位进行综合开发，提高建设用地集约利用率，转变农村地区粗放型经济增长的格局，促进企业规模经营效益的形成。产业集聚，有利于加快城镇经济发展，有利于创造就业机会，进而促进人口集居，有利于促进农业现代化，进而实现土地规模经营，有利于提高企业用地效率，进而节省建设用地指标。农村土地向规模经营集中，是通过土地置换以实现耕地连片，促进农业现代化水平的提高以及规模效益的形成。耕地连片，有利于确保粮食安全，有利于耕地保护。此外，产业集聚、人口集居、土地集约过程中所增加的建设用地储备，又为城镇体系重建保障了用地供给。城镇体系重建运行机制如图 5.14 所示。

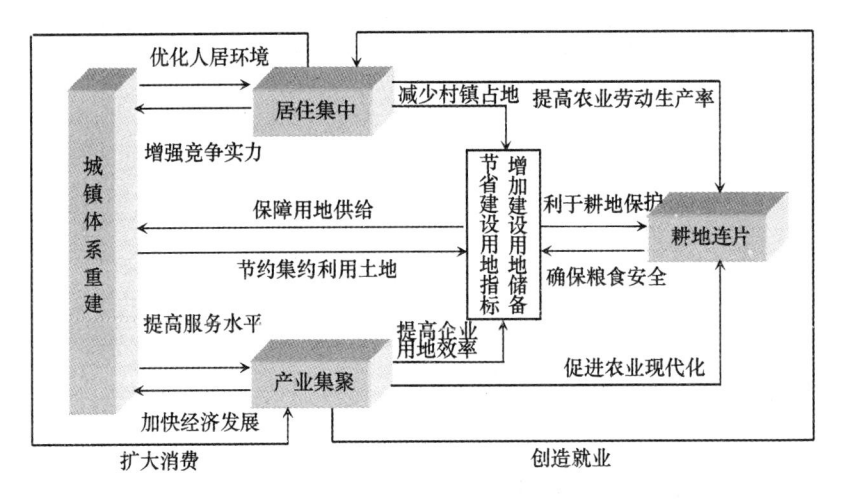

图 5.14　土地置换中城镇体系重建运行机制图

资料来源：原创。

6. 新农村建设与村庄集聚

新农村建设与村庄集聚能将分散的土地重新进行整合，通过市场力量使其实现价值增值，不仅能盘活农村居民点、增加耕地，而且能促进农业的规模化经营，为农村的城镇化创造条件。作为土地置换的一种方式，村庄集聚主要采取原拆原建或异地重建的模式。具体而言，对于旧有农村居民点大量闲置的空心村，如果村庄是具有一定人口规模、公共设施较为完备的中心村,则采取原拆原建的方式,其目的是充分利用原有的公共基础设施,减少大量人口迁移的成本。如果村庄本身位置较为偏远,基础设施配套不完善,则采取在异地重新规划土地,进行新农村建设的方式,其目的是集中优势公共资源、化零为整,形成新的中心村。对由于经济发展需要或政策规划需进行撤并的村庄,也应采取异地重建的形式进行新农村建设。无论是空心村改造还是村庄撤并,都是通过重建达到节约集约利用土地的目的,因而可以在重建的过程中对原有的部分闲置农村居民点进行复垦,节省出建设用地指标,置换新村建设中异地重建所占用的耕地或转让给指标紧张的地区。村庄集聚的运行机制如图5.15所示。

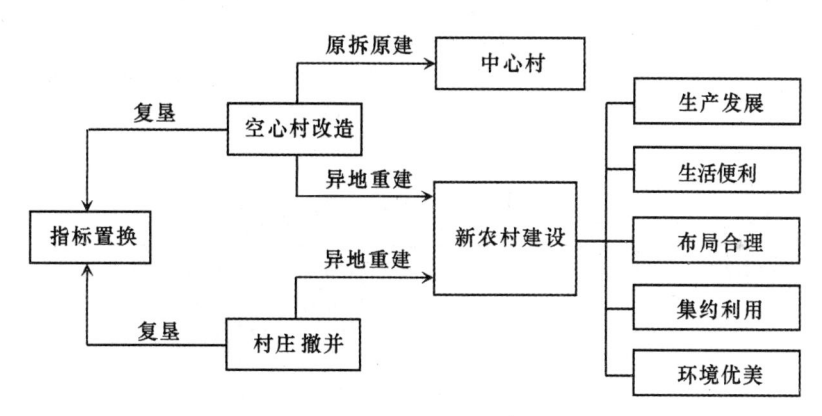

图5.15 土地置换中村庄集聚运行机制图

资料来源：原创。

根据姜山镇的实地调研，该镇土地置换的运行机制主要采取上述村庄集聚的模式。在此基础上，姜山镇按照现状条件和城乡建设需要，在村庄集聚过程中将现有的自然村区分为城镇型、扩展型、保留型、撤并型和特色型等5种类型，因地制宜，合理撤并。其中：城镇型，即城镇改造型，是指按城市标准建设的村庄；扩展型，即集聚发展型，主要指确定的中心村，此类村庄需提高集聚服务能力，加强基础设施和公共服务设施的投入，完善服务功能，并在土地供给投资等方面要给予支持；保留型，即限制规模型，此类村庄允许就地改造，要限制其建设规模的扩张，引导当地居民向重点镇与中心村集聚；撤并型，即搬迁撤并型，主要指由于生态环境保护、大型基础设施建设、扶贫移民、空心村等需要撤并搬迁的村镇；特色型，即特色保护型，主要指具有地方特色、历史价值的村镇，特别是历史文化名镇、名村，其应注意人脉和文脉的延续和保护，重视对整体风貌的保护和管理。

其中城镇型、扩展型、保留型自然村的人口比例最高，共占自然村总人口的86.1%。城镇型主要集中在姜山镇中心镇区，扩展型主要集中在姜山镇茅山点、朝阳点、蔡廊桥点等中心村。保留型主要包括大部分均分布在姜山镇域内的自然村。撤并型主要包括以下几类：一是在城镇快速发展的过程中，由城市功能的外溢、工业园区选址等需要撤并的自然村；二是由于姜山镇区自身空间拓展所吸纳的部分自然村；三是由于自身规模小、距离远、区域基础设施配套不完善等限制村庄继续发展的自然村。上述撤并村落总量较少，占人口总数的12.9%。特色型为姜山镇范围内具有历史文化价值的自然村，例如走马塘进士村等。姜山镇村庄集聚规划如表5.1所示。

表5.1　　　　　　　2012—2020年姜山镇村庄集聚规划表

村庄集聚类型	自然村个数（个）	现状人口总数（人）	规划人口总数（人）	现状建设用地（公顷）	现状人均建设用地（平方米/人）	现状人口比例（%）
城镇型	9	31989	105000	311.20	97.30	26.0
扩展型	26	22878	41500	356.60	155.90	18.6
保留型	116	50892	33150	535.90	105.30	41.4
撤并型	38	15821	0	118.40	74.80	12.9
特色型	1	1296	1350	15.70	121.50	1.1
合计	190	122876	181000	1337.80	554.8	100.0

到2020年，姜山镇通过村庄集聚和新农村建设，将使得城乡建设用地规模达到2490公顷，比2007年增加1011.32公顷，其中城镇用地增加551.83公顷，工矿用地增加449.12公顷，农村居民点增加10.37公顷。姜山镇2020年规划用地结构如表5.2所示。

表 5.2　　　　　　　2020 年姜山镇规划用地结构表

用地类型和分区		用地面积（公顷）	比例（%）
城镇建设用地	镇区	892	10.49
	鄞州工业园区	915	10.76
	合计	1807	21.25
村庄建设用地	茅山	188	2.21
	顾家	64	0.75
	蔡廊桥	169	1.99
	其他行政村	262	3.09
	合计	683	8.04
水域、农林牧用地与其他	水域	430	5.06
	农林牧用地	5054	59.46
	其他	269	3.16
	合计	5753	67.68
区域性交通设施用地		257	3.02
合计		8500	100.00

（五）土地置换的测算

对农村集体建设用地集约用地的潜力进行测度，是进行土地置换的前提和基础。只有科学、准确地测算出可供复垦和开发的农村集体建设用地数量，才能有效地确定土地置换的用地规模和水平，并为制定土地利用规划和政策提供依据。潜力测度的精确性关系到未来土地置换的可实现程度和经济效益，因而成为整个土地置换环节的关键所在。

1. 姜山镇农村居民点用地现状分析

从姜山镇农居点占地总面积分析，除去姜山头村、侯家村、仪门村、墙弄村等八个行政村属于镇政府所在地或集镇中心区，其区域范围内农居点随着城镇化进程土地性质发生改变外，姜山镇其他行政村中蓉江村农居点占地总面积最高，其次为同三村、新张俞村、顾家村、茅山村和上游村，上述六个行政村农居点占地面积都超过了 20 公顷。从姜山镇人均农居点用地分析，蓉江村、顾家村和东林寺村最高，超出了 150 平方米/人的国家规定的上限标准，其中东林寺村人均占地达 184.96 平方米/人，超过了国家上限标准 34.96 平方米/人。此外，姜山镇人均农居点用地面积超过 100 平方米/人的行政村达 30 个，占姜山镇行政村数量的 60% 以上。姜山镇各行政村农村居民点总面积以及人均农居点占地面积如图 5.16 所示。

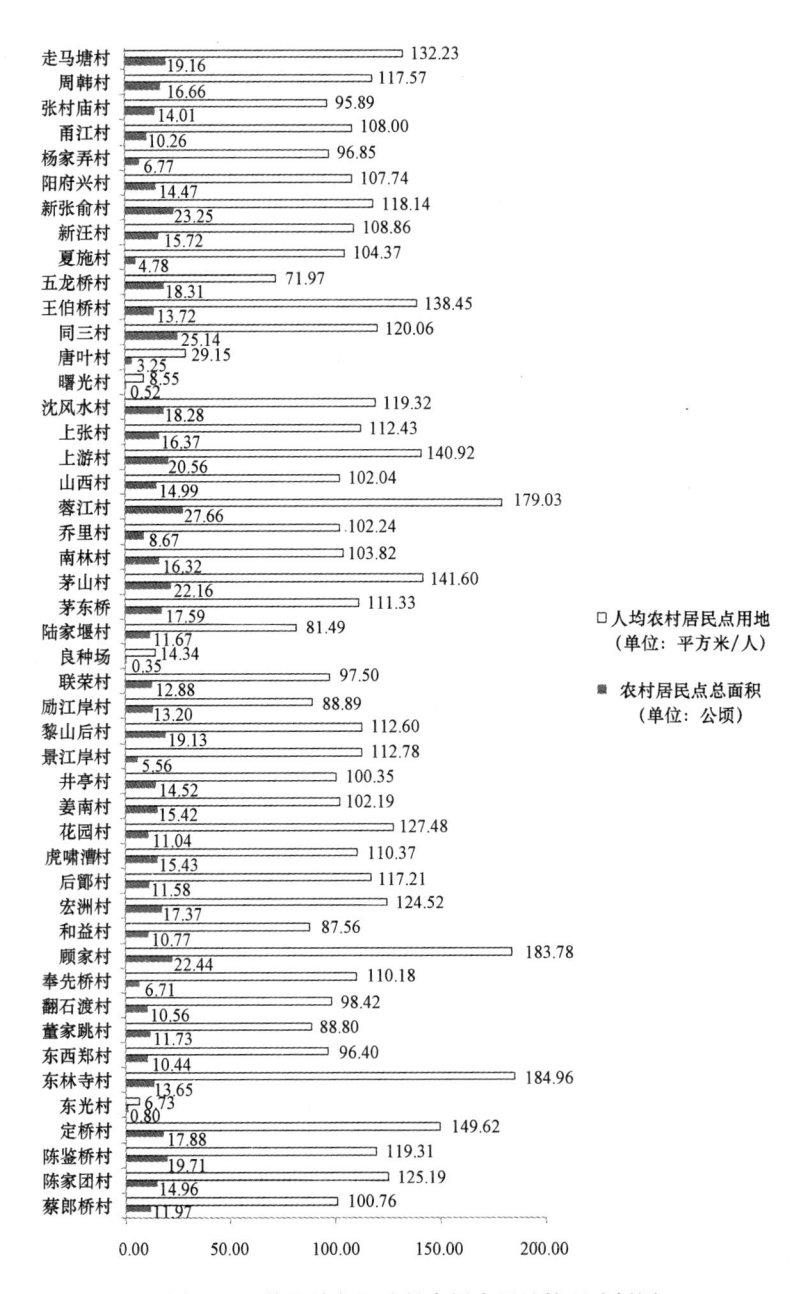

村名	人均农村居民点用地(平方米/人)	农村居民点总面积(公顷)
走马塘村	19.16	132.23
周韩村	16.66	117.57
张村庙村	14.01	95.89
甬江村	10.26	108.00
杨家弄村	6.77	96.85
阳府兴村	14.47	107.74
新张俞村	23.25	118.14
新汪村	15.72	108.86
夏施村	4.78	104.37
五龙桥村	18.31	71.97
王伯桥村	13.72	138.45
同三村	25.14	120.06
唐叶村	3.25	29.15
曙光村	0.52	8.55
沈风水村	18.28	119.32
上张村	16.37	112.43
上游村	20.56	140.92
山西村	14.99	102.04
蓉江村	27.66	179.03
乔里村	8.67	102.24
南林村	16.32	103.82
茅山村	22.16	141.60
茅东桥	17.59	111.33
陆家堰村	11.67	81.49
良种场	0.35	14.34
联荣村	12.88	97.50
励江岸村	13.20	88.89
黎山后村	19.13	112.60
景江岸村	5.56	112.78
井亭村	14.52	100.35
姜南村	15.42	102.19
花园村	11.04	127.48
虎啸漕村	15.43	110.37
后鄮村	11.58	117.21
宏洲村	17.37	124.52
和益村	10.77	87.56
顾家村	22.44	183.78
奉先桥村	6.71	110.18
翻石渡村	10.56	98.42
董家跳村	11.73	88.80
东西郑村	10.44	96.40
东林寺村	13.65	184.96
东光村	0.80	6.73
定桥村	17.88	149.62
陈鉴桥村	19.71	119.31
陈家团村	14.96	125.19
蔡郎桥村	11.97	100.76

图 5.16 姜山镇各行政村农居点用地情况分析图

由此可见，姜山镇有相当数量的行政村农居点用地比较粗放，农居点整理和复垦的潜力较大，同时又由于姜山镇是全国改革发展试点小城镇，经济增长一直较为活跃，一些地处城镇中心区的行政村又面临建设用地紧张的局面，因此采用土地置换的方式不仅有利于节约集约利用土地，提高土地资源的利用效率，而且有利于解决某些地方建设用地紧张的难题，更加有利于让广大的农民群众享受土地置换所带来的土地红利。

2. 数据来源与方法

本研究以宁波市鄞州区姜山镇的实地调研资料为主要数据来源，主要包括：2009—2012年姜山镇土地利用现状图、姜山镇区位图、姜山镇建设用地分布图、姜山镇农村居民点用地分布图、姜山镇土地利用规划图、姜山镇土壤图、姜山镇村庄评价图、姜山镇城镇体系布局图、姜山镇产业布局图、姜山镇村庄布点规划、姜山镇土地利用变更调查资料（1998—2012年）、农用地质量分等规程（GB/T 28407-2012）、鄞州区生态环境功能区划图、鄞州区农村环境保护规划、鄞州区生态规划、《鄞州区统计年鉴（2006—2012年）》、姜山镇统计资料（2001—2012年）等。数据处理方法主要是基于 $Arcgis$9.3 平台，在姜山镇农居点用地分布图的基础上，与其他相关图件进行叠加，从中提取农村居民点地块、生态保护区域、空间管制区域等与农居点地块属性相关的指标数值。对于无法直接通过图件提取的指标数值，例如社会、经济等评价指标，则通过与 $Arcgis$ 的空间属性进行关联，进而形成相关指标属性的数据库。

3. 潜力测度模型构建

第一，土地置换理论潜力的测度模型

目前，对于农村集体建设用地土地置换中农村居民点整理和复垦的潜力测度，有多种测算方法，比较常用的有建设用地人均值法（陈荣清、张凤荣等，2009）、建筑容积率法（李衡、刘晓光等，2007）、三分法（林坚、李尧，2007）、动态平衡法（麻战洪、文志军等，2007）、遥感影像分析法（朱晓华、陈秧分，2010）、修正系数法（魏洪斌、廖和平，2010）等。上述方法中，建设用地人均值法应用较为广泛，但由于测算的潜力数值偏大，在实际操作中容易产生误差，因而该方法测算的数值一般作为理论潜力数值看待。

土地置换的理论潜力是现状农居点与规划期末农居点面积的差值，其计算公式如下：

$$L(T) = \sum_{i=1,j=1}^{m,n} (M_{现状ij} - M_{人均标准ij} \times Q_{ij}) \tag{5.1}$$

公式 5.1 中：$L(T)$ 为土地置换的理论潜力，i 为村庄个数（$i \leq m$），j 为村庄类别（$j \leq n$），$M_{现状ij}$ 为 j 类别的 i 村庄农村居民点的现状面积，$M_{人均标准ij}$ 为 j 类别的 i 村庄人均农居点用地标准，Q_{ij} 为 j 类别的 i 村庄某个年限期末的农村人口预测数量。

上式中村庄农村人口的预测数量 Q_{ij} 主要由农村人口现状、自然增长率、人口机械增长数三个因素共同决定，其预测公式为：

$$Q_{ij} = Q_{基期年ij} \times (1+k)^n \pm \Delta Q \tag{5.2}$$

公式 5.2 中：$Q_{基期年ij}$ 为基期年 j 类别的 i 村庄的农村人口数量，k 为农村人口的自然增长率，n 为预测年限数，ΔQ 为农村人口的机械增长数。

此外，关于公式 5.1 中村庄人均农居点用地标准 $M_{人均标准ij}$ 的确定，采取下述方法获取。

首先，通过德尔菲法及层次分析法，从影响土地置换的相关指标中选出权重较大的若干关键指标，并对这些关键指标进行主成分分析。主成分分析是数学上对数据降维的一种方法，其基本思想是设法将原来众多的具有一定相关性的指标 X_1，X_2，…，X_p（比如 p 个指标），重新组合成一组较少个数的互不相关的综合指标 Fm 来代替原来指标。主成分分析既能最大限度地反映原变量 X_p 所代表的信息，又能保证新指标之间保持相互无关（信息不重叠）。在土地管理研究中，主成分分析作为土地变化影响因素的分析工具被广泛采用（冯科、吴次芳，2007；高啸峰等，2009）。

其次，根据主成分分析的结果，对累积贡献率较大的主成分再进行聚类分析。聚类分析是将对象的集合分组成为由类似的对象组成的多个簇的过程。由聚类所生成的簇是一组数据对象的集合，这些对象与同一个簇中的对象彼此相似，与其他簇中的对象相异。一个簇中的数据对象可以被作为一个整体来对待。聚类的生成的簇可以作为区域划分的依据（杨志恒，2010）。Ward 法（最小离差平方和系统聚类法）是在区域划分中常使用的聚类方法，其基本原理是先将集合中每个样本自成一簇，在进行簇别合并时，计算簇重心间的方差，将离差平方和增加的幅度最小的两簇首先进行合并，再依次将所有簇别逐级进行合并（约翰逊·罗伯特等，2013）。

最后，根据上述主成分分析和聚类分析的结果，可以把姜山镇村庄分为四种类型，并根据每种类型村庄的实际情况，结合住建部《镇规划标准（GB50188-2007）》（详见表5.3），赋予四类村庄不同的人均农居点用地标准，进而针对不同类型村庄计算相应的土地置换潜力。

表5.3　　　　　　　　规划人均建设用地指标表

现状人均建设用地指标（平方米/人）	规划调整幅度（平方米/人）
≤60	增 0—15
>60—≤80	增 0—10
>80—≤100	增、减 0—10
>100—≤120	减 0—10
>120—≤140	减 0—15
>140	减至140以内

资料来源：住建部《镇规划标准值（GB50188-2007）》。

第二，土地置换实际潜力的测度模型

根据经济学中"木桶原理"（Wooden Buckets Effect）与英国学者布莱克蒙（Blanck man）提出的"最小因子限制律"可知，土地置换的理论潜力只是测算出在理想的状态下，对农居点进行整理和复垦所能达到的最大面积，然而在实际操作过程中，由于难以避免地会受到周边自然条件、经济水平、社会意志、生态环境、政策规划等诸多因素的影响，土地置换的理论潜力与实际情况仍会产生一定的误差。因此，需要综合考虑上述影响因素，在对理论潜力进行测算的基础上，计算出自然、经济、社会、生态、政策等限制因子对土地置换产生的影响系数，再利用这些系数对测算的理论潜力进行修正，进而得出土地置换的实际潜力测度模型，如公式5.3所示。

$$L(R) = L(T) \cdot f(n) \cdot f(e) \cdot f(s) \cdot f(a) \cdot f(p) \quad (5.3)$$

公式5.3中：$L(R)$ 为土地置换的实际潜力；$L(T)$ 为土地置换的理论潜力；$f(n)$ 为自然协调度因子；$f(e)$ 为经济协调度因子；$f(s)$ 为社会协调度因子；$f(a)$ 为生态协调度因子；$f(p)$ 政策协调度因子。

（1）自然协调度因子 $f(n)$。公式5.3中村庄自然协调度因子 $f(n)$

的计算采用村庄内各农居点地块自然协调度系数加权平均的方法获得，其计算公式如下：

$$f(n) = \sum_{i=1}^{n} \left(\frac{s_i}{s} \cdot C_{si} \right) \tag{5.4}$$

公式 5.4 中：S_i 为某村庄农居点地块 i 的面积，S 为某村庄农居点的总面积，n 为某村庄内农居点地块总数，C_{si} 为某村庄内农居点地块 i 的自然协调度系数。

公式 5.4 中 C_{si} 的确定则是通过采用最新国土资源行业标准《农用地质量分等规程（GB/T 28407-2012）》中计算土地自然质量分的获得方法，其计算公式如下：

$$C_{si} = \frac{\sum_{k=1}^{m} w_k \cdot f_k}{100} \tag{5.5}$$

公式 5.5 中：m 为评价指标个数，k 为评价指标编号，w_k 为第 k 个评价指标的自然质量分值，f_k 为第 k 个评价指标的权重。

公式 5.5 中农居点地块自然协调度系数所采用的评价指标体系，以上述《农用地质量分等规程》中江南区土壤指标、江南区土壤环境指标、江南区土地评价因素及权重作为主要参考，具体指标详见表 5.4。对于指标体系中排水条件、灌溉保证率等无法直接从拟整理的农居点地块获取的指标，则用该地块附近农用地的自然条件进行替代，即默认对农居点进行整理和复垦后可以达到该地块附近农用地的质量水平。

表5.4　　　　　　土地置换自然协调度评价指标体系表

分值	有效土层厚度（cm）	表层土壤质地	障碍层距地表深度（cm）	土壤有机质含量	土壤 pH 值	排水条件	灌溉保证率
100	≥100	壤土	60—90	1级	1级	1级	充分满足
90	60—100			2级	2级	2级	基本满足
80		黏土	30—60	3级	3级	3级	一般满足

续表

分值	有效土层厚度（cm）	表层土壤质地	障碍层距地表深度（cm）	土壤有机质含量	土壤 pH 值	排水条件	灌溉保证率
70		砂土		4 级			
60	30—60		<30	5 级	4 级	4 级	无灌溉条件
50		砾质土					
40							
30	<30				5 级		
20							
10							
权重	0.18	0.14	0.05	0.08	0.09	0.2	0.26

资料来源：《农用地质量分等规程》。

（2）经济协调度因子 $f(e)$。公式 5.3 中经济协调度因子 $f(e)$ 主要受到整理和复垦费用、经济水平以及收益回报三个方面因素的影响。其中整理和复垦费用主要包括建筑物的拆迁费用、补偿费用、土地复垦费用，一般而言，建筑物成本越高、区位条件越好（即距离集镇和公路越近）、复垦条件越差则整理和复垦费用越高；经济水平主要包括政府、村集体以及村民个人的经济投资能力，用政府财政总收入、村集体农村经济总收入以及农民人均纯收入三项指标来表征政府、集体和个人的投资能力，三项指标越高，则表示投资能力越强，即土地置换的经济潜力就越大（宋伟、陈百明等，2008）；收益回报主要包括土地置换后耕地和集体建设用地流转所产生的效益，用单位面积粮食产量和单位面积企业用地出让金两项指标来表征。根据上述指标确定的土地置换经济协调度评价指标体系如表 5.5 所示。

表 5.5　　　　　　土地置换经济协调度评价指标体系表

一级指标（i）	权重（i）	二级指标（j）	权重（j）	影响
整理和复垦费用	0.45	单位面积拆迁费用	0.33	负效应
		单位面积补偿费用	0.49	负效应
		单位面积复垦费用	0.18	负效应

续表

一级指标（i）	权重（i）	二级指标（j）	权重（j）	影响
经济水平	0.25	财政总收入	0.43	正效应
		农村经济总收入	0.29	正效应
		农民人均纯收入	0.28	正效应
收益回报	0.30	单位面积粮食产量	0.41	正效应
		单位面积企业用地出让金	0.59	正效应

资料来源：根据宁波市姜山镇实地调研资料整理而成。

由于表5.5中各评价指标代表的实际意义及数值各不相同，难以直接评价，因而需要首先通过极差标准化方法将各项指标的具体数值进行无量纲化处理和趋同化处理，转化为可以统一评价的量化分值（吴松涛等，2007）。转化公式如下：

$$X_{ij} = \begin{cases} (x_{max} - x_{ij})/(x_{max} - x_{min}) \\ (x_{ij} - x_{max})/(x_{max} - x_{min}) \end{cases} \quad (5.6)$$

公式5.6中：x_{ij}为一级指标i中的二级指标j的量化分值，x_{ij}为评价指标的实际值，x_{max}为评价指标的实际最大值，x_{min}为评价指标的实际最小值。

在获得量化分值的基础上，根据上述土地置换经济协调度评价指标体系，经济协调度因子$f(e)$的计算公式为：

$$f(e) = \sum_{i=1}^{m} w_i \cdot (\sum_{j=1}^{n} X_{ij} \times W_{ij}) \quad (5.7)$$

公式5.7中：$f(e)$为经济协调度因子，X_{ij}的含义同公式5.6，w_{ij}为一级指标i中的二级指标j的指标权重，w_i为一级指标i的指标权重，m为一级指标个数，n为二级指标个数。

（3）社会协调度因子$f(s)$。主要从政府意愿、农民意愿两个维度来考察社会对土地置换的可接受程度。从政府意愿上分析，由于经济建设的需要，建设用地矛盾突出，为扩展建设用地来源，因而政府对农居点进行整理以及对土地置换的积极性更加强烈。从农民意愿上分析，由于土地是农民赖以生存的重要生活和生产性资料，农民一方面希望通过土地置换获得更多的经济收入，另一方面又不愿意失去土地，因而农民对土地置换存在着矛盾心理。在政府意愿维度上，用人均耕地面积、耕地整理潜力、人均建设用地面积、农村二、三产业产值比例、当地非农就业人口比例等五个指标来表征政府对土地置换的意愿程度。如果人均耕地面积较小、耕地整理潜力较低则说明政府通过农居点整理补充耕地的意愿强烈，如果人均建设用地较小、农村二、三产业产值比例较低、农村非农就业人口较少则说明政府通过土地置换增加建设用地用以发展经济的需求较为强烈；在农民意愿维度上，用农村高中以上学历人口比例、外出务工人口比例、农村公共设施用地比例、农村老龄人口比例等四个指标来表征农民对土地置换的意愿程度。如果农村高中以上学历人口比例以及外出务工人口比例较高，说明农民对土地的依赖性更小、进城定居的愿望更加强烈，因而对土地置换的接受度更高。如果农村老龄人口比例偏大、农村公共设施用地比例较高，则说明农村老年人口较多，思想观念较保守，同时又由于农村的生活便利程度已经能够满足他们的需求，因而对农居点进行整理以及土地置换的意愿并不强烈。根据上述指标确定的土地置换社会协调度评价指标体系如下表5.6所示。

表5.6　　　　　　　土地置换社会协调度评价指标体系表

一级指标（i）	权重（i）	二级指标（j）	权重（j）	影响
政府意愿	0.58	人均耕地面积	0.17	负效应
		耕地整理潜力	0.18	负效应
		人均建设用地面积	0.22	负效应
		农村二、三产业产值比例	0.27	正效应
		当地非农就业人口比例	0.16	正效应
农民意愿	0.42	农村高中以上学历人口比例	0.22	正效应
		外出务工人口比例	0.31	正效应
		农村老龄人口比例	0.26	负效应
		农村公共设施用地比例	0.21	负效应

资料来源：根据宁波市姜山镇实地调研资料整理而成。

社会协调度因子$f(s)$的计算与经济协调度因子$f(e)$的计算类似，可先参照公式5.6把指标的实际值转化为量化分值，再代入公式5.7得出结果。

（4）生态协调度因子$f(a)$。随着社会生态环境保护意识的不断增强，尤其在党的十八大以后，伴随着"美丽中国"概念的提出，生态文明建设被置于更加重要的地位。正是基于上述时代背景，生态协调度因子$f(a)$作为对土地置换产生影响的一个限制因素必须加以足够重视，即除了要从经济角度考虑土地置换所带来的效益增长之外，还应从生态安全和可持续发展的角度考虑土地置换后对生态环境所造成的影响。结合宁波市《鄞州区农村环境保护规划》和《鄞州区生态规划》，以生态环境功能敏感度为标准，将村庄所处区域划分禁止准入区、限制准入区、优化准入区、重点准入区四个层级，并设定相应的生态保护等级。其中禁止准入区内因具有较多的珍贵物种、文化景观等，保护等级最高（四级），因而不适宜进行土地的空间置换；限制准入区因包含重要水源等，保护等级次之（三级），也不适宜进行土地的开发活动；优化准入区由于环境敏感度一般，保护等级为二级，但因人口较为集中、用地紧张，需有条件进行土地的开发与整理；重点准入区因对生态影响较小，保护等级最低（一级），因而作为土地置换的主要区域。根据上述指标确定的土地置换生态协调度评价指标体系如表5.7所示。

表5.7　　　　土地置换生态协调度评价指标体系表

生态功能区类别	生态环境功能敏感度	保护与建设要求	保护等级	权重
禁止准入区	生态功能极重要，生态环境极敏感，具有特殊保护价值的地区，包括自然保护区、饮用水源保护区（一级、二级保护区）、重要的自然与文化遗产、风景名胜区和森林公园绝对保护区等。	全面保护禁止准入	高（4级）	/

续表

生态功能区类别	生态环境功能敏感度	保护与建设要求	保护等级	权重
限制准入区	生态服务功能重要或极重要、生态环境高度敏感或极敏感,对于维持区域乃至全省生态安全起到重要作用的地区。风景名胜区和森林公园(绝对保护区以外的区域)包括在内。	优先保护限制准入	中(3级)	/
优化准入区	生态环境敏感度为轻度或中等,生态服务功能中等或一般,开发历史久、开发活动对生态环境影响程度较深,产业结构与布局有待优化、人口密集、环境容量小、人均自然资源拥有率低的地区。	调整结构优化准入	一般(2级)	0.35
重点准入区	生态环境敏感度为一般,生态服务功能中等或一般,产业结构与布局相对合理、环境仍有一定容量、资源较为丰富、经济功能较强、具有发展潜力的地区。	合理布局重点准入	低(1级)	0.65

资料来源:根据宁波市《鄞州区农村环境保护规划》和《鄞州区生态规划》整理而成。

参照表 5.7 生态协调度的评价指标及相应权重,通过 Arcgis 软件将姜山镇农村居民点地块与生态环境功能区划专题图件进行叠加,从中获得相应农居点地块对应的生态保护等级,并对某村庄范围内各农居点地块和生态保护等级进行处理,利用公式 5.8 计算出生态协调度因子 $f(a)$。

$$f(a) = \sum_{i=1}^{m} A_i^{a=1} \cdot w/A + \sum_{j=1}^{n} A_j^{a=2} \cdot w/A \tag{5.8}$$

公式 5.8 中:$f(a)$ 为生态协调度因子,$A_i^{a=1}$ 为某村庄处于生态重点准入区范围内农居点地块 i 的面积,w 为重点准入区所对应的权重,m 为某村庄处于重点准入区范围内的农居点地块个数；$A_j^{a=2} \cdot w/A$ 为某村庄处于生态优化准入区范围内农居点地块 j 的面积，k 为优化准入区所对应的权重，n 为某村庄处于优化准入区范围内的农居点地块个数；A 为某村庄内农居点地块总面积。

（5）政策协调度因子 $f(p)$。除了上述限制因子的影响外，政府的公共政策以及土地利用规划、城镇总体规划、产业布局规划等都会对土地置换产生影响，因此用政策协调度因子 $f(p)$ 来表征上述政策因素对土地置换的影响程度。如果准备进行整理和复垦的农居点被划入了上述政策规划范围，则农居点的土地性质可能发生改变，转变为公共设施用地或其他建设用地，不能整理和复垦为耕地，降低了土地置换的潜力。因此，只有对位于上述政策规划空间管制范围以外的农居点进行复垦和整理才具有实际意义。在数据处理上，可以通过 Arcgis 平台将姜山镇农村居民点地块与姜山镇土地利用规划图、姜山镇城镇体系布局图、姜山镇产业布局图等专题图件进行叠加，从而确定政策规划范围以外的农居点地块的范围和面积，用公式 5.9 计算出政策协调度因子 $f(p)$。

$$f(p) = \sum_{i=1}^{m} A_i^p / A \tag{5.9}$$

公式 5.9 中：$f(p)$ 为政策协调度因子，A_i^p 为某村庄内位于政策规划范围以外的农居点地块 i 的面积，m 为某村庄内位于政策规划范围以外的农居点地块的个数，A 为某村庄内农居点地块总面积。

第三，指标权重设定。

相关指标权重的合理性直接影响到后续计算的科学性与精确性。在指标权重的确定过程中，对各指标相互之间的重要性程度进行量化是最难以把握的。

关于上述各评价指标体系表中相关指标及其权重的设定，除自然协调度评价指标及其权重以《农用地质量分等规程（GB/T 28407－2012）》为参考外，其他协调度的评价指标及其权重采取下述方法得出：首先，在结合历年统计资料的基础上，采用德尔菲法（Delphi Method）对众多指标进行筛选；其次，采用层次分析法（Analytic Hierarchy Process，AHP）

确定指标的权重。采用层次分析法主要是因为其可以对无法量化的指标进行评价，符合本研究中经济、社会、生态、政策等不同类型评价指标的特点。

层次分析法是由美国运筹学家萨迪（T. L. Saaty）于20世纪90年代初提出的确定权重的分析方法。其基本原理是将系统目标分解成各个组成元素，又将这些元素按支配关系分组形成递阶层次的结构，通过两两元素相互比较的方式确定层次中诸元素的相对重要性，然后计算出各层元素对系统目标的总权重。运用层次分析法通过两两比较的方法能比较准确地确定出各指标相对于某一目标的重要性程度，进而计算出相应的权重。层次分析法分析的基本步骤如下。

（1）建立系统目标的递阶层次结构。根据图5.17的方式将系统目标按支配关系分解为最高层、中间层与最低层。其中最高层为系统目标，中间层为对系统目标进行分解后得到的中间层次的元素，最低层为对中间层次元素进行分解后得到的最低层次元素。

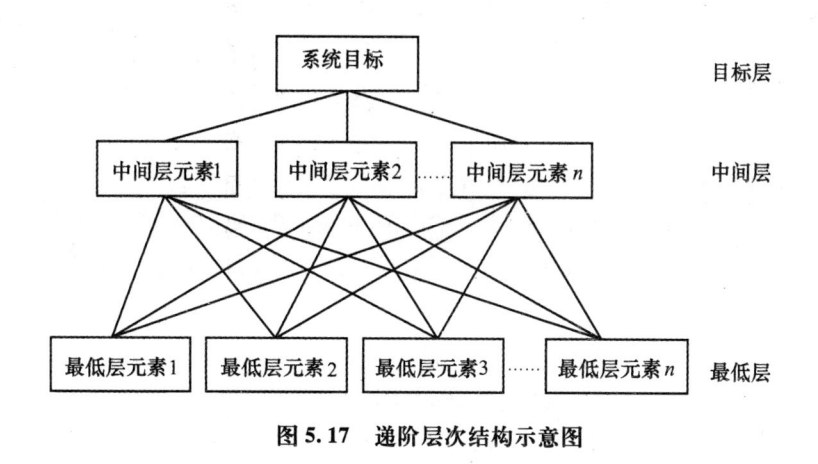

图5.17　递阶层次结构示意图

资料来源：根据层次分析法相关资料整理而成。

（2）计算各层次元素的重要性标度。对同一层次的各元素关于上一层次中某一元素的重要性进行两两比较，可得出该层次元素的重要性标度S_{ij}，S_{ij}的赋值方法如表5.8所示。

表 5.8　　　　　　　　元素重要性标度衡量方法

重要性标度 S_{ij}	含义
$S_{ij} = 1$	两元素 X_i 与 X_j 相比，具有同等重要程度
$S_{ij} = 3$	两元素 X_i 与 X_j 相比，X_i 比 X_j 稍微重要
$S_{ij} = 5$	两元素 X_i 与 X_j 相比，X_i 比 X_j 明显重要
$S_{ij} = 7$	两元素 X_i 与 X_j 相比，X_i 比 X_j 非常重要
$S_{ij} = 9$	两元素 X_i 与 X_j 相比，X_i 比 X_j 极端重要
$S_{ij} = 2, 4, 6, 8$	取上述两相邻判断的中间值
倒数	若元素 X_i 与 X_j 的重要性之比为 S_{ij}，则元素 X_j 与 X_i 的重要性之比为 $S_{ji} = 1/S_{ij}$

资料来源：根据层次分析法相关资料整理而成。

（3）计算各层元素的相对权重。在获得各层元素的重要性标度后，根据公式 5.10 可计算出各层元素的相对权重：

$$W_i = \frac{(\prod_{j=1}^{n} S_{ij})^{1/n}}{\sum_{k=1}^{n}(\prod_{j=1}^{n} S_{kj})^{1/n}} \quad (i = 1, 2, \cdots, n) \quad (5.10)$$

公式 5.10 中：W_i 为各层元素的相对权重；S_{ij} 为元素的重要性标度。

（4）计算元素的总权重。在计算出各层元素的相对权重后，根据公式 5.11 可计算出元素的总权重：

$$W_i^k = W^k \times W^{k-1} \times \cdots W^2 \quad (5.11)$$

公式 5.11 中：W_i^k 为元素 i 的总权重；W^k 为与元素 i 相关的各层对应元素的权重；k 为元素 i 所在的层数。

4. 姜山镇土地置换的主成分分析与聚类分析

在对姜山镇农村居民点用地现状进行深入分析的基础上，结合姜山镇历年统计资料及实地调研数据，确定影响该镇农村居民点用地的 29 个指标，其中表征工业影响程度的指标 3 个，表征农业影响程度的指标 5 个，表征服务业影响程度的指标 4 个，表征土地影响程度的指标 3 个，表征人口影响程度的指标 3 个，表征经济影响程度的指标 6 个，表征收入影响程度的指标 5 个。通过德尔菲法首先从 29 个指标中确定 11 个为关键指标（具体数据详见表 5.9），并对上述关键指标进行主成分分析，分析结果如表 5.10 所示。其中，前三个主成分的累积贡献率已达 69.91%，能较大地反映出整体的影响，由此计算前三个主成分的载荷矩阵可得出：第一主成分在 X_6（农村人口）、X_7（耕地面积）、X_8（粮食产量）载荷值较大，可称为农业条件成分；第二主成分 X_1 农经济总收入、X_3（工业收入）、X_9（人均纯收入）载荷值较大，可称为投资能力成分；第三主成分 X_{11}（人均农居点用地面积）载荷值较大，可称为土地集约度成分。因此，提取上述指标进入行政村单元聚类分析，聚类结果如图 5.18 所示。

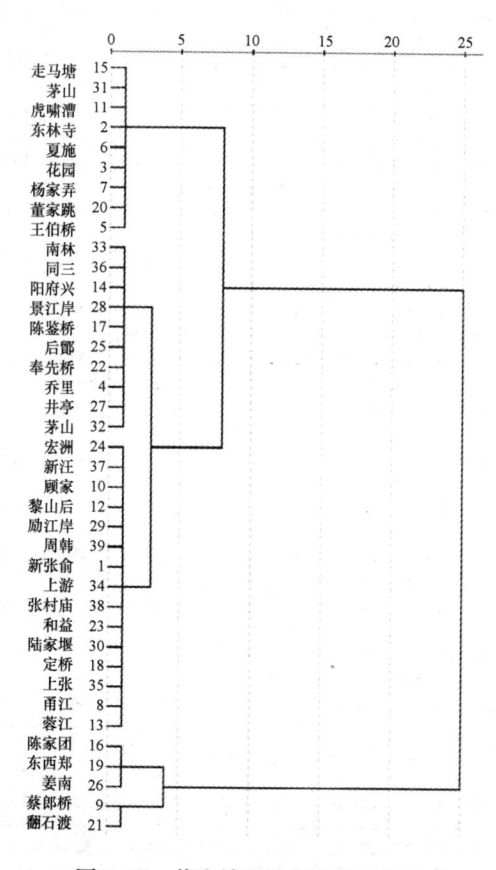

图 5.18 姜山镇行政村聚类分析结果

表 5.9　　　　姜山镇农居点用地关键影响指标统计表

行政村	农村经济总收入（万元）	农业收入（万元）	工业收入（万元）	服务业收入（万元）	总人口（人）	农村人口（人）	耕地面积（亩）	粮食产量（吨）	农民人均纯收入（元/年）	人均集体建设用地（m²）	人均农居点用地（m²）
蔡郎桥村	3455.46	210.20	2022.72	519.41	2018	1188	1126.00	955	17585	106.90	100.76
陈家团村	2764.64	477.52	1270.08	326.64	3010	1195	1716.00	276	17971	130.29	125.19
陈鉴桥村	1776.84	339.69	580.80	388.80	3252	1652	1630.00	720	10142	128.93	119.31
定桥村	1744.30	449.56	722.55	446.40	1875	1195	1340.00	724	12307	173.39	149.62
东林寺村	923.33	182.23	283.42	206.40	1608	738	400.00	266	11142	263.55	184.96
东西郑村	2789.21	177.14	1318.56	381.74	1353	1083	1321.00	360	17857	202.86	96.40
董家跳村	1389.44	393.90	210.56	182.40	1369	1321	1835.00	156	10357	92.43	88.80
翻石渡村	3188.85	94.48	2293.19	530.40	1975	1073	1064.00	438	17397	298.51	98.42
奉先桥村	1368.79	154.71	576.00	358.00	897	609	570.00	186	18857	371.10	110.18
顾家村	1965.03	277.69	860.83	374.69	2451	1221	1556.00	1066	14428	215.81	183.78
和益村	1761.77	305.23	780.86	313.58	1540	1230	1434.00	870	13764	115.37	87.56
宏洲村	1918.44	393.88	864.00	267.84	2284	1395	1803.00	740	13000	143.08	124.52
后邬村	1233.54	222.73	552.00	297.60	2170	988	1040.00	600	11642	129.96	117.21
虎啸漕村	1488.89	403.32	401.09	275.20	2048	1398	1840.00	1000	10090	156.87	110.37
花园村	941.21	217.10	321.09	154.80	969	866	1337.80	987	10564	295.27	127.48
姜南村	3106.36	451.53	1395.52	420.00	1934	1509	2394.00	918	17628	105.10	102.19
井亭村	1658.85	406.81	870.40	298.56	2647	1447	1623.00	934	10080	124.26	100.35
景江岸村	1398.09	315.99	588.00	144.91	988	493	787.00	458	13455	203.45	112.78
黎山后村	2007.50	482.52	811.68	187.73	2199	1699	2221.00	1433	11592	146.56	112.60
励江岸村	2058.12	478.52	902.40	192.00	2699	1485	1746.40	848	13142	111.85	88.89
陆家堰村	1739.20	250.94	791.53	223.78	1996	1432	1100.00	800	11331	87.22	81.49
茅东村	1692.75	189.56	760.00	241.60	2330	1580	2174.00	1200	10042	149.05	111.33
茅山村	1764.83	134.16	875.20	231.20	1667	1565	2207.60	3200	10643	195.65	141.60
南林村	1950.04	452.42	640.10	144.00	2022	1572	2694.00	2150	11283	111.90	103.82

续表

行政村	农村经济总收入(万元)	农业收入(万元)	工业收入(万元)	服务业收入(万元)	总人口(人)	农村人口(人)	耕地面积(亩)	粮食产量(吨)	农民人均纯收入(元/年)	人均集体建设用地(m²)	人均农居点用地(m²)
乔里村	1085.99	210.11	470.40	213.28	1060	848	1090.00	547	12028	154.95	102.24
蓉江村	2012.64	343.74	490.46	375.17	4395	1545	1604.00	757	12051	270.10	179.03
上游村	1924.97	328.17	682.08	246.34	2319	1459	1630.00	1273	11242	178.14	140.92
上张村	1589.36	432.25	692.45	358.08	3302	1456	1358.00	756	10625	271.50	112.43
同三村	2152.94	401.76	724.00	388.00	2212	2094	3222.00	2910	10010	129.47	120.06
王伯桥村	1686.36	166.16	691.65	153.60	1631	991	1352.40	1200	15685	144.70	138.45
夏施村	738.83	199.31	225.77	148.64	487	458	450.00	336	11230	106.11	104.37
新汪村	1931.05	441.93	861.12	220.32	2667	1444	2049.00	1210	12821	129.36	108.86
新张俞村	2271.06	328.52	958.56	292.80	2693	1968	2800.00	1560	11022	143.65	118.14
阳府兴村	1493.63	318.92	564.48	203.57	2066	1343	1542.20	1383	10825	146.69	107.74
杨家弄村	796.22	185.51	397.57	143.04	997	699	1070.00	580	10471	128.47	96.85
甬江村	1773.24	293.75	752.64	206.40	1623	950	1270.00	782	18214	160.32	108.00
张村庙村	1878.17	270.08	733.82	408.00	1973	1461	2180.00	686	12014	117.73	95.89
周韩村	2058.79	188.78	960.00	175.30	3617	1417	1416.00	325	13450	226.46	117.57
走马塘村	1486.85	279.45	660.00	144.00	1839	1449	2400.00	600	10028	135.61	132.23

表5.10　　　　　　　姜山镇农居点用地主成分分析结果

主成分	特征值	贡献率(%)	累积贡献率(%)	因素	第一主成分	第二主成分	第三主成分
1	3.34	30.35	30.35	X_1	0.27	0.89	-0.17
2	2.76	25.05	55.40	X_2	0.68	-0.30	0.05
3	1.60	14.51	69.91	X_3	0.23	0.88	-0.23
4	1.05	9.53	79.44	X_4	0.23	0.45	-0.02

续表

主成分	特征值	贡献率（%）	累积贡献率（%）	因素	第一主成分	第二主成分	第三主成分
5	0.68	6.15	85.59	X_5	0.56	0.32	0.51
6	0.54	4.89	90.48	X_6	0.94	0.01	0.11
7	0.45	4.05	94.53	X_7	0.91	-0.21	-0.04
8	0.33	2.97	97.50	X_8	0.70	-0.30	0.07
9	0.21	1.90	99.40	X_9	-0.07	0.78	0.20
10	0.05	0.47	99.86	X_{10}	-0.43	0.20	0.66
11	0.02	0.14	100.00	X_{11}	-0.03	-0.08	0.87

根据图5.18的聚类分析结果可知，杨家弄、夏施、董家跳等行政村社会经济发展相对落后，同时土地复垦的潜力相比其他行政村还有较大的开发空间，因而划分为一类村庄；陈鉴桥、奉先桥、乔里等行政村经济发展水平较低，而土地整理和复垦的潜力相对较高，因而划分为二类村庄；顾家、黎山后、励江岸等行政村经济发展和土地复垦的潜力均处于一般水平，因而归为三类村庄；蔡郎桥、翻石渡、东西郑、姜南等行政村是姜山镇经济发展较快的几个行政村，土地级差收益较高，人均农居点用地面积在全镇处于较低水平，土地整理和复垦潜力相对较低，同时各项社会、经济等指标比较接近，因而致使聚类分析中将其归为四类村庄。根据姜山镇调研情况分析，上述聚类分析结果与调研区域的实际状况基本一致。姜山镇四类村庄的分布情况如图5.19所示。

由于土地置换涉及政府、集体、农民三方利益，牵涉面广、面临问题多、实施情况复杂，如果在对土地置换进行潜力分析时仅是设置单一的人均农居点用地标准，将脱离实际情况，影响到土地置换的可实现程度。在土地置换的潜力计算过程中引入上述聚类分析结果，对不同类型的村庄设置与其实际情况相对应的不同的人均用地标准，并考虑到时间的差异性，对不同规划期末时段的人均用地标准区别对待，将有助于提高土地置换的可行性。

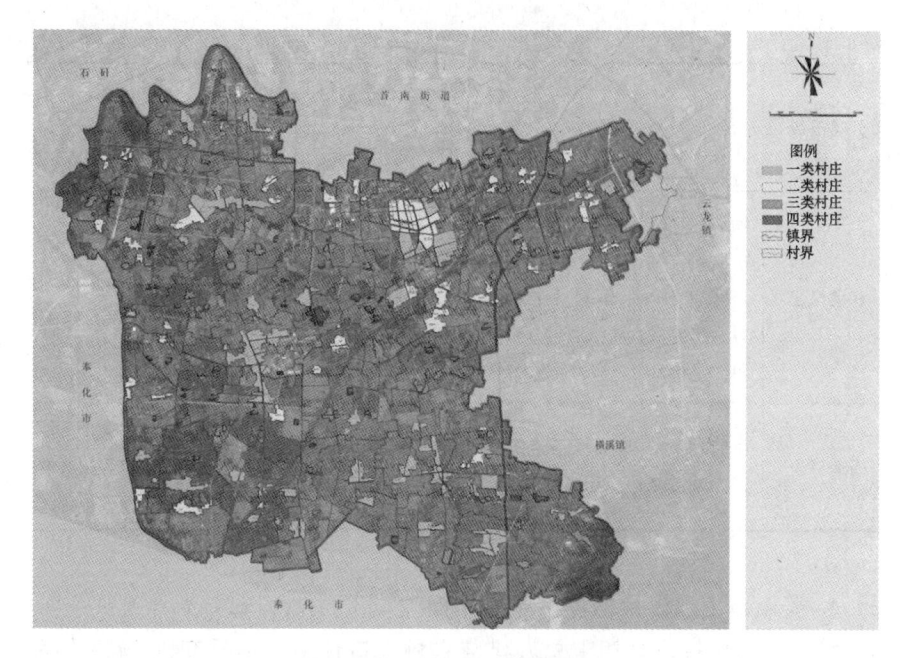

图 5.19　姜山镇村庄分类图

因此，本研究参照《镇规划标准（GB50188-2007）》中的人均用地指标，对姜山镇行政村按四个类别、两个规划期末时段（2015年和2020年）设置差异化的人均用地标准（如表5.11所示）。

表 5.11　　　　姜山镇土地置换人均用地分类标准

分类等级	村庄名称	人均用地标准（平方米/人） 2015 年	人均用地标准（平方米/人） 2020 年	说明
一类村庄	花园村、杨家弄村、夏施村、董家跳村、东林寺村、王伯桥村、走马塘村、茅东村、虎啸漕村	105	95	经济发展水平低，土地整理和复垦潜力高，土地级差收益低。
二类村庄	同三村、南林村、阳府兴村、景江岸村、陈鉴桥村、后郧村、奉先桥村、乔里村、井亭村、东西郑村	95	90	经济发展水平较低，土地整理和复垦潜力较高，土地级差收益较低。

续表

分类等级	村庄名称	人均用地标准（平方米/人） 2015年	人均用地标准（平方米/人） 2020年	说明
三类村庄	宏洲村、新汪村、顾家村、黎山后村、励江岸村、周韩村、新张俞村、上游村、张村庙村、和益村、陆家堰村、甬江村、定桥村、上张村、蓉江村	90	85	经济发展水平一般，土地整理和复垦潜力一般，土地级差收益一般。
四类村庄	陈家团村、姜南村、蔡郎桥村、翻石渡村、茅山村	85	80	经济发展水平高，土地整理和复垦潜力相对较低，土地级差收益高。

5. 姜山镇土地置换的理论潜力分析

第一，姜山镇规划期末总人口与农村人口预测。本研究以2009年姜山镇总人口、农村人口作为测算的基期年人口。2009年姜山镇总人口密度的分布情况如图5.20所示。

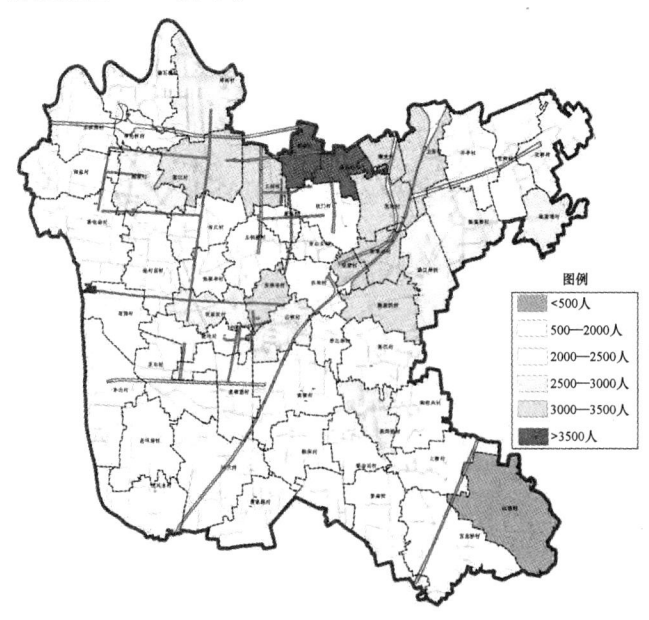

图5.20 2009年姜山镇人口密度分布图

在基期年人口的基础上,根据公式5.2,选取十二五规划期末(2015年)与下一轮规划期末(2020年)作为人口预测的时间节点,以姜山镇统计资料中近五年人口自然增长率和人口机械增长数为参照,对2015年及2020年姜山镇的总人口与农村人口进行预测,预测结果如表5.12所示。

表5.12　　　　姜山镇规划期末各行政村人口预测表

村名	2009年(基期) 总人口(人)	2009年(基期) 农村人口(人)	2015年(十二五规划期末) 总人口(人)	2015年(十二五规划期末) 农村人口(人)	2020年(下一轮规划期末) 总人口(人)	2020年(下一轮规划期末) 农村人口(人)
蔡郎桥村	2018	1188	2131	1156	2333	1105
陈家团村	3010	1195	3178	1163	3480	1112
陈鉴桥村	3252	1652	3434	1608	3760	1537
定桥村	1875	1195	1980	1163	2168	1112
东林寺村	1608	738	1698	718	1859	687
东西郑村	1353	1083	1429	1054	1564	1007
董家跳村	1369	1321	1446	1286	1583	1229
翻石渡村	1975	1073	2085	1044	2283	998
奉先桥村	897	609	947	593	1037	567
顾家村	2451	1221	2588	1188	2834	1136
和益村	1540	1230	1626	1197	1780	1144
宏洲村	2284	1395	2412	1358	2641	1298
后鄮村	2170	988	2291	962	2509	919
虎啸漕村	2048	1398	2163	1361	2368	1300
花园村	969	866	1023	843	1120	806
姜南村	1934	1509	2042	1469	2236	1404
井亭村	2647	1447	2795	1408	3060	1346
景江岸村	988	493	1043	480	1142	459
黎山后村	2199	1699	2322	1654	2542	1580

续表

村名	2009年（基期）		2015年（十二五规划期末）		2020年（下一轮规划期末）	
	总人口（人）	农村人口（人）	总人口（人）	农村人口（人）	总人口（人）	农村人口（人）
励江岸村	2699	1485	2850	1445	3120	1381
陆家堰村	1996	1432	2108	1394	2308	1332
茅东村	2330	1580	2460	1538	2694	1470
茅山村	1667	1565	1760	1523	1927	1456
南林村	2022	1572	2135	1530	2338	1462
乔里村	1060	848	1119	825	1225	789
蓉江村	4395	1545	4641	1504	5081	1437
上游村	2319	1459	2449	1420	2681	1357
上张村	3302	1456	3487	1417	3818	1354
同三村	2212	2094	2336	2038	2557	1948
王伯桥村	1631	991	1722	964	1886	922
夏施村	487	458	514	446	563	426
新汪村	2667	1444	2816	1405	3083	1343
新张俞村	2693	1968	2844	1915	3113	1831
阳府兴村	2066	1343	2182	1307	2389	1249
杨家弄村	997	699	1053	680	1153	650
甬江村	1623	950	1714	925	1876	884
张村庙村	1973	1461	2083	1422	2281	1359
周韩村	3617	1417	3819	1379	4182	1318
走马塘村	1839	1449	1942	1410	2126	1348

第二，姜山镇土地置换的理论潜力。根据公式5.1，将图5.16中农村居民点的现状面积、表5.11中不同类别村庄对应的人均用地标准以及表5.12中规划期末姜山镇各行政村农村人口预测数量代入，可计算出该镇2015年和2020年土地置换的理论潜力，测算结果如表5.13所示。

表 5.13　　　　　姜山镇规划期末土地置换理论潜力测算表

行政村	2015年 理论潜力（公顷）	比例（%）	2020年 理论潜力（公顷）	比例（%）	行政村	2015年 理论潜力（公顷）	比例（%）	2020年 理论潜力（公顷）	比例（%）
蔡郎桥村	2.14	17.88	3.13	26.15	茅东村	1.44	8.19	3.63	20.64
陈家团村	5.07	33.89	6.06	40.51	茅山村	7.69	34.70	9.06	40.88
陈鉴桥村	4.43	22.48	5.88	29.83	南林村	1.79	10.97	3.16	19.36
定桥村	7.41	41.44	8.43	47.15	乔里村	0.83	9.57	1.57	18.11
东林寺村	6.11	44.76	7.12	52.16	蓉江村	14.12	51.05	15.45	55.86
东西郑村	1.48	14.18	2.38	22.80	上游村	7.78	37.84	9.03	43.92
翻石渡村	1.69	16.00	2.58	24.43	上张村	3.62	22.11	4.86	29.69
奉先桥村	1.08	16.10	1.61	23.99	同三村	5.78	22.99	7.61	30.27
顾家村	11.75	52.36	12.78	56.95	王伯桥村	3.60	26.24	4.96	36.15
宏洲村	5.15	29.65	6.34	36.50	夏施村	0.10	2.09	0.73	15.27
后鄡村	2.44	21.07	3.31	28.58	新汪村	3.08	19.59	4.30	27.35
虎啸漕村	1.14	7.39	3.08	19.96	新张俞村	6.02	25.89	7.69	33.08
花园村	2.19	19.84	3.38	30.62	阳府兴村	2.05	14.17	3.23	22.32
姜南村	2.93	19.00	4.19	27.17	甬江村	1.94	18.91	2.75	26.80
井亭村	1.14	7.85	2.41	16.60	张村庙村	1.21	8.64	2.46	17.56
景江岸村	1.00	17.99	1.43	25.72	周韩村	4.25	25.51	5.46	32.77
黎山后村	4.24	22.16	5.70	29.80	走马塘村	4.36	22.76	6.35	33.14
励江岸村	0.19	1.44	1.46	11.06	合计	131.24	24.39	173.57	32.26

由表 5.13 土地置换理论潜力估算结果可知，姜山镇十二五规划期末，即 2015 年农居点土地置换的理论潜力为 131.24 公顷，置换比例为 24.39%；2020 年农居点土地置换的理论潜力为 173.57 公顷，置换比例为 32.26%。从具体的行政村分析，土地置换理论潜力最高的为蓉江村，2015 年和 2020 年的置换潜力分别为 14.12 公顷和 15.45 公顷，置换比例分别为 51.05% 和 55.86%；理论潜力最小的为夏施村，由于其农居点占地总面积较小，2015 年和 2020 年的土地置换理论潜力分别为 0.10 公顷和 0.73 公顷，置换比例分别为 2.09% 和 15.27%。从土地置换的程度分析，励江岸村的土地置换比例最低，2015 年和 2020 年的置换比例分别为

1.44%和11.06%；顾家村的土地置换比例最高，2015年和2020年的置换比例分别为52.36%和56.95%，这与顾家村本身农居点占地面积较大，用地较为粗放有关。

6. 姜山镇土地置换的实际潜力分析

第一，姜山镇土地置换理论潜力的修正。土地置换的理论潜力只是理想状态下计算可置换的土地利用面积，而要符合客观实践情况，需要综合考虑关键因素对土地置换的影响，并以协调度系数表征对土地置换影响的差异化程度，作为对土地置换理论潜力的修正，并根据公式5.3最终计算出土地置换的实际潜力。因此，在测算出土地置换理论潜力的基础上，根据公式5.4—公式5.9可计算出自然、经济、社会、生态、政策五个关键因素的协调度因子，作为对理论潜力进行修正的协调度系数，计算结果如表5.14所示。其中：

姜山镇土地置换的自然协调度系数在0.76—0.97之间，协调度系数较低的王伯桥、上张、景江岸等行政村受自然条件的约束，土壤肥力较低，因而复垦为耕地的质量较差，而协调度系数较高的陈家团、励江岸等行政村由于土壤肥力较高，因而复垦为耕地的质量也较高。

姜山镇土地置换的经济协调度系数在0.70—0.94之间，其中走马塘、乔里、东林寺等行政村由于经济基础较为薄弱，因而影响了土地置换的经济投资回报，而蔡郎桥、东西郑等行政村由于地处姜山镇集镇中心区，因而经济发展水平较高，经济协调度系数相应较高。

姜山镇土地置换的社会协调度系数在0.82—0.98之间，其中南林、同三等行政村由于从事非农业的劳动人口相对较少，耕地面积较大，因而农村居民点整理和复垦的意愿不足，导致社会协调度系数偏低，而蔡郎桥、翻石渡等行政村由于经济较为发达，农村中从事二、三产业的非农劳动人口较多，土地置换的意愿较高，因而社会协调度系数相应较高。

姜山镇土地置换的生态协调度系数在0.63—0.96之间，其中陈家团、姜南等行政村为鄞州城镇与农业发展生态环境区，承担生态功能缓冲区的作用，属于优化准入区，因而生态协调度系数较低，而茅山等行政村位于鄞州工业园区范围，以引进重点外资项目和发展高科技产业为主，属于重点准入区，因而生态协调度系数较高。

姜山镇土地置换的政策协调度系数在0.65—0.93之间，其中蔡郎桥、宏洲等行政村由于位于姜山集镇中心区，受政策、规划等因素影响较大，因而政策协调系数较低,而南林、黎山后等行政村由于位置较为偏远,受政策、规划等因素影响较小,因而导致政策协调系数较高。

表 5.14　　姜山镇土地置换潜力测算协调度修正系数表

行政村	$f(n)$	$f(e)$	$f(s)$	$f(a)$	$f(p)$
蔡郎桥村	0.84	0.94	0.97	0.83	0.65
陈家团村	0.97	0.91	0.98	0.68	0.70
陈鉴桥村	0.92	0.75	0.93	0.79	0.74
定桥村	0.80	0.94	0.91	0.71	0.73
东林寺村	0.83	0.74	0.92	0.96	0.77
东西郑村	0.85	0.94	0.94	0.75	0.73
翻石渡村	0.90	0.93	0.96	0.76	0.86
奉先桥村	0.82	0.78	0.95	0.78	0.88
顾家村	0.87	0.92	0.97	0.74	0.72
宏洲村	0.93	0.90	0.97	0.73	0.67
后郑村	0.79	0.79	0.93	0.75	0.87
虎啸漕村	0.94	0.78	0.89	0.92	0.83
花园村	0.82	0.81	0.89	0.90	0.88
姜南村	0.95	0.91	0.90	0.71	0.82
井亭村	0.92	0.74	0.95	0.84	0.85
景江岸村	0.78	0.80	0.82	0.80	0.77
黎山后村	0.96	0.92	0.91	0.79	0.92
励江岸村	0.97	0.94	0.94	0.93	0.90
茅东村	0.95	0.76	0.92	0.93	0.81
茅山村	0.96	0.71	0.89	0.95	0.89
南林村	0.92	0.83	0.87	0.77	0.93
乔里村	0.82	0.72	0.94	0.84	0.84
蓉江村	0.91	0.93	0.98	0.87	0.73
上游村	0.92	0.91	0.94	0.73	0.90
上张村	0.77	0.90	0.93	0.74	0.71
同三村	0.92	0.85	0.85	0.75	0.72
王伯桥村	0.76	0.79	0.95	0.90	0.89

续表

行政村	$f(n)$	$f(e)$	$f(s)$	$f(a)$	$f(p)$
夏施村	0.95	0.93	0.97	0.96	0.91
新汪村	0.92	0.90	0.90	0.74	0.73
新张俞村	0.88	0.92	0.95	0.71	0.91
阳府兴村	0.83	0.84	0.96	0.77	0.75
甬江村	0.84	0.94	0.91	0.70	0.78
张村庙村	0.93	0.91	0.97	0.69	0.84
周韩村	0.80	0.91	0.90	0.68	0.75
走马塘村	0.95	0.70	0.89	0.87	0.79

第二，姜山镇土地置换的实际潜力。在计算出上述自然、经济、社会、生态、政策五个影响土地置换的关键因素协调度修正系数后，代入公式5.3可测算出姜山镇2015年和2020年土地置换的实际潜力，测算结果如表5.15所示。

表5.15　　　　姜山镇规划期末土地置换实际潜力测算表

行政村	2015年 实际潜力（公顷）	比例（%）	2020年 实际潜力（公顷）	比例（%）	行政村	2015年 实际潜力（公顷）	比例（%）	2020年 实际潜力（公顷）	比例（%）
蔡郎桥村	0.67	5.61	0.98	8.20	茅东村	0.72	4.10	1.82	10.33
陈家团村	2.09	13.95	2.50	16.68	茅山村	3.53	15.93	4.16	18.76
陈鉴桥村	1.66	8.43	2.21	11.19	南林村	0.85	5.22	1.50	9.21
定桥村	2.63	14.70	2.99	16.72	乔里村	0.33	3.75	0.61	7.09
东林寺村	2.55	18.70	2.97	21.79	蓉江村	7.44	26.89	8.14	29.42
东西郑村	0.61	5.83	0.98	9.37	上游村	4.02	19.56	4.67	22.71
翻石渡村	0.89	8.40	1.35	12.83	上张村	1.23	7.49	1.65	10.05
奉先桥村	0.45	6.71	0.67	10.01	同三村	2.07	8.25	2.73	10.87
顾家村	4.86	21.66	5.29	23.56	王伯桥村	1.64	11.99	2.27	16.52
宏洲村	2.05	11.77	2.52	14.49	夏施村	0.07	1.57	0.55	11.43
后郧村	0.92	7.98	1.25	10.83	新汪村	1.24	7.89	1.73	11.01
虎啸漕村	0.57	3.68	1.53	9.95	新张俞村	2.99	12.87	3.82	16.44

续表

行政村	2015年 实际潜力（公顷）	比例（%）	2020年 实际潜力（公顷）	比例（%）	行政村	2015年 实际潜力（公顷）	比例（%）	2020年 实际潜力（公顷）	比例（%）
花园村	1.03	9.29	1.58	14.33	阳府兴村	0.79	5.48	1.25	8.63
姜南村	1.33	8.61	1.90	12.31	甬江村	0.76	7.42	1.08	10.52
井亭村	0.53	3.63	1.11	7.66	张村庙村	0.58	4.11	1.17	8.35
景江岸村	0.32	5.67	0.45	8.11	周韩村	1.42	8.52	1.82	10.95
黎山后村	2.48	12.95	3.33	17.41	走马塘村	1.77	9.26	2.58	13.48
励江岸村	0.14	1.03	1.05	7.93	合计	57.21	10.63	76.21	14.16

由表5.15土地置换实际潜力估算结果可知，经过协调度系数修正后，姜山镇十二五规划期末，即2015年农居点土地置换的实际潜力为57.21公顷，置换比例为10.63%；2020年该镇农居点土地置换的实际潜力为76.21公顷，置换比例为14.16%。从具体的行政村分析，土地置换实际潜力最高的为蓉江村，2015年和2020年的置换潜力分别为7.44公顷和8.14公顷；实际潜力最小的为夏施村，由于其农居点占地总面积较小，2015年和2020年的置换潜力分别为0.07公顷和0.55公顷，置换比例分别为1.57%和11.43%。从土地置换的实现程度分析，2015年励江岸村的土地置换比例最低，为1.03%，而到2020年，乔里村的土地置换比例最低，置换比例为7.09%；此外，在两个规划期末，土地置换比例最高的为蓉江村，2015年和2020年的置换比例分别为26.89%和29.42%，这与蓉江村农村居民点的实际整理和复垦潜力较大的情况相一致。

二 农村集体建设用地流转的收益分配

（一）流转收益

农村集体建设用地流转所产生的土地收益是指在土地所有者仍为农村集体组织的前提下，集体组织以出租、入股等土地流转形式将农村集体建设用地使用权让渡给企业或其他经济组织而获取的土地租金、分红或补偿。从流转收益的内容方面分析，流转收益主要包括农村集体建设用地因流转而产生的土地出让金、出租金、转让金、转租金、抵押金、股份分红等土地收益；从流转收益的来源方面分析，流转收益由以下两方面来源构成：一是来源于土地用途变更以及土地利用率的提高而形成的价值增值。例如将土地用途由耕地转变为建设用地，或者将原有建设用地的容积率提高等；二是来源于经济、社会发展带来的政策扶持、基础设施以及投资环境改善所形成的土地价值增值。例如由于区位条件改善所带来的土地价格及租金上涨（方文，2012）。

当前农村集体建设用地流转所引发的收益问题主要围绕上述两种来源的土地价值增值展开，但在流转收益的分配、实施、评价方面仍存在着下述问题：

一是对流转收益的评价尚未形成系统、科学的评价方法。对流转所产生的转让、出租、入股、抵押等几类不同的收益还没有形成一个综合性的评价指标以及精确的定量方法。

二是对流转收益的分配机制尚未形成统一的认识。这体现在各地政府对流转收益分配比例的规定各不相同，参与收益分配的权利主体不尽一致，流转收益的分配与管理缺乏规范化的操作程序，对流转收益分配的运行机制缺乏有效监督等。

虽然存在上述种种问题，但农村集体建设用地流转相比于传统农业生产方式所带来的高收益、高回报已为广大农民所认知，农村集体建设用地方式灵活、手续简便、成本低廉的优势也逐渐为企业所认同，而各地在不断的流转实践中所总结的经验和教训也将为流转的收益问题提供有益借鉴。

（二）流转收益的分配

1. 流转收益的分配主体

第一，初次分配主体。根据农村集体建设用地初次流转与再次流转的不同，其相应的收益分配主体也存在初次分配与再次分配的区别。初次流转是农村集体组织将集体建设用地的使用权通过有偿的方式让渡给企业或其他经济组织的行为（吴越等，2012）。

初次分配基于初次流转，其核心问题是政府能否作为初次分配的主体。对于政府的主体地位问题，国家层面并未出台相应的法律规定，地方层面则根据当地流转的实际情况采取不同的做法，例如苏州、芜湖、顺德、江门等地规定政府可以作为流转收益分配的主体,而南京等少数地方政府则曾经规定政府不能参与收益分配。

在学界,对于初次分配政府是否参与分配问题也存在争议。有的学者认为由于国家对农村经济发展及基础设施的投入为农村集体建设用地的价值实现创造了条件,因此其流转收益的一部分应用于补偿国家的基础建设投资,政府有权参与收益分配(吕传进、杨洁宇,2005);而另一部分学者认为在法理上政府既非农村集体建设用地的所有权主体,也非使用权主体,因而没有法理依据支持其参与流转收益的初次分配(李延荣,2006)。

对于初次分配,本研究观点认为:根据初次分配以产权为基础的原则,政府不适宜参与流转收益的初次分配。虽然政府通过发展经济、加大基础设施投入带来了土地价值的增值,但政府已经从基础设施服务费及相关税费等方面获得了补偿,不应再从流转收益中再作补偿。另一方面,政府作为公共利益管理者的角色,在农村集体建设用地流转中应保持价值中立的立场,如果直接参与到流转收益分配当中,则容易滋生腐败和权力寻租行为。虽然政府不能直接参与初次流转的收益分配,但考虑到地方实际情况,可以通过土地交易税、土地契税等税收手段调控农村集体建设用地流转的交易行为,参与再次分配。

第二,再次分配主体。再次流转是已经取得集体建设用地使用权的土地使用权主体,再一次让渡该权利的行为。再次分配基于再次流转,其核心问题是土地所有权人能否作为再次分配的主体。对于土地所有权人作为再次分配的主体地位问题,各地做法也不尽相同。大部分地方政府如重庆市规定土地所有权人与土地使用权人均可以参与再次分配,而无锡等少数地方政府则规定再次分配的土地增值收益归土地使用权人所有[①]。

对于再次分配,本研究观点认为:根据《物权法》等相关法律解释,农村集体建设用地使用权虽然源于集体土地所有权,但由于其本质为用益物权,用益物权具有独立性和排他性,一旦设立,用益物权人就具有独立的财产权,因而再次分配所形成的属于用益物权性质的收益应当归使用权

---

① 相关解释详见《重庆农村土地交易所管理暂行办法》第31条第2项以及《无锡市集体建设用地使用权流转管理暂行办法》。

人所有。

2. 流转收益的分配比例

目前,对于农村集体建设用地流转收益中关于政府、农村集体以及农民的分配比例,国土资源部并未出台统一的标准或指导性的政策意见,各地在流转实践中结合当地的实际情况采取了不同的规定和做法,即使在同一省内,各地的做法也不尽一致。例如江苏省苏州市规定,农村集体建设用地初次流转时,流转方需向政府缴纳30%的土地收益,剩下70%的流转收益归集体和农民所有。再次流转时,如果土地流转增值额超过20%,则流转方需向政府缴纳超额部分30%的土地流转增值收益。南京市规定,再次流转分配比例由集体建设用地使用者与所有者协商确定,但后者的比例不得低于50%。宿迁市规定,再次流转所产生的土地收益中的70%归使用者支配,30%归所有者支配。无锡市规定,在缴纳相关的税费后,流转收益归土地使用者所有。

此外,河南省安阳市规定,政府可分享40%的集体建设用地流转收益,农民集体等土地所有权主体享有剩余60%的流转收益。浙江省湖州市规定,如果集体土地所有权主体为乡镇集体组织,则流转收益全部归乡镇集体组织所有;如果集体土地所有权主体为农民和农村集体组织,则流转收益的80%归农村集体和农民所有,15%归乡镇组织所有,剩余5%为流转手续费等。原上海市南汇区(现并入浦东区)规定,集体土地所有权人享有流转收益的85%,并规定流转收益的最低标准不得低于2.25万元/公顷。福建省闽清县规定,市县政府享有流转收益的一半,乡镇以及农民集体享有流转收益的另一半。随着国家对农村集体和农民土地权利的日益重视以及农民自身权利意识的觉醒,某些地方政府不再参与土地流转收益的分配,农村集体及农民在流转收益中的分配比例有所增加。以安徽省芜湖市为例,作为国土部批准的农村集体建设用地流转试点地区,2002年以后芜湖市政府不再参与该地区土地流转收益以及土地增值收益的分配,分配比例向农民集体倾斜,农民集体的分配比例由原来的20%提高到40%。

需要指出的是,重庆市和广东省作为代表性的农村集体建设用地流转试点地区,其流转收益分配模式有别于上述地区。其基本思路是将农村集体建设用地流转收益纳入农村集体组织统一经营和管理,用于发展集体经济以及支付社会保障、公益事业、公共基础设施等费用。例如广东省中山市政府规定,在缴纳相应土地增值税后,流转收益的50%存入专门账户,用于农民的社会保障支出,30%分配给农民,10%用于公益事业和基础设施建设,10%用于集体经济的发展。佛山市南海区也规定,流转收益除去50%用于社会保障安排外,剩下的50%用于集体经济的发展和以股份的形式返还给农民。我国部分地区农村集体建设用地流转收益的分配比例如表5.16所示。

对照我国各地的土地流转收益分配比例可以看出,经济发达的省份和地区的农民土地流转收益的分配比例相对更高,而且流转收益除分配给农民外,还采取缴纳社保、股份制、发展集体经济等措施来保障农民的长远利益,体现了当地政府对农民土地利益的重视。

此外,大多数地方政府并未对流转收益在农村集体内部如何分配作出明确的规定,有些地方也只是提出了一个指导性的方向,并未提出具体的分配比例标准。对于农村集体内部的流转收益分配问题,本书研究观点认为:作为政府管理的最基层组织,农村集体事务的决策应充分尊重村民的意愿,由村民通过民主程序自主决定,政府不应过多干预。同时,由于农村基层民主的政治体制和法律制度尚未健全,农民集体决策容易发生群体偏移,最终沦为某些干部谋取利益的工具,因此政府又必须适当性地给予指导意见。目前广东省关于农村集体内部流转收益分配的规定较为可行,即规定一个流转收益的最低比例,该比例提取的流转收益用于关系到农民长远利益的社会保障、公益事业等方面的支出,剩余部分的流转收益则由村民根据民主程序自由分配。

表5.16　　我国部分地区农村集体建设用地流转收益分配情况表

流转地区	流转收益分配比例
江苏省苏州市	市1%、县8.7%、乡镇20.3%、农民和集体70%
江苏省南京市	集体建设用地所有者分配比例不得低于50%
江苏省宿迁市	流转收益70%归使用者、30%归所有者
江苏省无锡市	流转收益归集体建设用地使用者支配
河南省安阳市	市、县、乡镇占40%;农民和集体占60%
浙江省湖州市	乡镇15%、农民和集体80%、流转手续费5%
湖北省随州市	市、县、乡镇占30%;农民和集体占70%

续表

流转地区	流转收益分配比例
福建省闽清县	市、县50%；乡镇、农民和集体50%
安徽省芜湖市	县10%、乡镇50%、农民和集体40%
广东省顺德市	政府收取土地增值部分的20%
广东省中山市	社会保障50%、农民30%、发展经济10%、公共投入10%
广东省佛山市南海区	社会保障50%、农民和集体50%
上海市南汇区（并入浦东）	市、县、乡镇占15%；农民和集体占85%

资料来源：根据各地区《集体建设用地使用权流转管理暂行办法》等相关规定整理而成。

3. 收益分配的实施机制

农村集体建设用地流转收益的分配对象理应是广大农民群体，但分散的农民个体在土地谈判和土地纠纷中由于自身能力水平的限制以及法律知识的缺乏，往往处于弱势地位，其土地权益因而受到影响。再加之现行法律对集体建设用地所有权主体的规定并不明晰，"三级所有、队为基础"的旧体制模式已不能适应市场经济的发展，农民作为集体建设用地的真正主人却无法享受到应有的土地权益，在实践中仍缺乏完善和健全的流转收益分配的实施机制。

农村集体和村民小组作为农村最基层的村民组织，不仅直接和农民接触，能够直接反映和代表农民的诉求及利益，而且对当地集体建设用地的规模、分布、土地利用等情况也十分了解。因此，以村集体、村民小组等农村基层组织作为广大农民的代表，与上级政府进行沟通和协调，与用地单位就土地流转问题进行谈判，不仅有利于降低土地流转的交易成本，使农民的土地收益最大化，而且也有利于减少土地纠纷的发生，提高集体建设用地流转的效率。

因此，流转收益分配的实施机制可以通过农村集体和村民小组作为农民利益的代表进行（如图5.21所示）。

首先，农村集体作为农民的代表，可以将农民的意见和要求反馈给政府部门，与上级政府进行协调和沟通，传达并执行上级政府的相关政策。同时，作为土地所有权主体的代表，与用地单位就土地流转的出让金、地租、入股分红等问题进行谈判和磋商，代表村民与用地单位签订合同，督促用地单位按合同规定及时缴纳土地流转的收益。

在获取的流转收益中，农村集体组织除留取一部分收益用于发展集体经济及支付农村社会保障、公共服务、公益事业等费用支出外，其余大部分收益则根据产权、股权、人口比例等分配给广大农民；其次，政府作为公共事务的管理者，可以从土地流转收益中获取一定比例的土地增值收益以及通过征收土地税费、手续费等用于进一步发展当地经济，同时政府应对农村集体在土地流转中的工作进行监督和指导，及时处理农民维权组织反映的问题，规范农村集体的土地交易行为，防止极少数个人以集体名义侵害农民利益行为的发生；再次，农民作为集体建设用地的真正主体，一方面通过召开村民大会等形式对涉及土地流转的问题进行民主决策，同时对村集体和村民小组进行监督，对于农村集体组织在土地流转中出现的以权谋私和侵害农民土地权益的违法行为及时通过维权组织反映给上级政府进行处理，保障农民自身的土地流转权益不受侵害。

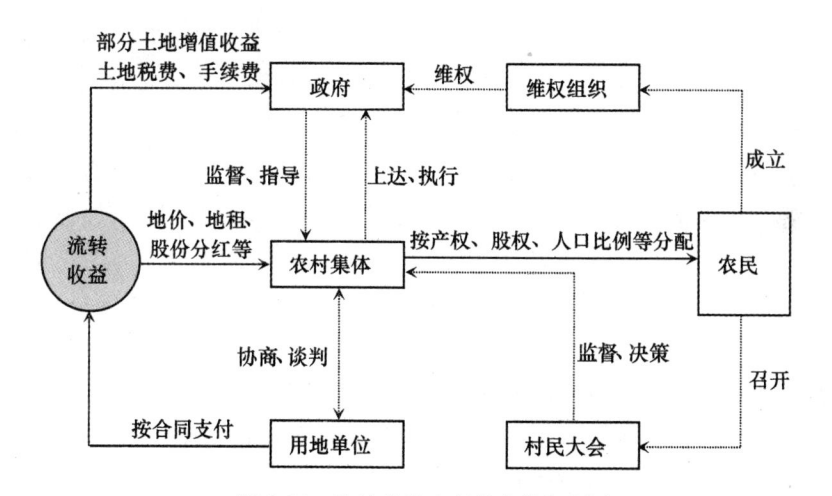

图 5.21　流转收益分配的实施机制图

资料来源：原创。

（三）流转收益的评价

1. 数据来源与方法

本章以农村集体建设用地的流转收益为主要研究对象，数据来源主要包括：姜山镇农村集体建设用地流转情况调研数据、姜山镇 2006——

2012年度农经报表、姜山镇2006—2012年财务年报、姜山镇2006—2012各行政村集体土地租赁兑现情况统计表、《鄞州区统计年鉴（2006—2012年）》、姜山镇统计资料（2001—2012年）等。数据处理方法主要是采用物元评价分析法，通过对典型村庄土地流转的收益指标建立指标评价体系和物元评价模型，进行定量分析和评价土地流转收益的水平和绩效。

2. 物元法分析框架

当前，由于集体建设用地流转还处于试点和探索阶段，对于流转收益的评价国内相关方面的研究多停留在宏观层面和定性分析的阶段，除少数学者对土地增值收益分配作过初步的定量分析外（苑韶峰、杨丽霞等，2012），其他学者在微观层次和定量分析方面对流转收益的评价研究鲜有涉及。有鉴于此，本研究引入在生态安全评价、农用地分级评价以及多目标决策分析中所采用的物元分析方法对土地流转收益进行评价和分析。

物元评价分析法是20世纪80年代由我国数学家蔡文首创的分析方法，通过多年的不断改进，该方法逐渐成熟和完善，并发展为现在的可拓学（张虹波、刘黎明等，2007）。物元评价分析法是从定性和定量两个角度去处理矛盾问题的一种新方法，其以物元模型和可拓集合、关联函数理论为基础，主要用于解决不相容问题（蔡文，1997）。该方法的主要优点在于：（1）将关联度数值扩宽到了整个实数轴，因而能够比模糊数学更好地区分指标的差异度；（2）能够获得更多的指标信息，如同时获得单个指标和综合指标的评价等级信息；（3）评价等级的划分更具科学性和合理性，等级的划分过程中能发现评价指标的不足和问题。其基本原理是首先对待评价事物的若干个基本特征（物元）建立一个评价指标体系，并确定出该体系中相关指标的经典域、节域以及指标权重。然后以事物的特征值作为待评价物元，通过实测数据计算出单个指标及综合指标的关联度，从而确定待评价物元所对应的评价等级以及符合该等级标准的差异化程度（蔡文，1994）。流转收益的物元评价法的分析框架如图5.22所示。

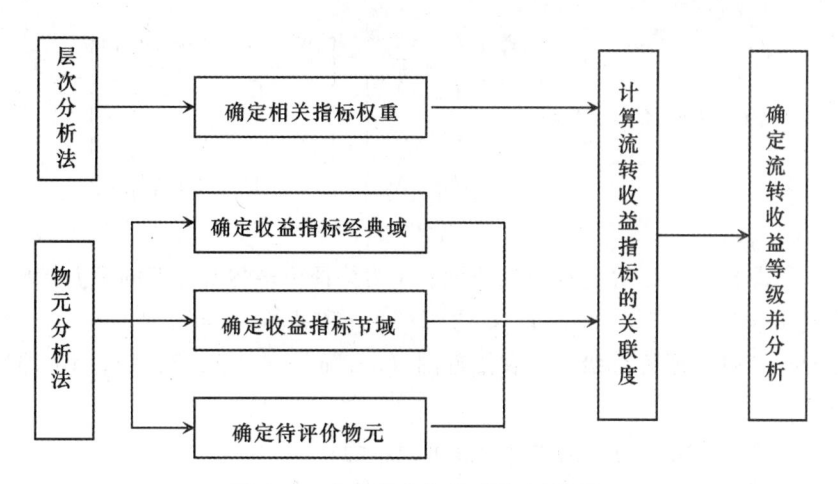

图5.22 流转收益的物元法分析框架

资料来源：原创。

3. 物元评价模型构建

第一，建立土地流转收益待评价物元矩阵。如果给定事物 N，它关于特征 C 的量值为 X，那么以有序三元组 $R=(N, C, X)$ 作为描述事物的基本元，简称为物元，同时把上述三者称为物元的三要素（蔡文，2007）。据此定义，假设集体建设用地流转收益为 N，则它与流转收益的特征 C 和特征值 X 共同构成土地流转收益的待评价物元。又由于流转收益具有 n 个基本特征，因而可用下述物元矩阵来描述。

$$R = (N, C_i, X_i) = \begin{bmatrix} N & C_1 & X_1 \\ & C_2 & X_2 \\ & \cdots & \cdots \\ & C_n & X_n \end{bmatrix} \quad (5.12)$$

公式5.12中：R 为待评价物元；N 为待评价事物；C_i 为待评事物的第 i 项特征，$i=1, 2, \cdots, n$；X_i 为 C_i 的量值，即待评事物第 i 项特征所测得的具体数值。

第二，确定土地流转收益的经典域和节域物元矩阵。土地流转收益的经典域物元矩阵可表示为：

$$R_j = (N_j, C_i, X_{ji}) = \begin{bmatrix} N_j & C_1 & X_{j1} \\ & C_2 & X_{j2} \\ & \cdots & \cdots \\ & C_n & X_{jn} \end{bmatrix} = \begin{bmatrix} N_j & C_1 & \langle a_{j1}, b_{j1} \rangle \\ & C_2 & \langle a_{j2}, b_{j2} \rangle \\ & \cdots \\ & C_n & \langle a_{jn}, b_{jn} \rangle \end{bmatrix} \quad (5.13)$$

公式 5.13 中：R_j 为经典域物元；N_j 为待评价事物所对应的第 j 个评价等级（$j = 1, 2, 3, \cdots, m$）；C_i 为 N_j 的第 i 项特征，$i = 1, 2, \cdots, n$；X_{ji} 为特征 C_i 对应评价等级 j 的取值范围（a_{ji}, b_{ji}），$i = 1, 2, \cdots, n$，即经典域。

土地流转收益的节域物元矩阵可表示为：

$$R_p = (N_p, C_i, X_{pi}) = \begin{bmatrix} N_p & C_1 & X_{p1} \\ & C_2 & X_{p2} \\ & \cdots & \cdots \\ & C_n & X_{pn} \end{bmatrix} = \begin{bmatrix} N_p & C_1 & \langle a_{p1}, b_{p1} \rangle \\ & C_2 & \langle a_{p2}, b_{p2} \rangle \\ & \cdots \\ & C_n & \langle a_{pn}, b_{pn} \rangle \end{bmatrix} \quad (5.14)$$

公式 5.14 中：R_p 为节域物元；N_p 为待评价事物所对应的全体评价等级；C_i 为 N_p 的第 i 项特征，$i = 1, 2, \cdots, n$；X_{pi} 为特征 C_i 对应的所有等级的量值范围（a_{pi}, b_{pi}），$i = 1, 2, \cdots, n$，亦即节域。其中：$\langle a_{jn}, b_{jn} \rangle \subset \langle a_{pn}, b_{pn} \rangle$（$i = 1, 2, 3, \cdots, n$）。

第三，计算各评价指标的关联度。土地流转收益各评价指标关于评价等级的关联度计算公式为：

$$K_j(X_j) = \begin{cases} \dfrac{-\rho(X_i, X_{ji})}{|X_{ji}|} & (X_i \in X_{ji}) \\ \dfrac{\rho(X_i, X_{ji})}{\rho(X_i, X_{pi}) - \rho(X_i, X_{ji})} & (X_i \notin X_{ji}) \end{cases} \quad (5.15)$$

公式 5.15 中：$K_j(X_j)$ 表示的是待评价事物相关指标属于评价等级 j 的关联程度；(X_i, X_{ji})、(X_i, X_{pi}) 分别代表点 X_i 与经典域 X_{ji} 及节域 X_{pi} 的距离。其中：

$$|X_{ji}| = |a_{ji} - b_{ji}| \qquad (5.16)$$

$$\rho(X_i, X_{ji}) = \left|X_i - \frac{1}{2}(a_{ji} + b_{ji})\right| - \frac{1}{2}(b_{ji} - a_{ji}) \qquad (5.17)$$

$$\rho(X_i, X_{pi}) = \left|X_i - \frac{1}{2}(a_{pi} + b_{pi})\right| - \frac{1}{2}(b_{pi} - a_{pi}) \qquad (5.18)$$

公式 5.16—公式 5.18 中：$i = 1, 2, \cdots, n$；$j = 1, 2, \cdots, m$。

第四，确定评价指标权重。流转收益各相关评价指标的权重是下一步计算综合关联度的基础，本章中关于各指标权重的计算采用层次分析法得出，具体计算方法参见第二节物元评价模型的构建相关内容。流转收益各相关评价指标及其权重如表 5.17 所示。

第五，计算评价指标的综合关联度。土地流转收益评价指标综合关联度计算公式为：

$$K_j(P) = \sum_{i=1}^{n} W_i K_j(X_i) \qquad (5.19)$$

公式 5.19 中：$K_j(P)$ 为待评价事物 N 关于等级 j 的综合关联度，即各评价指标的关联度在赋予不同权重下的综合值；$K_j(X_i)$ 为第 i 项特征（评价指标）属于等级 j 的关联度（$j = 1, 2, \cdots, m$）；W_i 为第 i 项特征（评价指标）相对应的权重，且 $\sum_{i=1}^{n} W_i = 1$。

第六，确定流转收益的等级水平。

如果 $K_j(X_i) = \max K_j(X_i)$（$j = 1, 2, \cdots, m$），则判定第 i 项评价指标 X_i 属于等级 j；

如果 $K_j(P) = \max [K_j(P)]$（$j = 1, 2, \cdots, m$），则判定待评价事物 N 属于等级 j。

当 $K_j(P) > 0$ 时，表明待评估事物符合第 j 等级评估标准的要求，其值越大，符合标准的程度越高；当 $-1.0 \leq K_j(P) \leq 0$ 时，表明待评估事物虽然不符合第 j 等级评估标准的要求，但具备转化为标准对象的条件，其值越大，越易转化；当 $K_j(P) < -1.0$ 时，表明待评估事物不仅

不符合第 j 等级评估标准的要求，而且不具备转化为标准对象的条件。

4. 姜山镇流转收益的物元评价分析

本研究以姜山镇集体建设用地流转收益作为待评价物元，以单位面积企业用地出让金额、单位面积企业用地月租金、单位面积土地抵押金额、土地转让年均增值率、土地转租年均增值率、人均土地入股年分红六项指标作为待评价物元的基本特征指标，由此构建流转收益的物元评价指标体系，如表 5.17 所示。

表 5.17 姜山镇农村集体建设用地流转收益物元评价指标体系表

集体建设用地流转收益物元评价指标（C_i）	权重	经典域（N_j）					节域（N_p）
		高（N_1）	较高（N_2）	一般（N_3）	较低（N_4）	低（N_5）	
C_1 单位面积企业用地出让金额（万元/亩）	0.15	45—80	35—45	25—35	20—25	16.8—20	16.8—80
C_2 单位面积企业用地月租金（元/平方米）	0.27	15—20	11—15	8—11	6—8	4—6	4—20
C_3 单位面积土地抵押金额（万元/亩）	0.09	30—50	24—30	17—24	13—17	10—13	10—50
C_4 土地转让年均增值率（%）	0.11	1.8—2.5	1.3—1.8	0.7—1.3	0.3—0.7	0—0.3	0—2.5
C_5 土地转租年均增值率（%）	0.13	3—4	2.3—3	1.5—2.3	1—1.5	0—1	0—4
C_6 人均土地入股年分红（元/人）	0.25	2500—4000	1500—2500	800—1500	500—800	300—500	300—4000

其中：（1）关于六项基本特征指标的权重，采用层次分析法得出；（2）关于流转收益的等级水平划分，由于现阶段尚无相关的标准可供参考，本研究根据姜山镇的实地调研及统计数据，在采用德尔菲法征询相关专家意见的基础上，将该镇土地流转收益的水平划分为五个等级，即高收益、较高收益、一般收益、较低收益和低收益，进而确定出该镇土地流转收益的经典域取值区间，用 $N_1 - N_5$ 表示。同时，根据经典域取值区间确定出流转收益的节域取值区间，用 N_p 表示。

根据上述指标评价体系，将所获取的姜山镇流转收益六项特征指标的具体数据代入物元评价模型，可计算出该镇集体建设用地流转收益单个指标的关联度以及综合关联度。以姜山镇茅山村为例，该村流转收益的物元评价结果如表 5.18 所示。

由表 5.18 可知，$K_j(X_i)$ 表征的是茅山村土地流转收益的第 i 项特征指标所对应评价等级的关联度。以 $K_j(X_1)$ 为例，其代表的是单位面积企业用地出让金额，该指标对应的五个等级的关联度分别为：$K_1(X_1) = -0.4326$，$K_2(X_1) = -0.1208$，$K_3(X_1) = 0.2200$，$K_4(X_1) = -0.3277$，$K_5(X_1) = -0.4439$，上述结果中，只有 $K_3(X_1) > 0$，由此判定该项指标符合"一般"等级的关联度最高，因此该项指标的等级水平为"一般"。同理可判定其他特征指标的等级水平。

$K_j(P)$ 表征的是茅山村流转收益所对应评价等级的综合关联度，其中：$K_1(P) = -0.0917$，$K_2(P) = 0.0054$，$K_3(P) = -0.2340$，$K_4(P) = -0.4863$，$K_5(P) = -0.5599$，上述结果中，只有 $K_2(P) > 0$，由此判定该项指标符合"较高"等级的关联度最高，因此该项指标的等级水平为"较高"。

表 5.18　姜山镇茅山村农村集体建设用地流转收益物元评价结果

关联度	N_1	N_2	N_3	N_4	N_5	流转收益等级水平
$K_j(X_1)$	-0.4326	-0.1208	0.2200	-0.3277	-0.4439	一般
$K_j(X_2)$	0.1000	-0.1000	-0.5000	-0.6250	-0.6785	高
$K_j(X_3)$	-0.1850	0.3833	-0.1236	-0.3632	-0.4493	较高
$K_j(X_4)$	-0.3611	-0.1153	0.2500	-0.2812	-0.4250	一般
$K_j(X_5)$	0.2600	-0.2600	-0.5647	-0.7040	-0.7533	高
$K_j(X_6)$	-0.1250	0.2500	-0.300	-0.4531	-0.5000	较高
$K_j(P)$	-0.0917	0.0054	-0.2340	-0.4863	-0.5599	较高

表 5.18 的物元评价结果表明，茅山村流转收益六项特征指标中，有两个指标的等级水平达到"高"，分别为单位面积企业用地月租金和土地转租年均增值率；两个指标的等级水平达到"较高"，分别为单位面积土地抵押金额和人均土地入股年分红；还有两个指标的等级水平为"一般"，分别为单位面积企业用地出让金额和土地转让年均增值率。该结果

揭示了茅山村流转收益较高的原因主要源于土地租金的贡献率较大。同理，参照茅山村的物元分析过程，可以得出姜山镇其他村庄集体建设用地流转收益的等级水平情况。本研究选取姜山镇的 19 个代表性村庄进行物元分析，得出评价结果如表 5.19 所示。

表 5.19　姜山镇典型村庄农村集体建设用地流转收益物元评价结果

行政村	综合关联度	N_1	N_2	N_3	N_4	N_5	流转收益等级水平
蔡郎桥村	$K_j(P_1)$	0.0033	-0.1037	-0.2694	-0.4661	-0.6487	高
东光村	$K_j(P_2)$	-0.0669	0.0302	-0.2588	-0.3111	-0.5847	较高
翻石渡村	$K_j(P_3)$	0.0025	-0.1029	-0.2686	-0.4652	-0.6479	高
顾家村	$K_j(P_4)$	-0.4833	-0.2739	0.0082	-0.2936	-0.5158	一般
宏洲村	$K_j(P_5)$	-0.4828	-0.2734	0.0087	-0.2941	-0.5163	一般
侯家村	$K_j(P_6)$	-0.0908	0.0063	-0.2349	-0.4872	-0.5608	较高
虎啸漕村	$K_j(P_7)$	-0.5782	-0.3573	-0.1785	0.1208	-0.1569	较低
姜南村	$K_j(P_8)$	-0.0812	0.0159	-0.2445	-0.4968	-0.5704	较高
景江岸村	$K_j(P_9)$	-0.4856	-0.2762	0.0059	-0.2913	-0.5135	一般
茅山村	$K_j(P_{10})$	-0.0917	0.0054	-0.2340	-0.4863	-0.5599	较高
蓉江村	$K_j(P_{11})$	-0.4866	-0.2772	0.0049	-0.2903	-0.5125	一般
上何村	$K_j(P_{12})$	-0.4880	-0.2786	0.0035	-0.2889	-0.5111	一般
上张村	$K_j(P_{13})$	-0.4845	-0.2751	0.0070	-0.2924	-0.5146	一般
王伯桥村	$K_j(P_{14})$	-0.5857	-0.3648	-0.1860	0.1133	-0.1494	较低
夏施村	$K_j(P_{15})$	-0.6532	-0.4199	-0.3263	-0.1345	0.0976	低
杨家弄村	$K_j(P_{16})$	-0.6410	-0.4077	-0.3141	-0.1223	0.0854	低
甬江村	$K_j(P_{17})$	-0.4839	-0.2745	0.0076	-0.2930	-0.5152	一般
郁家村	$K_j(P_{18})$	-0.0924	0.0047	-0.2333	-0.4856	-0.5592	较高
张华山村	$K_j(P_{19})$	-0.0746	0.0225	-0.2511	-0.3034	-0.5770	较高

表 5.19 的物元评价结果表明，姜山镇选取的 19 个村庄中，只有蔡郎桥村和翻石渡村的集体建设用地流转收益等级水平达到"高"，茅山、郁家、张华山等 6 个村的流转收益水平为"较高"，上何、景江岸、蓉江等 7 个村的流转收益水平显示为"一般"，虎啸漕村和王伯桥村的流转收益

水平为"较低",此外夏施和杨家弄两个村的流转收益处于"低"水平级别。由上述结果可知,虽然选取村庄的土地流转收益总体情况良好,但不同村庄的流转收益水平仍存在较大差异,产生上述差异的原因主要是受宏观和微观两方面因素的影响。宏观方面的影响主要是由于村庄地理区位、当地经济发展水平、政府政策等存在差别,微观方面的影响主要是由于集体建设用地使用和流转的方式存在差别。

5. 姜山镇流转收益的影响因素分析

从影响流转收益的单个特征指标方面分析,将姜山镇19个行政村流转收益单个特征指标在各评价等级所占百分比进行统计(如表5.20所示),可知单位面积企业用地月租金和土地转租年均增值率这两项特征指标在"高"和"较高"两个等级累计所占的百分比分别达到63.16%和57.89%,表明土地租金对流转的总体收益的贡献率较大,亦即姜山镇集体建设用地流转的主要方式是以土地出租为主,这种方式相较于一次性的土地出让更能够保障农民的长远利益,但同时相比于以土地入股的方式进行流转,也存在资源闲置、投资回报率不高等问题。单位面积企业用地出让金额和土地转让年均增值率这两项特征指标在"较低"及"低"两个等级累计所占百分比分别达到了47.37%和52.63%,表明该镇土地出让及转让对流转收益的贡献率较低。而单位面积土地抵押金额和人均土地入股年分红这两项特征指标在"高"和"较高"只有21.05%和10.53%,表明该镇土地入股分红及土地抵押对流转收益的贡献率仍有提升空间。

表 5.20 流转收益物元评价指标等级占比统计表

流转收益 物元评价指标	等级占比(%)				
	高	较高	一般	较低	低
单位面积企业用地出让金额	5.26	5.26	42.11	31.58	15.79
单位面积企业用地月租金	15.79	47.37	26.32	5.26	5.26
单位面积土地抵押金额	5.26	15.79	52.63	21.05	5.26
土地转让年均增值率	5.26	5.26	36.84	36.84	15.79
土地转租年均增值率	15.79	42.11	31.58	5.26	5.26
人均土地入股年分红	0.00	10.53	57.89	21.05	10.53

表5.20的统计结果表明,应该合理配置集体建设用地流转的方式,

改变单一的土地流转方式，尤其是改变以土地出让获取利益的短期行为。此外，应加大基础设施投入用以改善投资环境、增大土地的级差收益，同时提高土地入股分红对流转收益的贡献率。

从影响姜山镇流转收益的综合因素分析，蔡郎桥和翻石渡两个村的流转收益之所以处于高水平等级，不仅由于两个村毗邻集镇中心区、非农就业人口较多，而且由于两个村原先就具有良好的工业基础，其本身所具有的经济水平对土地流转收益的贡献率较高；茅山、郁家、张华山、侯家等村的流转收益之所以处于较高水平等级，是由于茅山和郁家等村处于鄞州工业园区范围，工业园区的集聚效应及政府扶持政策增加了对土地流转收益的贡献率，而张华山和侯家等村由于紧邻甬台温高速公路（姜山段）的两侧，良好的区位优势所带来的土地级差效益同时也提高了对土地流转收益的贡献率。

综上所述，除土地租金、土地入股分红等流转方式能对流转收益产生影响外，经济发展水平、公共政策、区位条件、集聚效应等综合因素也是影响土地流转收益的重要原因。

第六章
农村集体建设用地流转的制度构建及改革措施

一 农村集体建设用地流转的制度构建

(一) 改变对土地财政的依赖

自20世纪90年代末开始,全国尤其是沿海发达地区的城市化进程明显加速,成为经济高速增长的引擎。地方政府发挥了主导作用,土地扮演了举足轻重的角色。政府通过垄断土地一级市场,限制集体建设用地市场化,低价征收农民土地后,以市场交易价格出让土地,政府获得了巨额的土地收益。土地出让金成为了地方政府财政预算外收入的最主要来源。许多城市土地出让收入及相关的房地产收入已经占到了其地方财政总收入的40%以上,高的达到60%—70%。此外,城市土地收购储备由原来以盘活城市存量土地为主逐步转变为以征收待开发的农用地储备为主,土地储备中心以土地抵押融资,扩大了政府土地征收的能力。城市土地收购储备土地也基本上采用了招标、拍卖、挂牌出让的方式,单位面积成交价格高,也从根本上刺激了政府更多地出让土地,为城市扩张和基础设施建设提供资金来源。

农村集体建设用地流转是从过去城市政府"以地生财"向提高农民财产性收入的根本性转变。农村集体建设用地流转,减少了土地征收对农民土地财产权益的侵害,把城市化带来的土地级差地租归还给农民,可以缓解目前土地征收过程中产生的农民和政府的对立性紧张关系。减少土地征收,也可以抑制城市蔓延,提高城市土地的集约利用水平,提高城市基础设施使用效率和减少城市基础设施投资需求。农村集体建设用地流转,毫无疑问,将直接减少土地征收数量,减少政府的土地出让收入。这就要求政府要转变城市土地经营的思维,变依靠城市扩展来扩大土地出让收入为提高城市管理和服务水平,通过提高城市土地质量和改善人居环境,来提高城市的综合竞争力,加快城市土地资产保值升值。通过城市产业经济结构升级和土地资源优化配置,来提高城市土地利用收益。过去,城市产业结构"退二进三","腾笼换鸟",实行无地招商,向天空要城市发展空间,也不失为城市节约和集约利用土地的有效途径,它对于城市健康发展和保护耕地具有重要的意义。农村集体建设用地流转,减少政府土地出让收益来源,但并不意味着城市政府不能"以地生财"。实际上世界上很多发达国家也都依靠"土地财政",但国外主要通过对存量土地征收物业税、房产税等方式创造财政收入,这样既体现了公平性,也保证了政府有相对稳定的财政收入。从某种程度上而言,物业税本质并不是为打压房价而设计,而是旨在为地方政府提供稳定税源,改善区域内的公共服务,促使地方政府从"土地财政"向"公共财政"转型。

目前宁波市建设用地占土地总面积的比例已经超过14%,居民点及独立工矿用地占土地总面积的比例接近11.5%。控制建设用地规模对于耕地保护和提高生态环境质量具有重要的作用,城市建城区不应该,也不可能无限扩展。农村集体建设用地流转,在宁波市应该成为政府转变城市发展战略的良好开端。

(二) 保证集体建设用地来源的合法性

农村集体建设用地流转是集体建设用地市场化和土地所有权在经济上得到实现的过程。由于土地非农开发收益远高于农业用地收益,必须严格控制农地转用,落实严格保护耕地和严格集约利用土地的政策。农村集体建设用地流转,必须搞好土地利用规划,让规划先行,以土地利用规划作为土地用途管制的依据。凡是土地规划上没有确定为建设用地的,就不能使之成为集体建设用地流转。

在市场经济条件下,规划不仅是土地合理利用的指南,也是土地利益分配的手段。土地利用规划必须按照生产布局的要求来配置土地资源,所以,规划确定的土地用途,它不可能是按照每个土地所有者的要求来均匀分布的,它受到自然、经济、社会环境和区位条件的制约。划分为基本农田的地区,其单位面积土地利用的经济产出低;划分为城镇用地的,其单位面积土地利用的经济产出高;即使同为城镇用地,商业用地的土地资产价格也高于工业用地和商业用地。土地利用总体规划对于同一个区域中的土地确定为不同的用途,它实际上是赋予了不同的开发权利。为了维护社会公平，必须要建立起不同土地用途之间的利益均衡机制。对于土地利用收益高的土地非农开发，应该适当征收土地增值税，让因为土地规划而形成的土地级差收益归公。例如，英国规定所有土地的开发权都属于政府所有，土地开发都必须经过政府许可，要缴纳土地增值税，实际上是落实"涨价归公"。相反，对于土地规划规定只能作为基本农田保护的地方，实际上是通过土地利用规划剥夺了其土地开发权，政府应该给予合理的经济补偿，也即购买土地开发权。至于土地规划公布实施以后，有的土地使用者要求要改变土地用途，或者提高土地开发强度，实际上是对土地开发权的再分配，政府在维护土地利用权威性的同时，应该允许不同土地使用者之间进行土地开发权交易。土地用途由农用地转变为工业、商业或住宅用地的，或者要求提高土地开发强度（建筑容积率）的，在不影响区域生态环境质量的前提下可以允许其购买土地开发权；相反，愿意保持农业用途和生态用地的，或者要求降低土地开发强度（建筑容积率）的，其放弃土地开发权的，应该从周围地块开发权增加而获得的级差地租给予补偿。

农村集体建设用地流转必须严格执行土地利用规划，只有符合土地利用规划的农村集体建设用地流转才是合法的。土地利用规划的实施，必须兼顾土地所有者的合法土地财产权益，建立起不同的土地用途之间的土地开发权的经济补偿机制，使土地开发在促进工业化和城市化健康发展的同时，能够兼顾社会公平，促进和谐社会的建设。只有实现每个农民拥有平等的土地利用开发权利，或者在实际获得的土地利用开发权利不一致时能够获得经济补偿，农民才不会违背土地利用规划而用地，土地利用的违法现象也必然减少。

（三）维护农民的长远利益

农村集体建设用地流转一定要以提高农民的收入和生存发展能力为前提。宁波市和全国其他地方比较，农民就业非农化程度高，土地已经从以农民生存发展需要的农业生产资料功能为主转变为以农民的土地社会保障功能和土地资本功能为主。土地作为农业发展最基本的生产资料，不是说它在宁波农业的地位下降，而是由于目前农业经济收入占农民经济收入的比例已经下降到一个较低水平，农业也主要靠外来人口和边际劳动力支撑，宁波农业发展对于宁波农民的重要性程度降低。宁波工业化和城市化程度高，基础设施配套条件好，特别是改革开放 30 年来在市场经济条件下培育了许多创新和创业精神，使之能够成为企业家的摇篮，形成了中国社会经济发展最需要的和最难得的资源，如果让宁波能够拥有更加多的建设用地，宁波就可以兴起更加多的、具有市场活力的企业，将可以吸引更加多的外来人口在此就业，也就能够为全中国的农业剩余劳动力的转移和农业生产率的提高作出贡献，是为国家粮食安全出大力。因此，宁波农村集体建设用地流转是为了增加城镇化和工业化需要的建设用地供给，是另一种形式的供给的改革。宁波的农民温饱问题已经解决，已经达到了小康水平，农村集体建设用地流转，不仅是为了增加经济收入，而是为了吸引更加多的资金，加快产业经济结构升级和经济增长方式转变，使宁波的经济发展更快更好，农民对于农业的依存程度更小，农业不再成为农民的生存负担，而是成为享受自然和生态文明的源泉。

  农村集体建设用地流转要严防外来剩余资本通过招商引资进入，并凭着资本优势就能直接占有乡土社会资源，从根本上挤占了本土农民的发展空间。应该使外来投资成为促进本土开发，增加农村居民财产性收入的催化剂，而不是让农民卖了土地就很难再得到土地收益。农村集体建设用地流转必须保证土地流转收益能够长久维持，为农民的生存和发展提供可靠保证，这就要求农村集体建设用地直接入市时不能投机，而必须采取非常稳妥的策略，即农民建设用地可以作价入股的方式从事基本建设，只能以租赁的方式跟工商企业结合。因为基本建设是可以长期获取收益的，土地投入的风险小。无论是搞车站、搞码头、搞水厂还是搞电厂，农民土地作价入股后就可以占有相当比例的收益，它不仅降低基本建设用地的成本，也开辟了农民收入的来源。但是，对于工商企业，农民绝对不可以把土地卖出去，更不能把土地作价入股，因为农民太善良，很难在和工商资本所有者的讨价还价中占到便宜。目前我国很多工商企业的平均生命周期不到三年，如果不良的工商资本所有者拿了地以后到银行套现跑路，工商企业破产了，农民作价入股想取得分红利润不成，反而把土地也赔上了。在农村社会治理结构还不尽完善，腐败现象并不鲜见的情况下，农村集体建设用地流转要提高对一些权钱勾结现象的防范。农村集体建设用地流转绝不能成为金融资本对农民剥夺的最后机会。

  农村集体建设用地流转也承担着为农村基础设施筹集资金的任务。农村公共设施用地和公益性用地实行无偿划拨，必须以农村集体建设用地有偿使用来提供保障。只有农村集体建设用地流转能够获得足够的经济收益，农民真正不差钱，农民才有可能投入足够的建设用地用于农村公共设施建设和公益性事业发展。农村集体建设用地流转要处理好农村集体建设用地有偿使用与农村公共设施建设和公益性事业发展的关系。

（四）建立完善的市场化服务体系

农村集体建设用地流转应该建立完善的市场服务体系。宁波市各县（区）应该结合农村集体建设用地流转的现实需要，对于已经建立的土地交易有形市场进行扩充和完善，尽快把农村集体建设用地流转纳入土地交易有形市场的服务范围，健全交易规则，提供相关服务，形成农村集体建设用地土地使用权公平、公开、公正交易的市场环境。农村集体建设用地流转，要实行交易许可制度和交易预报制度，对于农村集体建设用地的入市条件进行必要的审查，未获得农村集体经济组织2/3以上农户同意，不符合农村集体建设用地流转条件的农村集体建设用地不得入市交易。

土地交易市场要将农村集体建设用地入市交易的全程公开、透明深入贯彻到实际工作，着重把公开办事程序、公开业务规则、公开交易信息作为实现阳光操作和市场平等竞争的基础。要通过公告栏、告知单、互联网，以及公布交易活动即时信息、设立咨询投诉电话等多种形式，把地块信息、操作流程、进度安排、参与方式、注意事项、咨询答疑等内容充分、及时地予以披露，确保交易当事人对土地交易中的每个步骤、环节乃至动作都能清晰地了解和掌握。要加大土地市场信息披露力度，各地农村集体建设用地流转计划、土地公开交易信息、土地公开交易结果等，必须及时和准确地向社会公布。要充分发挥土地交易市场信息平台的作用，建立反映市场供求状况和资源稀缺程度的价格形成机制。加强对土地市场的动态监测，及时了解市场，分析市场，研究完善调控土地市场的政策措施，科学地进行土地价格管理，有效地防止集体土地资产的流失。要加强对有形市场的监督管理，对不按规定进入有形市场交易或不按规则进行交易的行为适时进行纠正，对拒不改正者，不予办理土地变更登记手续，并按违法用地查处。对政府部门或土地交易机构人员在办理土地交易过程中接受贿赂、徇私舞弊、泄露秘密、玩忽职守的，按情况给予行政处分。构成犯罪的，由司法机关处理。

建立农村集体建设用地流转完善的土地市场服务体系，可以创造公平竞争的市场环境，避免人为地抬高公开交易竞争门槛，提高土地交易的成功率；也可以降低农村集体建设用地交易成本，通过公平、公开的市场竞争，获得满意的土地成交价格，能够使农民的土地财产权益得到充分的保障。

农村集体建设用地入市流转和改革是一个循序渐进的过程，它需要根据各地的实际，尊重农民的意愿，创造农村集体建设用地市场化的环境，规范农村建设用地市场交易行为，提高农村集体建设用地使用和管理的效率和效益。就宁波市目前的情况分析，宁波市农村集体建设用地流转已经走在了全国的前列，全市村镇经营性建设用地的流转在过去乡镇企业改制中已经成为既成事实，并在实践中形成了"工业园区建设集体投资开发，建成工业厂房租赁经营"的科学模式。农村宅基地的使用和流转，同农村住房制度改革联系密切，房以地载，地为房用，房屋交易发生房屋所有权或使用权的转移，农村宅基地的使用权也随之转移。随着旧村改造和新村建设的广泛开展，在政府的扶持和积极引导下，农村宅基地的退出机制正在逐步形成，农村宅基地市场公平、公正和合理的交易价格在旧村拆迁补偿和新村建设房屋合理分配过程中也日益显化，农村住房制度改革也实际上推动了农村宅基地使用权的流转。因此，宁波市农村集体建设用地使用和管理改革，主要是要因势利导，总结各个县（市、区）的工作经验，加以制度规范，形成农村集体建设用地的长效管理机制，科学合理地重新塑造新农村建设空间，提高农村集体建设用地使用的集约化利用水平和实际利用效益，保证农村集体建设用地可持续利用和区域社会经济可持续发展。

二　农村集体建设用地流转的改革措施

（一）以土地用途转变和空间布局调整促进土地级差收益形成

农村集体建设用地流转，规划必须先行。规划不仅是土地利用的指南，也是对于土地市场的预测，对于土地利益的合理分配。

土地利用总体规划，首先是对土地用途和区位的合理选择。土地利用规划，通过对不同土地用途的土地资源再分配，把农村建设用地由原来单位面积经济产出低的用途转变为单位面积经济产出高的用途，实际上就是级差地租形成的过程。在土地利用规划中，让自然做功，就是要把农业生产布局到作物自然生产潜力大的区域，使土地的自然肥力充分发挥，实现优质高产高效；把建设用地布局到区位条件最优的区域，通过区位优势的发挥，吸引生产要素的空间集聚，形成规模经济效益和集聚经济效益。土地用途转变和空间布局变化是土地级差地租形成的条件，也是增加农村和农民土地财产性收入的可行性途径。

此外，土地利用必须要严格控制建设用地规模。目前农村建设用地以宅基地为主，福利性和消费性功能占主导地位。农村居民点用地布局分散、利用率低和利用效益差，通过农村住房制度改革，调整农村居民点布局，减少农村居住用地，增加工商业经营性用地，本身就是适应经济增长方式的转变。通过产业结构升级和生产布局调整，降低单位国民生产总值的耗地量，提高单位面积土地的经济收益。土地利用必须和城市总体规划、村镇建设规划和其他产业发展规划相互衔接，通过广泛的论证，实现土地资源优化配置，化解部门用地矛盾和利益冲突。

土地利用总体规划，能够提高土地利用决策和管理的透明度，降低土地市场的不可预见性，减少投资风险，对吸引外来投资、实现土地利益的合理分配也具有重要的指导意义。

（二）以农村住房制度改革实现农村宅基地的退出和盘活

目前旧村改造和新农村建设已经在全国范围内广泛开展了试点，各地的经验表明，农民住房制度改革深受农民群众欢迎，也有效地提高了土地利用集约化水平，节约了土地，可以通过复垦增加耕地。城镇建设用地增加和农村建设用地减少相互挂钩大有可为。

住房制度改革为全面解决农民居者有其屋提供了机遇，也为建立农村宅基地退出机制提供了方便。以宁波市为例，该市一些新村庄建设提出的新房分配办法，很多具有创新性，值得推广。例如，鄞州区提出户均住房建筑面积不超过250平方米已经为各有关试点证明是可行的，能够得到群众的认可。姜山镇翻石渡村新村建设住房分配按照户均250平方米下达新房分配面积额度，原有住房面积超过250平方米者只能够按照拆迁补偿标准获得货币补偿，不能多分配新房。新分住房面积不需要250平方米者，村集体经济组织对少分配的新房面积给予相当于新房价格一定比例的经济补偿；对于完全拿不出新房购买资金的困难家庭，也可以根据村集体经济组织对少分配的新房面积给予相当于新房价格一定比例的经济补偿，可无偿取得50平方米的新房。它有效地防止了因为历史上农村宅基地分配不公可能带来的农村贫富差距扩大，照顾了困难农民家庭的合法土地财产权益，受到了人民群众的欢迎。姜山镇唐叶村新村建设，打破村行政区界，对于邻近各村大龄青年用房统一规划，统一建设好统一分配，提高了中心城镇的人口集聚规模，为第三产业的发展提供了有利条件。鄞州区石砌街道城中村改造，让房地产企业参与新村建设，房地产企业负责旧村拆迁改造，为农民建设符合新村建设要求的农民公寓，并无偿分配给原居民所有，而将新村建设节约出来的土地以招、拍、挂的形式出让，通过土地出让收入回收企业投资，很好地解决了农村旧村改造的资金来源。江北区政府积极创造条件，出台政策为农村宅基地抵押及其相关资产处置提供保障，也促进了农村宅基地的合理流转。

农村宅基地是最有开发潜力的农村建设用地资源。要盘活大量的农村存量宅基地资源，一是要坚持按照城乡一体化的要求，统一进行新村建设规划，把建设多层农民公寓（在中心城镇边缘也可以考虑建设高层农民公寓）作为推动农村集体建设用地节约和集约利用的重要手段。二是要组织好城镇建设用地扩大（新建区）和农村居民点用地减少（拆旧区）的项目区域组织，通过先进带后进，城乡用地置换，实现农民居住向城镇集中、工业向工业园区集中，农业布局集中连片和规模化经营。三是鼓励农民自愿退出多余的宅基地或者以地换房。对于农村宅基地整理复垦形成的建设用地指标，实行专门账户管理，腾出的建设用地只能用于营利性项目，为新农村建设提供资金保障。四是建立完善的农村宅基地管理信息系统，对于不能在城镇安家落户的、必须居住在农村的住户要保证其居者有其屋，对于自愿退出宅基地的农民，未来不得重新申请宅基地。

（三）以圈内和圈外的划分来协调集体建设用地的指标分配

农村集体建设用地流转，应针对不同的区域和不同的管理对象，采用不同的土地管理政策。对于城镇规划建成区，需要用地的单位和个人必须申请使用国有土地，新增建设用地属于集体土地的，必须经过征收转变成为国有土地。被征地的集体经济组织可以根据征地管理规定，增加相当于被征土地面积10%的集体建设留用地。对于城镇规划建成区以外的地区，一般不再进行征地，所有建设用地维持集体土地所有权不变。

在城镇规划建成区范围以内，农村住房建设必须纳入新村建设规划，不再单独审批农村宅基地。凡是已经实施旧村改造和新村建设的村庄，所有村民应该按照规定统一搬进农民公寓，原有的宅基地全部由集体经济组织收回。每个村民都应该严格遵守新村建设合同约定，自觉退出自己占有的农村宅基地。对于不按时退出宅基地的，村集体经济组织可以按照有关规定收回已分配给该农户的农民公寓。对于在城镇规划区以外的农户，鼓励他们自愿退出宅基地，以地换房，搬入邻近的中心城镇居住，按照成本价格购买新村建设的农民公寓。对自愿退出宅基地的农民，村集体经济组织收回该宅基地的集体建设用地使用权，并给予其相应的经济奖励。经济奖励标准根据其宅基地的面积和来源状况，区分不同的情况分别确定。对于自愿退出宅基地没有超过政府规定宅基地使用面积标准的，按照房屋拆迁补偿的有关规定，按照市场价格给予经济奖励。对于自愿退出宅基地超过政府规定宅基地使用面积标准的，不属于违法违规建设的农村住房占用的宅基地，政府按照房屋拆迁补偿的有关规定，按照市场价格的一定比例给予经济奖励。对于自愿退出宅基地超过政府规定宅基地使用面积标准的，且属于违法违规建设的农村住房占用的宅基地，政府按照其对于新农村建设的积极贡献，给予适当的经济奖励。

对于在城镇规划建成区以外的农户申请建房，必须符合土地利用总体规划和城镇建设规划，并且符合"一户一宅"和政府规定宅基地使用面积标准，按照法定程序进行审批。对于现有农村宅基地要进行全面清查，依法进行产权登记和发放集体建设用地使用权证书。对于继续超过农村宅基地使用面积标准以外的农村宅基地，应该按照市场经济原则，实行有偿使用。对于超过政府规定宅基地使用面积标准的，不属于违法违规建设的农村住房占用的宅基地，按照当地房屋出租的市场价格剥离出的土地收益价格确定单位面积土地有偿使用标准。对于超过政府规定宅基地使用面积标准的，属于违法违规建设的农村住房占用的宅基地，在按照当地房屋出租的市场价格剥离出的土地收益价格确定单位面积土地有偿使用标准的基础上，加收超额占用宅基地指标使用费。

要严格控制集体建设用地规模，特别是要严格控制城镇规划建成区以外的农村集体建设用地规模。要严格保护耕地，维护耕地占补平衡。任何集体经济组织不得以各种借口把耕地改变为建设用地。

（四）以土地开发权交易和耕地保护补偿推动流转的广泛开展

根据经济学原理，城镇地价实际上是城镇边缘农地价格加上土地用途转变增值价格，加上区位级差地租还原价格，再加上土地开发投入利润等构成的。农村集体建设用地使用权流转，必须按照市场经济规律办事，尽量减少行政干预。

农村集体建设用地由农用地转变而来。任何地方农用地转变为建设用地，必须办理农用地转用手续，并缴纳新增加建设用地使用费、土地折抵指标费、造地费和耕地占用税，还应该按照农用地转变为非农用地的价格增加值，依法交纳土地增值税。这些税费开支在一定意义上相当于土地开发权价格。土地开发权应该所有土地平等享有，其收益应该归全体国民所有。农用地转变为建设用地，实际上是规划开发地块把周围其他地块土地开发权占为己有，其土地使用者必须支付周围其他地块土地开发权的购买价格。土地开发权价格中属于耕地保护的相关税费收入，应该全部投入当地的耕地保护，而不能挪作他用。对于土地利用规划中划定为基本农田的地区，实际上是对于其土地开发权的剥夺，必须对于其土地开发权进行经济补偿。

由于集体建设用地，特别是农村宅基地分布非常分散，农村集体建设用地流转并不是一个简单的土地使用权交易的过程，它必须要进行空间布局调整，经过土地置换以后，才能满足实际需要。也就是说，农村集体建设用地流转过程中，必然需要把一些区位条件偏远、用地面积小的农村集体建设用地复垦成为耕地或其他农用地，而选择一些集体建设用地分布集中、区位条件好的地区进行土地非农开发。因此，农村建设用地流转必须充分发挥政府的组织和引导作用，按照市场经济原理，保护各地的土地财产经济权益，通过用地产权置换，来推动集体建设用地的集中连片和合理布局。鼓励邻近的行政村联合建立农村居住小区和工业园区。对于联合建立的工业园区，首先是新建区的农地使用权和拆迁区的农地使用权的等价交换，其次是拆迁区和新建区的土地开发权的等价交换。如果单纯让拆迁区的集体建设用地复垦，实际上是剥夺了其已经得到的集体建设用地开发权，损害了其土地合法经济权益，他们不愿意是情有可原的；相反，如果简单地通过规划分配给某些行政村较多的建设用地指标，实际上是允许他们对周围其他行政村土地开发权的剥夺，也是非常不合理的。通过明晰土地开发权和建立耕地保护经济补偿机制，让新建区和拆迁区在土地利用总体规划和村镇建设规划的指导下，进行土地开发权等价交换，既能够保证土地利用总体规划和村镇建设规划的全面实施，又能够维护不同区域农村集体建设用地的合法经济权益，还能够促进区域公平，推动经济和社会和谐发展。

参考文献

[1] Allen. R. C. *Enclosure and the Yeoman.* [M]. Oxford: Clarendon Press, 1992.

[2] Andrew J S. *Potential application of mediation to land use conflicts in small scale mining* [J]. Journal of Cleaner Production, 2003, 11: 117 - 130.

[3] Andrew J. Plantinga, Douglas J. Miller. *Agricultural Land Values and the Value of Rights to Future Land Development* [J]. Land Economics, 2001, 77 (1): 56 - 67.

[4] Andrew J. Plantinga, Ruben N. Lubowski, Robert N. Stavins. *The effects of potential land development on agricultural land prices* [J]. Journal of Urban Economics, 2002, 52 (3): 561 - 581.

[5] Anka Lisee, Miran Ferlan, Franc Lobnik, et al. *Modelling the rural land transaction procedure* [J]. Land Use Policy, 2008 (25): 286 - 297.

[6] Arden C. Pope. *Agricultural Productive and Consumptive Use Components of Rural Land Values in Texas* [J]. American Journal of Agricultural Economics, 1985, 67 (1): 81 - 86.

[7] Barry J. Cullingworth. *The political culture of planning: American land use planning in comparative perspective* [M]. New York: Routledge, 1993.

[8] Besley T. *Property Rights and Investment Incentives: Theory and Evidence from China* [J]. Journal of Political Economics, 1995, (103): 903 - 937.

[9] Bowker J. M., Didyehuk. *Estimation of the non market benefits of agricultural land retention in eastern Canada* [J]. Agricultural and resource economics review, 1994 (10), 218 - 225.

[10] Brad Gilmour, Ted Huffman, Andy Terauds et al., *Incentive problems in Canada's land markets: Emphasis on Ontario* [J]. Journal of Agricultural and Environmental Ethics, 1996, 9 (1): 16 - 41.

[11] Cannon. J. *Aristocratic Century: the Peerage of Eighteenth Century England* [M]. Cambridge: Cambridge University Press, 1984.

[12] Chengri Ding. *Land policy reform in China: assessment and prospects* [J]. Land Use Policy, 2003, (20): 109 - 120.

[13] Chris T. Bastian, Donald M. McLeod, Matthew J. Germino et al., *Environmental amenities and agricultural land values: a hedonic model using geographic information systems data* [J]. Ecological Economics, 2002, (40): 337 - 349.

[14] Clark. G. *Common Rights to Land in England* [J]. The Journal of Economic History, 2001, 61 (4): 1475 - 1839.

[15] Currie J. M., *The economic theory of agricultural land tenure* [M]. Cambridge: Cambridge University Press, 2009.

[16] David L. Chicoine. *Farmland Values at the Urban Fringe: An Analysis of Sale Prices* [J]. Land Economics, 1981, 57 (3): 353 - 362.

[17] Dennis R. Capozza, Robert W. Helsley. *The fundamentals of land prices and urban growth* [J]. Journal of Urban Economics, 1989, 26: 295 - 306.

[18] Dennis R. Capozza, Robert W. Helsley. *The Stochastic City* [J]. Journal of Urban Economics, 1990, 28: 187 - 203.

[19] Dennis. T. Y. *China's Land Arrangements and Rural Labor Mobility* [J]. China Economics Review, 1997, 8: 101 - 116.

[20] Dong X. Y. *Two-Tier Land Tenure System and Sustained Economic Growth in Post - 1978 Rural China* [J]. World Development, 1996, 5: 915 - 928.

[21] Douglas C Macmillan. An Economic Case for Land Reform [J]. Land Use Policy, 2000, 17 (1): 49 - 57.

[22] Dwayne, Benjamin, Loren Brandt. *Land, Factor Markets, and Inequality in Rural China: Historical Evidence* [J]. Explorations in Economic History, 1997, 34: 460 - 494.

[23] Erik Liehtenberg, Chengri Ding. *Farmland Preservation in China: Status and Issues for Further Research* [R]. Lincoln Institute of land Policy Working Paper, U. S., 2004.

[24] Feder, G. D. & Feeney. *The Theory of Land Tenure and Property Rights*

[J]. World Bank Economic Review, 1993, 5 (7): 135 – 153.

[25] Gerhard, Larsson. *Land management as public policy* [M]. Lanham, Md: University Press of America, 2010.

[26] Gershon Feder, David Feeny. *Land Tenure and Property Rights: Theory and Implications for Development Policy* [J]. World Bank Economic Review, 1991, 5 (1): 135 – 153.

[27] Grigorios Livanis, Charles B. Moss et al. , *Urban Sprawl and Farmland Prices* [J]. Amreican Journal of Agricultural Economics, 2006, 88 (4): 915 – 929.

[28] Guanzhong James Wen. *Total Factor Productivity Change in China's Farming Sector: 1952 – 1989* [J]. Economic Development and Cultural Change, 1993, 42 (1): 1 – 41.

[29] Guo Li, Scott Rozelle, Loren Brandt. *Tenure, land rights, and farmer investment incentives in China* [J]. Agricultural Economics, 1998, 19 (1): 63 – 71.

[30] Haim Shalit, Andrew Schmitz. *Farmland Accumulation and Prices* [J]. American Journal of Agricultural Economics, 1982, 64 (4): 710 – 719.

[31] Hans P. Binswanger, Klaus Deininger, Gershon Feder. *Power, Distortions, Revolt and Reform in Agricultural Land Relations* [J]. Handbook of Development Economics, 1995, 3: 2659 – 2772.

[32] Harvey. *The Peasant Land Market in Medieval England* [M]. Oxford: Oxford University Press, 1984.

[33] Henry L. Diamond, Patrick F. Noonnan. *Land Use in America* [M]. USA: Island Press, 1996.

[34] Hiroshi Mori. *Land Conversion at the Urban Fringe: A Comparative Study of Japan, Britain and the Netherlands* [J]. Urban Studies, 1998, 35 (9): 1541 – 1558.

[35] James Kai – sing Kung. *Common Property Rights and Land Reallocations in Rural China: Evidence from a Village Survey* [J]. World Development, 2000, 28 (4): 701 – 719.

[36] James Kai-sing Kung. *Off-farm labor markets and the emergence of land*

rental markets in rural China [J]. Journal of Comparative Economics, 2002, 30 (2): 395-414.

[37] Jean Olson Lanjouw. *Information and the operation of markets: tests based on a general equilibrium model of land leasing in India* [J]. Journal of Development Economics, 1999, 60: 497-527.

[38] John G. Francis, Leslie Pickering Francis. *Land wars: the politics of property and community* [M]. Boulder, CO: Lynne Rienner Publishers, 2003.

[39] John L. Pender, John M. Kerr. *The effects of land sales restrictions: evidence from south India* [J]. Agricultural Economics, 1999, 21 (3): 279-294.

[40] Jude Wallace, Williamson. *Building Land Markets* [J]. Land Use Policy, 2006, 23: 123-135.

[41] Kate Green, Joe Cursley. *Land law* [M]. 4th ed. New York: Palgrave, 2001.

[42] Kathleen P. Bell, Kevin J. Boyle, Jonathan Rubin. *Economics of rural land-use change* [M]. Burlington, VT: Ashgate, 2006.

[43] Klaus Deininger, Songqing Jin. *Tenure Security and land-related investment: Evidence from Ethiopia* [J]. European Economic Review, 2006, (50): 1245-1277.

[44] Klaus Drescher, Jason Henderson, Kevin McNamara. *Farmland Prices Determinants* [EB/OL]. http://ageconsearch.umn.edu/handle/20685, 2001: 1-14.

[45] Klaus. D. *Land policies for growth and poverty reduction* [M]. Washington, D.C.: Oxford University Press, 2003: 17.

[46] Kline, Alig et al. *Does Land Use Planning Slow Conversion of Forest and Farmlands?* [J]. Growth and Change, 1999, 30 (1): 3-22.

[47] Liesbet Vranken and Johan Swinnen. *Land Rental Markets in Transition: Theory and Evidence from Hungary* [J]. World Development, 2006, 34 (3): 481-500.

[48] Lorne Owen, Wayne Howard, Mark Waldron. *Conflicts on over farming practices in Canada: the role of interactive conflict resolution approaches*

[J]. Journal of Rural Studies, 2000, 16: 475-483.

[49] M. Overton. *Agriculture Revolution in England* [M]. Cambridge: Cambridge Universty Press, 1996.

[50] Mark R. G. Goodale, Per Kare Sky. *A comparative study of land tenure, property boundaries, and dispute resolution: case studies from Bolivia and Norway* [J]. Journal of Rural Studies, 2001, 17: 183-200.

[51] Mathew Gorton. *Agricultural Land reforming Moldova* [J]. Land Use Policy, 2001, 118 (9): 269-279.

[52] Michael Lipton. *Land reform in developing countries: property rights and property wrongs* [M]. New York: Routledge, 2009.

[53] Myles Patton, Philip Kostov, Seamus McErlean et al. *Assessing the influence of direct payments on the rental value of agricultural land* [J]. Food Policy, 2008, 33: 397-405.

[54] Nancy Hofmann, Giuseppe Filoso, Mike Schofield. *The loss of dependable agricultural land in Canada* [J]. Rural and Small Town Canada Analysis Bulletin, 2005, 6 (1): 1-16.

[55] Nelson Chan. *Land-Use Rights in Mainland China: Problems and Recommendations for Improvement* [J]. Journal of Real Estate Literature, 1999, (7): 53-63.

[56] Patrick A. Stewart, graduate assistant, Lawrence W. Libby. *Determinants of Farmland Value: The Case of DeKalb County, Illinois* [J]. Applied Economic Perspectives and Policy, 1998, 20 (1): 80-95.

[57] Paul Cheshire, Stephen Sheppard. *Land Markets and Land Market Regulation: Progress towards Understanding* [J]. Regional Science and Urban Economics, 2004, 34: 619-637.

[58] Peter Ho. *Institutions in transition: land ownership, property rights, and social conflict in China* [M]. Oxford: Oxford University Press, 2005.

[59] Prosterman, Hanstad, Ping. *Can China Feed Itself?* [J]. Scientific American Magazine, 1996, (11): 37-42.

[60] Qu F. T., N. Herrink, W. M. Wang. *Land Administration reform in China: Its impact on Land Allocation and Economic Development* [J]. Land Use Policy, 1995, 12: 193-203.

[61] Randall G. Holeombe. *The New Urbanism Versus the Market Process* [J]. The Review of Austrian Economics, 2004, (17): 285 - 300.

[62] Richard F. Dye, Daniel P. McMillen. *Teardowns and land values in the Chicago metropolitan area* [J]. Journal of Urban Economics, 2007 (61): 45 - 63.

[63] Richard F. Muth. *Economic Change and Rural-Urban Land Conversions* [J]. Econometrica, 1961, 29 (1): 1 - 23.

[64] Richard W. Dunford, Carole E. Marti, Ronald C. Mittelhammer. *A Case Study of Rural Land Prices at the Urban Fringe Including Subjective Buyer Expectations* [J]. Land Economics, 1985, 61 (1): 10 - 16.

[65] Robert J. Johnston, Stephen K. Swallow. *Economics and contemporary land use policy development and conservation at the rural-urban fringe* [M]. Washington, DC: Resources for the Future, 2006.

[66] Ross Garnaut, Guo Shutian, Ma Guonan. *The Third Revolution of the Chinese Countryside* [M]. Cambridge: Cambridge University Press, 1996.

[67] Ruden, S. T. *Property Rights, Land Market and Investment in Soil Conservation, Paper Prepared for the Workshop* [J]. Economic Policy Reforms and Sustainable Land Use in LDC: Rent Advances in Quantitative Analysis, 1999, 5 (12): 132 - 157.

[68] Saturnino M. Borras, Cristóbal Kay, Edward Lahiff. *Market-led agrarian reform: critical perspectives on neoliberal land policies and the rural poor* [M]. Oxon: Routledge, 2008.

[69] Seott Rozelle, Loren Brandt, LiGuo, et al. *Land Rights in China: Facts, Fictions, and Issues* [R]. Papers of 2nd International Convention of Asia Seholars, Berlin, 2001.

[70] Stephen J. Goetz, James S. Shortle, John C. Bergstrom. *Land use problems and conflicts causes, consequences and solutions* [M]. New York: Routledge, 2005.

[71] Symington, D. F. *Land Use in Canada: the Canada Land Inventory* [J]. Canadian Geographical Journal, 1968, (2): 15 - 30.

[72] T. Bugri. J. *The dynamics of tenure security, agricultural production and*

environmental degradation in Africa: Evidence from stakeholders in northeast Ghina [J]. Land Use Policy, 2008, (25): 271-285.

[73] Tasso Adamopoulos. *Land inequality and the transition to modern growth* [J]. Review of Economic Dynamics, 2008, (11): 257-282.

[74] Tommy Firman. *Rural to urbanland conversion in Indonesia during boom and bust periods* [J]. Land Use Policy, 2000, 17 (1): 13-20.

[75] Tweeten, Luther. *Competing for Scarce Land: Food Security and Farmland Preservation.* [EB/OL]. http://ageconsearch.umn.edu/handle/28325, 1997: 1-25.

[76] Wei Hu. *Household Land Tenure Reform in China: Its Impact on Farming Land Use and Agro-environment* [J]. Land Use Policy, 1997, 14: 175-186.

[77] Yang Yao. *Rural industry and labor market integration in eastern China* [J]. Journal of Development Economics, 1999, 59 (2): 463-496.

[78] Yotopoulos, P. A., Nugent, J. B. *Economics of Development: Em2 percale Investigations* [M]. New York: Harper and Row, 1976.

[79] You-tien. *The great urban transformation: politics of land and property in China* [M]. Oxford: Oxford University Press, 2010.

[80] Yue Jin Shi, Timothy T. Phipps, Dale Colyer. *Agricultural Land Values under Urbanizing Influences* [J]. Land Economics, 1997, 73 (1): 90-100.

[81] Zhang W. F, J. Makeham. *Recent Development in the Market for Rural Land Use in China* [J]. Land Economics, 1992, 68: 139-162.

[82] [日] 关谷俊作:《日本的农地制度》,生活·读书·新知三联书店2004年版。

[83] [日] 近江幸治:《民法讲义Ⅱ:物权法》,北京大学出版社2006年版。

[84] 陈翠芳、刘武:《集体建设用地使用权流转研究——一个博弈模型的构建》,《国土资源科技管理》2007年第24卷第1期。

[85] 陈海秋:《建国以来农村土地制度的历史变迁》,《常德师范学院学报》(社会科学版)2002年第5期。

[86] 陈华富、刘经星:《集体建设用地流转存在的问题》,《中外房地产

导报》2003年第3期。

[87] 陈吉元、陈家骥、杨勋:《中国农村社会经济变迁（1949—1989）》,山西经济出版社1993年版。

[88] 陈家骥:《农村土地权属关系的界定及产权模式的选择》,《经济问题》1989年第8期。

[89] 陈立滨:《论集体建设用地使用权流转的制度构建》,《研究生法学》2007年第3期。

[90] 陈利根、卢吉勇:《农村集体非农建设用地为什么会发生流转》,《南京农业大学学报》（社会科学版）2002年第3期。

[91] 陈利根、张梦琳、段浩:《集体建设用地使用权制度：考察、评价及重构》,《国土资源》2008年第7期。

[92] 陈美球、吴次芳:《试论我国小城镇土地流转机制的构建》,《软科学》2004年第1期。

[93] 陈权:《征地补偿原则应"同地同价"——学习〈中共中央关于推进农村改革发展若干重大问题的决定〉的一点感悟》,《国土资源导刊》2009年第6卷第4期。

[94] 陈玉华、林合聚、张巍:《关于"同地同价"原则的思考与建议》,《浙江国土资源》2009年第11期。

[95] 陈园平:《论集体建设用地流转制度的法律完善》,《宿州学院学报》2007年第6期。

[96] 陈子雯:《集体所有建设用地使用权流转现状与思考》,《甘肃农业》2006年第1期。

[97] 崔欣:《中国农村集体建设用地使用权制度研究》,博士学位论文,中国社会科学院研究生院,2011年。

[98] 戴谋富:《关于我国农村土地权属制度的若干思考》,《农村经济与科技》2005年第6期。

[99] 窦述:《推行家庭联产承包责任制改革的回顾及启示》,《发展》2009年第3期。

[100] 段文技、孙航飞:《构建和谐社会下的农村土地产权制度》,《农业经济问题》2006年第3期。

[101] 甘藏春、束伟星:《全力打造新机制——谈农民集体所有建设用地制度改革》,《中国土地》2001年第3期。

[102] 高圣平、刘守英：《集体建设用地进入市场：现实与法律困境》，《管理世界》2007年第3期。

[103] 高艳梅、刘小玲、张效军：《农村集体建设用地市场化流转的制度解析》，《农村经济》2008年第10期。

[104] 高迎春、尹君、张贵军等：《农村集体建设用地流转模式探析》，《农村经济》2007年第5期。

[105] 高中杰：《集体建设用地使用权流转中的收益分配研究》，《经济师》2008年第11期。

[106] 龚大明：《抗战时期国共两党土地政策评述》，《贵州教育学院学报》（社会科学版）1999年第4期。

[107] 龚大明：《抗战时期中共土地政策的制定、实施和作用》，《贵州师范大学学报》（社会科学版）2003年第4期。

[108] 何玲：《论党在解放战争时期的土地政策》，《科教文汇》（下半月）2006年第11期。

[109] 洪东海、周阿蓉：《中国古代土地制度的现代启示》，《商场现代化》2011年第18期。

[110] 洪增林：《我国集体土地流转系统研究》，科学出版社2008年版。

[111] 胡璐、张绍良、侯湖平等：《集体建设用地流转博弈分析——以芜湖市和淄博市试点为例》，《广东土地科学》2010年第4期。

[112] 黄庆杰、王新：《农村集体建设用地流转的现状、问题与对策——以北京市为例》，《中国农村经济》2007年第1期。

[113] 黄小虎：《关于农村非农用地进入市场问题》，《中国农村经济》1995年第2期。

[114] 嵇金鑫、李伟芳、黄天元：《浅议农村集体建设用地流转价格》，《江西农业学报》2008年第10期。

[115] 纪成旺：《农村集体建设用地确权思路探析》，载《2006年中国科协会论文集》。

[116] 贾春泽：《中国古代土地制度浅析》，《沧桑》2005年第6期。

[117] 贾艳慧：《集体建设用地流转与统筹城乡发展》，《城市》2007年第6期。

[118] 江华、胡武贤：《农村集体建设用地流转的动因与绩效研究》，《现代乡镇》2008年第6期。

[119] 江华、杨秀琴：《农村集体建设用地流转——制度变迁与绩效评价》，中国经济出版社 2011 年版。

[120] 江尧：《集体建设用地使用权流转法律规制探析》，《法制与社会》2008 年第 31 期。

[121] 姜爱林：《略论解放战争时期我党的土地政策》，《北华大学学报》（社会科学版）2001 年第 3 期。

[122] 姜冰雨、赵守东：《农村土地产权制度改革理论述评》，《经济研究导刊》2006 年第 4 期。

[123] 姜辉：《我国集体建设用地使用权流转机制探讨》，《哈尔滨学院学报》2008 年第 5 期。

[124] 蒋巍巍：《集体土地使用权及集体非农建设用地流转问题分析》，《中国土地科学》1996 年第 1 期。

[125] 蒋晓玲：《农村集体建设用地使用权流转的现状、问题及原因分析》，《重庆工学院学报》（社会科学版）2007 年第 21 卷第 1 期。

[126] 蒋晓玲：《农村集体建设用地使用权流转制度的立法设计》，《天水行政学院学报》2007 年第 1 期。

[127] 金晓霞、刘秀华、郭岭：《农村集体建设用地流转中土地权属问题的研究》，《西南农业大学学报》（社会科学版）2006 年第 4 期。

[128] 靳相木：《地根经济：一个研究范式及其对土地宏观调控的初步应用》，浙江大学出版社 2007 年版。

[129] 靳相木：《论五十年代初级农业生产合作社的产权制度——兼析新形势下发达地区农村股份合作经济的制度渊源及发展前景》，《经济科学》1995 年第 6 期。

[130] 康俊娟：《三级所有 队为基础》，《档案天地》2009 年第 4 期。

[131] 康涛：《农村集体建设用地流转的法律思考》，《西南民族大学学报》（人文社科版）2008 年第 3 期。

[132] 康雄华、王世新、刘武：《集体建设用地使用权流转的博弈行为分析》，《国土资源科技管理》2006 年第 5 期。

[133] 赖丽华：《新中国成立以来农村土地权属制度的变迁及改革展望》，《江西社会科学》2009 年第 10 期。

[134] 雷震：《对中国古代土地所有权问题的再认识》，《陕西理工学院学报》（社会科学版）2007 年第 4 期。

[135] 李桂梅：《关于我国农村土地权属制度的若干思考》，《西华大学学报》（哲学社会科学版）2004年第23卷第4期。

[136] 李集合、邹爱勇：《土地征收补偿之同地同价的理性分析》，《河北法学》2009年第9期。

[137] 李宁、焦雨坤：《建设用地与农用土地置换注意事项》，《中小企业管理与科技》（上旬刊）2009年第6期。

[138] 李全伦：《土地直接产权与间接产权：一种新农村土地产权关系》，《中国土地科学》2007年第1期。

[139] 李瑞芬、刘芳：《集体非农建设用地流转制度改革的研究》，《北京农学院学报》2005年第3期。

[140] 李霄：《农村土地使用权流转的博弈分析》，《农业经济问题》2003年第12期。

[141] 李元：《集约利用土地 不断提高城市土地运营水平》，《中国土地》2003年第12期。

[142] 李植斌：《农村集体建设用地流转研究》，《国土资源科技管理》2003年第3期。

[143] 李志明、李刚、黄晓林：《土地置换若干问题探讨》，《国土经济》2002年第2期。

[144] 梁俊林、吕苏丹：《集体土地权属争议表现种类分析和解决途径初探》，《浙江国土资源》2011年第11期。

[145] 刘发章：《集体非农建设用地使用权流转问题探析》，《理论学习》2005年第6期。

[146] 刘国宁：《集体土地"同地同价同权"浅析》，《现代商业》2011年第12期。

[147] 刘洪彬、曲福田：《关于农村集体建设用地流转中存在的问题及原因分析》，《农业经济》2006年第2期。

[148] 刘建斌：《沁水县集体建设用地流转现象分析》，《华北国土资源》2007年第3期。

[149] 刘明明：《解读土地新政下的"同地同价"原则——基于权利的视角》，《山东科技大学学报》（社会科学版）2009年第11卷第1期。

[150] 刘泰圻、杨杰、周学武：《集体建设用地定级与基准地价定价浅

析》,《南方农村》2007年第5期。

[151] 刘卫东:《WTO与中国土地管理》,中国大地出版社2003年版。

[152] 刘卫东:《城市化地区土地非农开发》,科学出版社1999年版。

[153] 刘卫东:《土地使用制度改革与生产布局优化》,《国土开发与整治》1995年第4期。

[154] 刘晓宇、张林秀:《农村土地产权稳定性决定因素研究》,《农业技术经济》2007年第4期。

[155] 刘晓宇、张林秀:《农村土地产权稳定性与劳动力转移关系分析》,《中国农村经济》2008年第2期。

[156] 刘洋、王朴:《农村可持续发展视域下城乡土地置换机制研究》,《沈阳农业大学学报》(社会科学版)2011年第3期。

[157] 刘媛媛:《1949年以后中国农村土地产权变动对农村经济发展的影响》,《天中学刊》2004年第6期。

[158] 卢吉勇、陈利根、穆广荣:《关于农村集体土地所有权显化与产权建设的思考》,《山东农业大学学报》(社会科学版)2001年第4期。

[159] 卢吉勇、陈利根:《集体非农建设用地流转的现状、问题与对策》,《国土资源》2001年第5期。

[160] 卢吉勇、陈利根:《集体非农建设用地流转的主体与收益分配》,《中国土地》2002年第5期。

[161] 栾冰冰:《中国共产党早期土地政策研究》,硕士学位论文,山东大学,2009年。

[162] 罗亚男、张扬:《解放战争时期党的农村土地政策研究》,《海南师范大学学报》(社会科学版)2011年第1期。

[163] 马保庆、王福斌、王天敬等:《非农业建设土地使用制度改革研究及应用》,《中国土地科学》1998年第4期。

[164] 马光秋:《浅谈如何稳定和完善农村家庭承包经营》,《农村经济》2003年第9期。

[165] 马丽新、何洪超:《集体非农建设用地流转的现状和建议》,《中国科技信息》2005年第7期。

[166] 马素兰、贾行雨:《农村集体土地权属现状与对策——仅以河南省为例》,《河南国土资源》2003年第4期。

[167] 宓小雄：《集体土地权属私有化为何行不通》，《国土资源导刊》2010年第12期。

[168] 莫俊文、赵延龙、宁贵霞：《城市土地置换开发收益及分配研究——以兰州市南河道周边土地置换开发为例》，《中国国土资源经济》2004年第17卷第5期。

[169] 彭文英、洪亚敏、王文等：《集体建设用地流转收益及分配探析》，《经济与管理研究》2008年第5期。

[170] 漆伟：《对农村集体建设用地入市流转若干问题的思考》，《商场现代化》2007年第20期。

[171] 钱忠好：《农村土地承包经营权产权残缺与市场流转困境：理论与政策分析》，《管理世界》2002年第6期。

[172] 钱忠好：《中国农村土地制度变迁和创新研究》，《中国土地科学》1998年第5期。

[173] 沈渭滨：《"平均地权"本义的由来与演变——孙中山"民生主义"再研究之二》，《安徽史学》2007年第5期。

[174] 史清华、卓建伟：《农村土地权属：农民的认同与法律的规定》，《管理世界》2009年第1期。

[175] 孙佑海：《城市土地初次流转问题与对策》，《中国土地》2000年第7期。

[176] 唐常春、蓝万炼：《快速工业化地区农村集体建设用地流转的博弈分析——以广东省佛山市南海区为例》，《安徽农业科学》2009年第37卷第13期。

[177] 唐静、李后建：《从博弈角度论农村土地流转利得与损失》，《学理论》2009年第12期。

[178] 陶进华：《限制集体建设用地使用权流转带来的问题与改革路径分析》，《成都行政学院学报》2008年第4期。

[179] 陶小马、何芳：《黄浦江沿岸地区土地置换模式研究》，《城市规划汇刊》2000年第5期。

[180] 万淮北：《中国古代土地制度演变浅析》，《辽宁教育行政学院学报》2010年第1期。

[181] 汪庆红：《简论农村土地权属制度的完善》，《周口师范学院学报》2010年第3期。

[182] 汪守军：《对农村"家庭联产承包责任制"的再认识》，《改革与战略》2006年第4期。

[183] 王广斌、周岩：《农村家庭承包经营体制变革的目标选择》，《山西农业大学学报》（社会科学版）2002年第2期。

[184] 王宏宇：《农村家庭承包经营的局限性及对策探讨》，《农业经济》2008年第3期。

[185] 王静：《小城镇土地置换初探》，硕士学位论文，四川师范大学，2003年。

[186] 王克强、王洪卫、刘红梅：《土地经济学》，上海财经大学出版社2005年版。

[187] 王丽：《基于可持续发展模式的土地置换案例研究》，硕士学位论文，大连理工大学，2011年。

[188] 王琦：《中国古代土地所有制演进的逻辑及其当代启示》，《上海财经大学学报》2010年第4期。

[189] 王权典：《农村集体建设用地流转的法律障碍及变革创新》，《法学杂志》2008年第4期。

[190] 王先进：《土地法全书》，吉林教育出版社1990年版。

[191] 王小映：《论土地征收中的同地同价补偿》，《新视野》2010年第1期。

[192] 王艳玲：《我国农村集体建设用地使用权流转的制度变革》，《北方经济》2008年第4期。

[193] 王一涵：《政府利益与集体建设用地入市流转制度构建》，《广西农学报》2008年第3期。

[194] 王佑辉：《集体建设用地流转制度体系研究》，博士学位论文，华中农业大学，2009年。

[195] 魏天安、葛金芳：《中国古代土地制度的发展特点和趋势》，《中州学刊》1990年第4期。

[196] 魏天安：《从模糊到明晰：中国古代土地产权制度之变迁》，《中国农史》2003年第4期。

[197] 吴百花：《土地流转过程中的多元主体博弈分析——关于义乌市土地流转的调查与思考》，《中共浙江省委党校学报》2009年第25卷第2期。

[198] 吴次芳、王庆日：《对集体非农建设用地流转几个问题的理论思考》，《2001 土地制度创新会议论文集》，2001 年。

[199] 吴建瓴、蒋青：《同地同权同价之前提条件分析及实现路径》，《经济体制改革》2008 年第 6 期。

[200] 吴江、张艳丽：《家庭联产承包责任制研究 30 年回顾》，《经济理论与经济管理》2008 年第 11 期。

[201] 吴杰华、吴杰宇：《论农村土地流转过程中的利益博弈与制度均衡》，《社科纵横》2009 年第 5 期。

[202] 吴杰华：《利益博弈与制度变迁：基于制度经济学角度的理论反思——以现阶段农村土地流转为实例的分析》，《理论月刊》2009 年第 7 期。

[203] 吴晓燕、周京奎、王伟：《土地隐形流转、福利损失与市场模式选择——一个不对称信息框架下的博弈分析》，《广东商学院学报》2011 年第 26 卷第 1 期。

[204] 吴泽斌、刘卫东：《农村集体土地流转的非对称利益冲突》，载《2009 年中国土地学会学术年会论文集》，地质出版社 2009 年版。

[205] 武建国：《论唐朝土地政策的变化及其影响》，《社会科学战线》1992 年第 1 期。

[206] 武进锋：《农地制度创新与中国物权立法》，硕士学位论文，北京大学，2000 年。

[207] 萧云岭：《曹魏屯田制略析》，《淮南师范学院学报》2006 年第 6 期。

[208] 谢代银、邓艳云：《中国农村土地流转模式研究》，西南师范大学出版社 2009 年版。

[209] 徐建锋、蒋俊：《对土地置换两种不同形式的分析》，《中国土地》2006 年第 8 期。

[210] 徐美银：《永佃制的起源：演化博弈理论的解释》，《中大管理研究》2008 年第 3 期。

[211] 徐燕雯：《土地置换与土地估价相关问题分析》，《财会通讯》2009 年第 13 期。

[212] 许恒周、曲福田、郭忠兴：《集体建设用地流转模式绩效分析——基于 SSP 范式对苏州、芜湖的解释》，《经济体制改革》2008 年第

2期。

[213] 许坚：《集体非农用地进入市场两个基本问题之我见》，《中国土地科学》1996年第1期。

[214] 许人俊：《家庭联产承包责任制在争论中艰难推进》，《中国粮食经济》2012年第1期。

[215] 薛华：《农村集体建设用地流转管理研究》，硕士学位论文，重庆大学，2004年。

[216] 闫海涛、丛林：《文登市农村集体建设用地流转情况的调查报告》，《山东国土资源》2007年第9期。

[217] 晏坤、艾南山：《当前我国农村集体建设用地流转存在的问题及对策》，《国土经济》2003年第7期。

[218] 杨珍惠：《关于"同地同价"及征地制度改革的思考》，《资源与人居环境》2011年第6期。

[219] 叶林：《中国古代土地所有权问题刍议》，《重庆科技学院学报》（社会科学版）2010年第16期。

[220] 叶艳妹、彭群、吴旭生：《农村城镇化、工业化驱动下的集体建设用地流转问题探讨——以浙江省湖州市、建德市为例》，《中国农村经济》2002年第9期。

[221] 叶玉国：《浅论农村土地产权的归属》，《杭州大学学报》（哲学社会科学版）1990年第3期。

[222] 尹希果、马大来、陈彪：《统筹城乡户籍制度改革中农户参与土地流转的博弈分析——基于交易成本理论视角》，《学术评论》2012年第1期。

[223] 袁枫朝、燕新程：《集体建设用地流转之三方博弈分析——基于地方政府、农村集体组织与用地企业的角度》，《中国土地科学》2009年第23卷第2期。

[224] 岳晓武、雷爱先：《农民集体所有建设用地使用权流转若干问题》，《中国土地》2005年第12期。

[225] 臧知非：《周秦社会结构研究》，西北大学出版社1996年版。

[226] 曾永昌：《土地所有制之争应该从主义回归到方法——兼论农村集体土地产权制度自发演生的障碍与动力》，《社会科学研究》2005年第1期。

[227] 张芬艳、李赞军：《集体非农业建设用地流转的现状、问题及对策》，《河南科技》2002年第19期。

[228] 张干、夏艺：《重庆城市土地置换问题研究》，《重庆工商大学学报》（自然科学版）2004年第6期。

[229] 张红敏：《浅谈中国共产党土地革命时期土地政策和土地立法的思想渊源》，《法制与社会》2007年第12期。

[230] 张红霄、杨萍：《农村土地承包经营权流转制度的政策与法律研究》，中国林业出版社2010年版。

[231] 张梦琳、陈利根：《农村集体建设用地流转的资源配置效应及政策含义》，《中国土地科学》2008年第11期。

[232] 张梦琳：《农村集体建设用地流转：绩效分析及政策选择——基于苏州、芜湖、南海三地的流转实践》，《国土资源》2008年第11期。

[233] 张谦益：《土地置换和城市持续发展——以济南市为例》，《城市规划汇刊》1997年第3期。

[234] 张伟伟、朱玉碧：《农村集体建设用地流转的动因初探》，《安徽农学通报》2007年第20期。

[235] 张新桥、张海涛：《集体建设用地使用权流转存在的问题及对策》，《特区经济》2007年第2期。

[236] 张兴榆、黄贤金、王佳丽：《县域农村居民点土地置换潜力测算——以滁州市南谯区为例》，载《2009年中国农业工程学会学术年会论文集》。

[237] 张兴榆、黄贤金、王锐：《滁州市南谯区农村居民点土地置换潜力测算》，《资源科学》2010年第3期。

[238] 张志强、高丹桂：《关于农村集体建设用地直接入市问题的思考》，《西安财经学院学报》2008年第4期。

[239] 张志强、高丹桂：《农村集体建设用地直接入市：相关研究和观点综述》，《天津行政学院学报》2008年第5期。

[240] 章政：《农村土地产权制度创新模式的探索——北京郊区"郑各庄现象"实证分析》，《中国农村经济》2005年第2期。

[241] 赵德起：《中国农村土地产权制度效率分析——国家视角》，《农业技术经济》2007年第6期。

[242] 赵冈、陈钟毅:《中国土地制度史》,新星出版社 2006 年版。

[243] 赵峥:《我国农村集体建设用地流转的历程、问题与启示——以广东省东莞市为例》,《调研世界》2008 年第 8 期。

[244] 周铁涛、许娇:《论集体建设用地流转制度构建》,《湖南科技学院学报》2008 年第 5 期。

[245] 周杏梅:《我国农村集体建设用地使用权流转的困境及对策探讨》,《河南教育学院学报》(哲学社会科学版) 2008 年第 6 期。

[246] 朱靖、何训坤:《对农村集体建设用地流转必然性的思考》,《农村经济》2002 年第 4 期。

后　　记

"历尽天华成此景，人间万事出艰辛。"在即将告别 2016 年之际，终于迎来专著出版，感慨良多。回想过往种种，一幕幕仿佛发生在昨日，虽已逝去，却并未走远，它们将永远定格在历史的某个瞬间，化为我们最鲜活的记忆。

在本书的写作过程中，浙江大学公共管理学院的刘卫东教授（博导）提供了专业的指导和建议，浙江警察学院的吴心怡老师参与了全书统筹、文献整理等工作，缪爱丽、周胜利、傅雅婷、吴程程、毛永波、王镇波、乐俊刚、周建达、林超、王欣欣、叶君惠、吴九文、周妍、何悦等诸位老师参与了资料收集、数据分析、书稿校对等工作，在此致以最诚挚的谢意。

本书是在总结和吸收现有研究成果的基础上撰写而成的，由于水平有限，书中错漏之处在所难免，恳请广大读者批评指正。

最后特别感谢我的家人在背后的默默支持和付出。

饶永辉
2016 年 11 月